CM1
cycle 3 – 2ᵉ année

Observation réfléchie de la langue

LA LANGUE FRANÇAISE
mode d'emploi

Éveline Charmeux – Michel Grandaty
Françoise Monier-Roland – Claudine Barou-Fret

SEDRAP

Sommaire

Les écrits à consignes

Qu'est-ce qui permet de reconnaître un écrit à consignes ? .... page 7

Comment trouver, dans un écrit à consignes, ce qu'il faut faire ? .... page 10

Quelles sont les différentes manières de donner une consigne écrite ? .... page 12

Comment choisir la manière de formuler une consigne ? .... page 14

Comment comprendre l'énoncé d'un problème de mathématiques ? .... page 16

Quels mots choisir dans un écrit à consignes ? .... page 18

Comment reconnaître le nom et le verbe ? .... page 20

À l'écrit, quels sont les moyens de traduire la négation ? .... page 22

À quoi voit-on qu'un GN est au singulier ou au pluriel ? .... page 24

Comment reconnaître le GN sujet du verbe ? .... page 26

Comment reconnaître un GN complément de phrase et un GN complément de verbe ? .... page 28

Qu'est-ce qu'une famille de mots ? .... page 30

Comment chercher les mots dans le dictionnaire d'orthographe ? .... page 32

Comment s'écrivent les verbes au présent de l'indicatif et de l'impératif ? .... page 34

Je sais me servir de ce que j'ai appris en orthographe. .... page 36

Je sais lire et produire des écrits à consignes. .... page 37

Les écrits littéraires

Comment distinguer les deux genres littéraires, le conte et la nouvelle ? .... page 39

Comment, dans un récit littéraire, ne pas confondre l'histoire racontée avec le texte qui la raconte ? .... page 42

Dans un récit, comment repérer le narrateur, celui qui raconte l'histoire dans le texte ? .... page 44

Comment savoir quel est le personnage qui dit « je » dans un récit ? .... page 46

Comment annoncer les paroles des personnages dans un récit ? .... page 48

Quels sont les temps de l'indicatif que l'on rencontre dans les récits littéraires ? .... page 50

Comment peut-on présenter les paroles des personnages dans un récit ? .... page 52

À quoi servent les signes de ponctuation ? .... page 54

Comment transformer les paroles en propositions subordonnées ? .... page 56

Comment fonctionnent les mots qui remplacent un GN ? .... page 58

Comment le GN sujet du verbe est-il relié au GV ? .... page 60

Comment les mots sont-ils choisis dans un texte littéraire ? .... page 62

Comment les formes des verbes sont-elles composées ? .... page 64

Comment s'écrivent les verbes à l'imparfait et au passé simple ? .... page 66

Je sais me servir de ce que j'ai appris en orthographe. .... page 68

Je sais lire et produire des écrits littéraires. .... page 69

Les écrits de dialogue

Qu'est-ce qui permet de reconnaître un écrit de dialogue ? .... page 71

Dans une pièce de théâtre, où se trouvent les informations ? .... page 74

Dans un dialogue, comment comprendre ce qui n'est pas dit ? .... page 76

Comment transformer une question en proposition subordonnée ? .... page 78

Comment choisir les mots pour faire connaître un personnage ? .... page 80

Comment remplacer un GN complément du verbe par un pronom ? .... page 82

Comment fonctionnent les mots-crochets des subordonnées de phrases déclaratives et interrogatives ? .... page 84

Comment transformer une phrase en un qualifiant dans un GN ? .... page 86

Comment fonctionnent les pronoms relatifs ? .... page 88

Quand une phrase est transformée en subordonnée, que deviennent les temps de ses verbes ? .... page 90

Comment fonctionnent les déterminants possessifs dans les dialogues ? .... page 92

Sommaire

Les écrits de dialogue (suite)

Comment trouver le sens d'un mot ? . . . . page 94
Est-ce qu'on peut remplacer n'importe quel mot par un synonyme ? . . . . page 96
Comment s'écrivent les formes des verbes être, avoir, aller et chanter aux temps de l'indicatif ? . . . . page 98
Je sais me servir de ce que j'ai appris en orthographe. . . . . page 100
Je sais lire et produire des écrits de dialogue. . . . . page 101

Les écrits de presse

Comment se présentent les écrits dans un journal ? . . . . page 103
Qu'est-ce qu'un article de journal ? . . . . page 106
À quoi servent les titres des articles de journaux ? . . . . page 108
Comment sont faits les titres des articles de journaux ? . . . . page 110
Comment sont organisées les informations dans un article de presse ? . . . . page 112
À quoi servent les temps composés du passé ? . . . . page 114
Une phrase à la forme passive, qu'est-ce que ça veut dire ? . . . . page 116
Comment fonctionnent les phrases qui contiennent une proposition subordonnée commençant par « si » ? . . . page 118
Comment savoir écrire les mots qui ont la même prononciation mais pas le même sens ? . . . page 120
Comment un adjectif peut-il être relié au nom qu'il qualifie ? . . . . page 122
Comment trouver le sens d'un mot ? . . . . page 124
Comment s'écrivent les participes passés des verbes employés avec l'auxiliaire « avoir » et « être » ? . . . page 126
Comment s'écrivent les formes des verbes dans les phrases passives ? . . . . page 128
Comment s'écrivent les verbes au passé composé et au plus-que-parfait ? . . . . . . page 130
Je sais me servir de ce que j'ai appris en orthographe. . . . . page 132
Je sais lire et produire des écrits de presse. . . . . page 133

Les écrits de documentation scientifique

Qu'est-ce qui permet de reconnaître un écrit de documentation scientifique ou technique ? . . . page 135
Dans un écrit scientifique, comment les informations sont-elles organisées. ? . . . . page 138
Quel est le rôle des illustrations dans un écrit de documentation scientifique ? . . . page 140
Quels mots faut-il choisir quand on produit un écrit scientifique ? . . . . page 142
Quelles sont les formes habituelles des verbes dans les écrits scientifiques ? . . . . page 144
De quoi dépend le choix des mots, des phrases et des illustrations dans un écrit de documentation scientifique ? . . . page 146
Décrire pour expliquer et décrire pour raconter, est-ce la même chose ? . . . . page 148
Qu'est-ce qu'une phrase à la forme impersonnelle ? . . . . page 150
Comment ne pas se tromper sur le sens des mots ? . . . . page 152
Un déterminant défini ou indéfini, qu'est-ce que ça veut dire et comment ça fonctionne ? . . . page 154
Avec quels types de mots peut-on accrocher les groupes de mots les uns aux autres ? . . . page 156
Est-ce que tous les verbes peuvent avoir un complément ? . . . . page 158
Comment les marques de genre et de nombre s'organisent-elles tout au long d'un texte ? . . . page 160
Comment s'écrivent les verbes pouvoir, savoir, vouloir et devoir aux temps de l'indicatif ? . . . page 162
Je sais me servir de ce que j'ai appris en orthographe. . . . . page 166
Je sais lire et produire des écrits de documentation scientifique. . . . . page 167

Des propositions de réponses aux questions posées dans chaque séquence. . . . . pages 168 à 189

Le système de la combinatoire française. . . . . pages 190 et 191

Sommaire   **3**

Composition d'une séquence

Chaque séquence est composée de deux* pages :

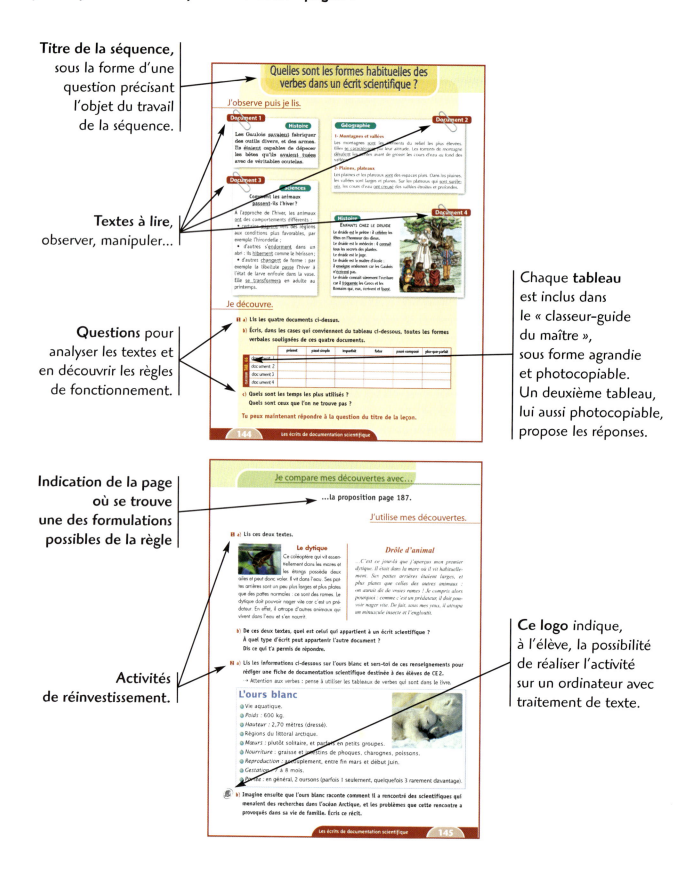

- **Titre de la séquence,** sous la forme d'une question précisant l'objet du travail de la séquence.
- **Textes à lire,** observer, manipuler...
- **Questions** pour analyser les textes et en découvrir les règles de fonctionnement.
- Chaque **tableau** est inclus dans le « classeur-guide du maître », sous forme agrandie et photocopiable. Un deuxième tableau, lui aussi photocopiable, propose les réponses.
- Indication de la page où se trouve une des formulations possibles de la règle
- **Activités de réinvestissement.**
- **Ce logo** indique, à l'élève, la possibilité de réaliser l'activité sur un ordinateur avec traitement de texte.

* La première séquence de chaque module est en trois pages dont deux de textes à lire et à trier.

4   Composition

Avant-propos

en forme de lettre adressée à l'enfant qui va utiliser ce livre.

Bonjour !

Peut-être, te demandes-tu à quoi peut bien servir ce nouveau livre.

Pour le savoir, pense à ce qui se passe avec un jouet ou un outil : si on veut bien s'en servir, il faut le connaître à fond.
C'est pour cela que tu as souvent envie de le démonter pour voir comment il est fait à l'intérieur.
Et tu as raison : c'est le meilleur moyen de comprendre comment les pièces sont agencées et quels mécanismes les font fonctionner... à condition, bien sûr, que le démontage ne l'ait pas cassé.
Et, pour cela, il faut bien choisir son tournevis !

Pour la langue française, qui est notre outil de communication, c'est la même chose. Si l'on veut pouvoir l'utiliser de façon efficace, il faut démonter les textes (avec précaution !) et regarder dedans. C'est cela la grammaire. Mais les tournevis à utiliser dans ce cas sont un peu différents : ce sont des questions auxquelles il faut chercher à répondre pour comprendre comment sont faits les écrits que tu as lus et découvrir quels types de règles les dirigent.

Ce livre, c'est donc une *boîte de tournevis*, un recueil de questions, qui doit te permettre de faire toutes sortes de découvertes sur la langue française, et te rendre capable de répondre à la fameuse question : « La langue française, comment ça marche ? »

Bon démontage !

Les auteurs

Les écrits à consignes

Je vais apprendre à répondre aux questions suivantes.

A En grammaire des textes :

Qu'est-ce qui permet de reconnaître un écrit à consignes ?.............page **7**

Comment trouver, dans un écrit à consignes, ce qu'il faut faire ?.........page **10**

Quelles sont les différentes manières de donner une consigne écrite ?....page **12**

Comment choisir la manière de formuler une consigne ? ....page **14**

Comment comprendre l'énoncé d'un problème de mathématiques ? .....page **16**

B En grammaire des phrases :

Comment reconnaître le nom et le verbe ?........................page **20**

À l'écrit, quels sont les moyens de traduire la négation ? ....page **22**

À quoi voit-on qu'un GN est au singulier ou au pluriel ? ....page **24**

Comment reconnaître le GN sujet du verbe ?.......................page **26**

Comment reconnaître un GN complément de phrase
et un GN complément de verbe ?................................page **28**

C En vocabulaire :

Quels mots choisir dans un écrit à consignes ? ....page **18**

Qu'est-ce qu'une famille de mots ?.............................page **30**

D En orthographe :

Comment chercher les mots dans le dictionnaire d'orthographe ?........page **32**

Comment s'écrivent les verbes au présent de l'indicatif
et de l'impératif ?..page **34**

Et je vérifierai si je sais...

... me servir de ce que j'ai appris en orthographe. ....page **36**

... lire et produire des écrits à consignes............................page **37**

Qu'est-ce qui permet de reconnaître un écrit à consignes ?

J'observe puis je lis.

Document 1

LES DESSERTS DU HÉRISSON

Bouchées au fromage

8 bouchées - Préparation 20 min - Refroidissement : 3 h

- ✓ 100 g de fromage fondu très salé
- ✓ 25 g de chocolat noir
- ✓ 200 g de macarons aux amandes
- ✓ 2 cuil. à soupe rases de sucre
- ✓ 1 cuil. à café de vanille liquide

❶ Réduisez en miettes des macarons aux amandes en les écrasant dans un saladier.

❷ Avec un petit couteau, râpez le chocolat noir dans une assiette.

❸ Mélangez dans un grand bol, du fromage fondu (du kiri, par exemple), le sucre en poudre, la vanille liquide et le chocolat. Ajoutez les macarons écrasés. Faites durcir 3 heures au réfrigérateur.

❹ Quand le mélange est durci, formez 8 grosses boules ; roulez-les dans le reste des macarons.

Document 2

Un ami à prendre avec des pincettes !

Le hérisson est le grand ami des jardiniers. Il mange toutes sortes d'insectes et de rongeurs nuisibles. Il ne creuse pas de trous pour se cacher. Pourtant, attaqué de tous les côtés, il est en danger !

Un nocturne
C'est le soir que le hérisson sort en famille. Pendant des heures, il fouine parmi les feuilles mortes, gratte la terre pour trouver des vers, des limaces, des insectes, des grenouilles…
Les jours de chance, le hérisson se régale

d'œufs d'oiseaux qui nichent au sol, comme la perdrix ou le faisan.

Et les œufs de poule ?
Non, ce n'est pas lui le coupable ! Ils sont trop gros et trop difficiles à casser… alors, cherchez ailleurs !

Un ami peu discret…
Tu veux le rencontrer ?
C'est facile ! Écoute-bien, depuis son réveil, au mois d'avril, il remue les brindilles et renifle fort. Il flaire sa nourriture avec son nez humide. Alors il doit se moucher souvent !

Document 3

☛ Construis :

Un abri « HLM » pour hérissons

En cherchant dans ton garage et autour de chez toi, tu trouveras sans difficulté ce qu'il te faut.

- Pour isoler du sol : un plancher formé de planchettes réunies par 2 rondins.

- Au-dessus, une vieille caisse en bois.

- Une feuille de plastique noir pour boucher les trous.

- Pour le protéger des grandes variations de température : des feuilles, des branchages ou du foin.

Les écrits à consignes

7

Document 4

Comment le hérisson prit l'habit de la châtaigne.

Il y a bien longtemps de cela, dans une forêt d'Auverge, poussa le premier châtaignier. Comme il ressemblait aux autres arbres, on n'y prêta guère attention, jusqu'au jour où l'écureuil et les bêtes qui font des réserves d'hiver découvrirent, en cherchant les noisettes, une grosse bogue.
– « Aïe ! » fit l'écureuil en y portant la patte.
– « Attendez ! » dit la coque s'ouvrant en deux pour offrir ses fruits.
Les nouvelles voyagent vite dans la forêt. Tout le monde sut bientôt que le châtaignier produisait des fruits exquis blottis dans une pelure piquante. Accourut le petit hérisson, qui, à cette époque, était une chétive bestiole chauve comme la main. Par un autre chemin, Messire Renard arrivait au trot, se disant qu'un rendez-vous d'animaux profiterait à son cher estomac… et le renard se prit à ricaner.
– « Au secours ! » s'écria le hérisson en entendant le rire terrible. Une coque piquante et vide sautant sur le hérisson l'habilla et le coiffa, hop ! d'un coup !

– « Je t'aurai », gronda le renard, ouvrant une grande gueule qu'il referma sur les piquants.
– « Aïe ! Ma mère ! À l'assassin ! »
– « Cours toujours », lui lança le hérisson qui se tordait de rire dans sa coquille. « Quand à toi, bogue ou pelure, je ne te quitte plus, tu es plus douce que le velours pour moi, et toute piquante pour les autres ! »
– « À ton choix », dit la coque, qui préférait vivre sur le dos d'autrui que pourrir dans quelque coin.
C'est depuis ce temps-là que le hérisson est couvert d'aiguilles acérées.

Document 5

Hérisson

En route, il semble
une pelote d'épingles
en mouvement,

Arrêté, il est rond
comme une châtaigne.

Ne méprisez pas sa petitesse,
Qui oserait le frapper
du poing ?

Chu Chen Pai (IXe siècle)

Document 6

Un hérisson qui a du piquant !

Transformer une éponge en hérisson, c'est possible avec seulement une grosse éponge à petits trous et quelques grains de blé ou des lentilles.

Il te faut :
- des grains de blé
- une éponge
- deux boutons
- une perle noire

◆ Découpez l'éponge en forme de hérisson avec un dos arrondi et un nez pointu. Deux boutons et une perle noire imiteront les yeux et le nez.

◆ Posez l'éponge sur une soucoupe et glissez une graine dans chaque trou. N'en glissez pas sur la tête !

◆ Puis imbibez l'éponge d'eau et gardez-la humide à la lumière et près d'une source de chaleur. En quelques jours, les piquants de hérisson vont pousser. Ce sont les plantules des graines germées.

Je découvre.

1. Observe attentivement les six documents.

2. Cherche ceux qui donnent des consignes pour faire quelque chose.

3. Qu'est-ce qui t'a permis de les reconnaître ?

Tu peux maintenant répondre à la question du titre de la leçon.

Je compare mes découvertes avec…

…la proposition page 168.

J'utilise ce que j'ai appris.

1 **a)** Lis le document ci-contre.

b) Quelles informations apporte la partie entourée :
- en vert ?
- en marron ?
- en jaune ?
- en bleu ?
- en rouge ?

Un hérisson qui a du piquant !

Transformer une éponge en hérisson, c'est possible avec seulement une grosse éponge à petits trous et quelques grains de blé ou des lentilles.

Il te faut :
- des grains de blé
- une éponge
- deux boutons
- une perle noire

- Découpez l'éponge en forme de hérisson avec un dos arrondi et un nez pointu. Deux boutons et une perle noire imiteront les yeux et le nez.
- Posez l'éponge sur une soucoupe et glissez une graine dans chaque trou. N'en glissez pas sur la tête !
- Puis imbibez l'éponge d'eau et gardez-la humide à la lumière et près d'une source de chaleur. En quelques jours, les piquants de hérisson vont pousser. Ce sont les plantules des graines germées.

c) Retrouve et entoure avec les mêmes couleurs les différentes informations dans les deux documents ci-dessous.

CLASSEUR TABLEAU 1

Fabriquons du sirop

Matériel
- une petite casserole, un verre, une cuillère
- du sucre
- des citrons

- Verse 2 verres d'eau dans la casserole.
- Mets 30 morceaux de sucre et agite.
- Laisse bouillir pendant quelques minutes. Il faut que le volume d'eau diminue de moitié.

Lorsque le sirop est froid, on peut le parfumer avec du jus de citron.

Mise en service de votre Kit téléphone K2

Retirer le couvercle de la batterie. Appuyer sur le loquet au dos du téléphone, puis soulever le couvercle.

Retirer la batterie en la saisissant par la partie intérieure, puis la retirer de son logement.

d) Que manque-t-il dans chacun de ces documents par rapport au document *Un hérisson qui a du piquant*.

2 **a)** Lis la lettre de Nidale qui raconte une expérience réalisée en classe.

b) Transforme cette lettre en un écrit à consignes le plus complet possible.

c) Tu entoureras chacune des parties en utilisant le code-couleurs de l'exercice 1.

Bourges, le 10 octobre 2002

Salut Zakariah,

Hier, en classe, on a fait une expérience formidable. On a réussi à faire un arc-en-ciel !

Pour ça, on a rempli à moitié un verre d'eau. On a regardé l'ampoule allumée de la lampe de poche à travers l'eau, en penchant le verre tout doucement. On n'a pas tous réussi au premier coup ! Ce qu'il faut surtout, c'est bien incliner le verre et le mettre entre l'ampoule et l'œil. Il ne faut pas s'énerver…

J'espère que tu réussiras. Tu me raconteras ? À bientôt chez Tatie.

Nidale

Les écrits à consignes — 9

Comment trouver, dans un écrit à consignes, ce qu'il faut faire ?

J'observe puis je lis.

Document 1

Bateau équilibriste

Pour réaliser ce bateau, il faut une vieille balle de tennis, une aiguille à tricoter, de la pâte à modeler, du fil rigide et du carton.

D'abord, tu couperas en deux la balle de tennis.

Cette demi-balle sera la coque de ton bateau. Ensuite, tu fabriqueras un contrepoids avec du fil rigide et de la pâte à modeler. Un autre morceau de pâte à modeler sera collé dans la demi-balle. Avec le fil du contrepoids, tu perceras la balle, puis tu enfonceras ce fil dans la pâte à modeler.

Pour finir, tu ajouteras une aiguille à tricoter en guise de mât et une voile en carton.

Document 2

Bateau équilibriste

Matériel
Vieille balle de tennis
Aiguille à tricoter
Pâte à modeler
Fil rigide
Carton

Activité

- *Coupe en deux la balle de tennis. Cette demi-balle sera la coque de ton bateau.*
- *Fabrique un contrepoids avec du fil rigide et de la pâte à modeler.*
- *Colle un autre morceau de pâte à modeler dans la demi-balle. Avec le fil du contrepoids, perce la balle, puis enfonce ce fil dans la pâte à modeler.*
- *Ajoute une aiguille à tricoter en guise de mât, et une voile en carton.*

Je découvre.

1 a) À quoi sert la partie coloriée en jaune dans le document 2 ?

b) Recherche dans le document 1 ce qui correspond à cette partie. Est-elle facile à repérer ? Pourquoi ?

2 Qu'est-ce qui t'aide à repérer les différentes étapes de la construction :
- dans le document 1 ?   - dans le document 2 ?

3 a) Ces deux documents ont des éléments en commun mais présentés différemment. Complète ce tableau.

Ce que j'ai trouvé dans le texte 1...	... est remplacé dans le texte 2, par...

b) Quel est le texte qui te guide le mieux ?

c) Écris tous les détails qui permettent de bien savoir ce qu'il faut faire.

Tu peux maintenant répondre à la question du titre de la leçon.

10 — Les écrits à consignes

Je compare mes découvertes avec...

...la proposition page 168.

J'utilise ce que j'ai appris.

1 a) Retrouve les éléments de la fiche de fabrication d'une toupie qui se sont mélangés.
→ Attention car il y a des intrus !

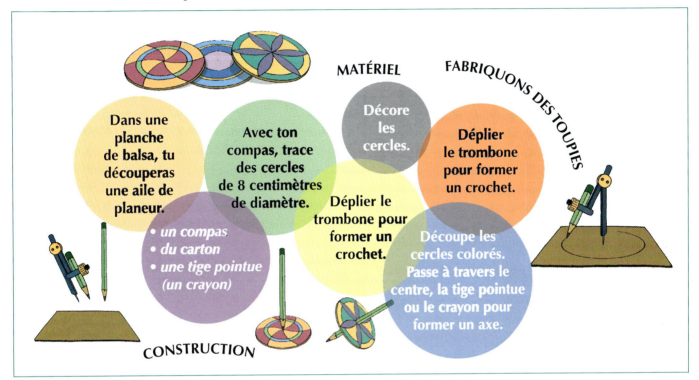

b) Réécris cette fiche de fabrication en utilisant une des présentations de la page 10.

2 a) Observe cette fiche de fabrication d'une girouette que des élèves de CM1 ont envoyée à leurs correspondants.

b) À ton avis, pourquoi ceux-ci ne l'ont pas trouvée très facile à utiliser ?

c) Réécris cette fiche pour les aider à fabriquer leur girouette.

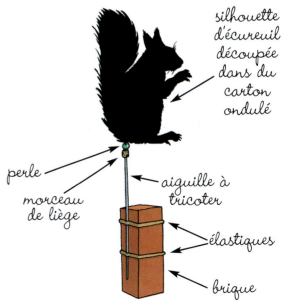

Les écrits à consignes

11

Quelles sont les différentes manières de donner une consigne écrite ?

J'observe puis je lis.

Document 1

Texte 1

Le matériel : 2 verres, de l'encre, de l'eau, un réfrigérateur.

La manipulation :

1- **Mettre** un verre rempli d'eau au réfrigérateur pendant une heure puis le **sortir**.

2- **Remplir** l'autre verre avec de l'eau bien chaude du robinet.

3- **Déposer** une petite goutte d'encre, doucement, à la surface de l'eau chaude, puis de l'eau froide.

4- **Observer** ce que font les deux gouttes d'encre.

Texte 2
1. Mets un verre rempli d'eau au réfrigérateur pendant une heure puis sors-le.
2. Remplis l'autre verre avec de l'eau bien chaude du robinet.
3. Dépose une petite goutte d'encre, doucement, à la surface de l'eau chaude, puis de l'eau froide.
4. Observe ce que font les deux gouttes d'encre.

Texte 3
1. Mettez un verre rempli d'eau au réfrigérateur pendant une heure puis sortez-le.
2. Remplissez l'autre verre avec de l'eau bien chaude du robinet.
3. Déposez une petite goutte d'encre, doucement, à la surface de l'eau chaude, puis de l'eau froide.
4. Observez ce que font les deux gouttes d'encre.

Texte 4
1. Tu mets un verre rempli d'eau au réfrigérateur pendant une heure puis tu le sors.
2. Tu remplis l'autre verre avec de l'eau bien chaude du robinet.
3. Tu déposes une petite goutte d'encre, doucement, à la surface de l'eau chaude, puis de l'eau froide.
4. Tu observes ce que font les deux gouttes d'encre.

Texte 5
1. Tu mettras un verre rempli d'eau au réfrigérateur pendant une heure puis tu le sortiras.
2. Tu rempliras l'autre verre avec de l'eau bien chaude du robinet.
3. Tu déposeras une petite goutte d'encre, doucement, à la surface de l'eau chaude, puis de l'eau froide.
4. Tu observeras ce que font les deux gouttes d'encre.

Je découvre.

1 Lis le texte 1 et trouve un titre pour cette expérience.

2 → Textes 2 à 5 : Les différentes étapes de la manipulation ont été réécrites.

a) Qu'est-ce qui change dans chaque réécriture ?

b) Classe les verbes de chaque texte dans le tableau ci-dessous.

CLASSEUR TABLEAU 3

texte 1	texte 2	texte 3	texte 4	texte 5
mettre	mets	mettez	(tu) mets	(tu) mettras

c) Quel(s) texte(s) s'adresse(nt) :
- à toi ?
- à plusieurs personnes ou à une personne adulte ?
- à tout le monde ?

d) À quel(s) temps, à quelle(s) personne(s) sont écrits les verbes de ces textes ?

e) Dans quel texte, les verbes sont-ils écrits à l'infinitif ?

Tu peux maintenant répondre à la question du titre de la leçon.

Les écrits à consignes

Je compare mes découvertes avec...

...la proposition page 168.

J'utilise ce que j'ai appris.

1 a) Lis les quatre textes ci-dessous indiquant comment réaliser *bruines et crachins avec un aérographe*.

Texte 1

BRUINES ET CRACHINS AVEC L'AÉROGRAPHE

Il te faut : du bristol - des feuilles de papier Canson - une paire de ciseaux - des tubes de gouache - une épingle à linge

❶ *Découpe* dans le bristol des caches de différentes formes.

❷ Ensuite, ... la peinture en diluant la gouache dans beaucoup d'eau.

❸ .... le cache sur le papier, puis .... dans l'aérographe.

Texte 2

BRUINES ET CRACHINS AVEC L'AÉROGRAPHE

Il te faut : du bristol - des feuilles de papier Canson - une paire de ciseaux - des tubes de gouache - une épingle à linge

❶ .... dans le bristol des caches de différentes formes.

❷ Ensuite, ... la peinture en diluant la gouache dans beaucoup d'eau.

❸ Tu *mets* le cache sur le papier, puis .... dans l'aérographe.

Texte 3

BRUINES ET CRACHINS AVEC L'AÉROGRAPHE

Il te faut : du bristol - des feuilles de papier Canson - une paire de ciseaux - des tubes de gouache - une épingle à linge

❶ .... dans le bristol des caches de différentes formes.

❷ Ensuite, *préparez* la peinture en diluant la gouache dans beaucoup d'eau.

❸ .... le cache sur le papier, puis .... dans l'aérographe.

Texte 4

BRUINES ET CRACHINS AVEC L'AÉROGRAPHE

Il te faut : du bristol - des feuilles de papier Canson - une paire de ciseaux - des tubes de gouache - une épingle à linge

❶ .... dans le bristol des caches de différentes formes.

❷ Ensuite, ... la peinture en diluant la gouache dans beaucoup d'eau.

❸ Tu .... le cache sur le papier, puis *tu souffleras* dans l'aérographe.

---

b) Recopie ces textes en les complétant avec les verbes correctement conjugués.

→ Aide-toi du tableau de conjugaison que te donnera ton enseignant.

c) En te servant du tableau de conjugaison, cherche à quel temps sont écrits les verbes de chacun de ces textes.

2 a) Lis le texte ci-dessous.

> Pour faire un monotype, on fait des taches de gouache au centre d'une feuille. Ensuite, on plie la feuille. On appuie avec les mains en glissant sur toute la feuille. On ouvre et on découvre un joli motif.

b) Réécris ce texte comme si tu t'adressais à un camarade puis à toute une classe et enfin à n'importe qui (journal de l'école, rubrique du site web).

Les écrits à consignes

Comment choisir la manière de formuler une consigne ?

J'observe puis je lis.

Document 1

A- Veuillez avoir l'obligeance de ranger tous ces documents avant de partir.

B- Range tes affaires avant d'aller jouer.

C- Donne-moi le journal, s'il te plaît.

D- Éteindre la lumière en sortant.

E- J'aimerais que tu ranges tes livres dans ton casier.

F- Ne pas toucher aux objets exposés.

G- Range ces figures en les classant de la plus petite à la plus grande.

H- Merci de bien vouloir ranger vos affaires, avant de partir.

I- Soyez aimables de ranger les chaises à la fin de la réunion.

J- Passe-moi le sel.

Je découvre.

1 **a)** **Lis les phrases du document 1.**

b) **Observe dans chaque phrase le verbe de la consigne, puis range ces phrases dans le tableau ci-dessous, en te servant de leur lettre.**

CLASSEUR TABLEAU 4

Le verbe de la consigne est à...				
... l'infinitif, en tête de phrase.	... l'infinitif, précédé d'un autre GV ou d'un autre mot.	... l'impératif.	... l'impératif suivi d'une proposition commençant par si.	... un autre temps.

2 **Certaines consignes sont plus polies, car elles contiennent une formule qu'on appelle « de politesse ». Dresse la liste de ces formules.**

3 **Complète le tableau suivant, en répondant par oui ou non dans chaque case.**

CLASSEUR TABLEAU 5

	La consigne...			
	...s'adresse à un enfant.	...s'adresse à un ou plusieurs adultes.	...est plutôt une consigne orale.	...est plutôt une consigne écrite.
A				
B				
C				
D				
E				
F				
G				
H				
I				
J				

4 **Compare les réponses des deux tableaux.**

5 **Peut-on mettre des formules de politesse dans toutes les consignes ? Pourquoi ?**

Tu peux maintenant répondre à la question du titre de la leçon.

14   Les écrits à consignes

Je compare mes découvertes avec…

…la proposition page 168.

J'utilise ce que j'ai appris.

1 Dans le cadre d'un projet de classe *Respect de l'environnement*, les élèves ont fait des propositions pour la fabrication de panneaux qui seront posés à différents endroits de leur village.

a) Lis les différentes propositions ci-dessous.

1. Attention, site classé :
Ayez l'obligeance de déposer vos déchets dans la poubelle prévue pour cela, afin de ne pas détruire la beauté de ce site !

2. La ville de Lorette vous dit merci de vous occuper de vos déchets. C'est un geste utile pour tous !

3. Vous êtes priés de bien vouloir déposer vos déchets dans les poubelles prévues à cet effet.

4. Vous déposerez vos déchets dans les poubelles prévues à cet effet.

5. Avant de partir, il faudrait que vous déposiez vos déchets dans les poubelles prévues à cet effet.

6. Une aire de pique-nique se respecte. Déposons nos déchets dans les poubelles.

7. Aire de pique-nique de Lorette
Veuillez, s'il vous plaît, déposer vos déchets dans les poubelles prévues à cet effet. Bonne route !

8. Déposez vos déchets ici.

b) Dis quels panneaux tu choisirais pour le village et explique ton choix.

2 a) Que penses-tu des consignes ci-dessous ?

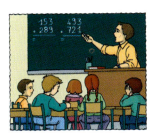

« Vous êtes priés de bien vouloir additionner les nombres suivants. »

« Donnez-moi un ticket. »

« Il faudrait que vous ayez l'extrême obligeance de ranger vos affaires. »

b) Pour chacune, dis ce qui ne convient pas et pourquoi ?

c) Réécris-les de manière plus satisfaisante.

3 Avec tes camarades, prépare un panneau de consignes pour les différents lieux de ton école. → Quelques pistes pour vous aider.

ENLEVER LES PAPIERS – Respecter les fleurs – **Ne pas abîmer la haie** – Ranger les vélos - **Ne pas faire de guirlandes avec le papier toilette** – Placer les vêtements sur les porte-manteaux – RANGER LES JEUX – Mettre les ballons dans l'armoire « SPORT »…

Les écrits à consignes

15

Comment comprendre l'énoncé d'un problème de mathématiques ?

J'observe puis je lis.

Document 1

- Sur un calque, reproduis cette figure.
  Tu as tracé une ligne brisée fermée. **C'est un polygone.**

- Quel est le nombre de côtés de ce polygone ?
  Quel est le nombre de sommets ?

- Avec ton calque, superpose
  chaque segment de la ligne brisée
  ouverte bleue sur un côté
  du polygone vert.
  Fais de même sur
  le polygone rouge.

- Mesure les longueurs des polygones et de la ligne brisée ouverte.

Je découvre.

1 **Recopie le texte du document 1 et surligne :**

- en vert les informations ; - en bleu les consignes ; - en rouge les questions.

2 Les illustrations.

Quel est le rôle de chacune des illustrations ?

3 Les consignes.

Que te demande-t-on de faire ? Recopie le verbe de chaque consigne.
Qu'est-ce qui t'aide à les comprendre ?

4 Les mots.

→ Dans un texte de problème, on rencontre :
- des mots compliqués qui appartiennent au langage mathématique et qui n'ont qu'un sens : **polygone**.
- des mots bien connus dont il faut se méfier car ils ont un sens dans le langage courant qui est très différent en mathématique : **figure, ligne, brisée, côté, sommet**.

Pour chacun de ces mots, écris une phrase où il aura un sens différent, non mathématique.

5 Les questions.

Quels mots faut-il comprendre pour répondre aux questions de l'énoncé ?

Tu peux maintenant répondre à la question du titre de la leçon.

16 — Les écrits à consignes

Je compare mes découvertes avec...

...la proposition page 169.

J'utilise ce que j'ai appris.

1 a) Lis attentivement le problème ci-dessous.

> ☛ Avec le calque, reproduis la .... 1 sur le carton.
> ☛ Découpe cette .... Tu obtiens un gabarit.
> ☛ Plie en quatre la feuille blanche comme pour fabriquer une équerre.
> ☛ Puis déplie-la.
> ☛ Sers-toi du gabarit et des plis que tu as marqués pour reproduire la .... 2.

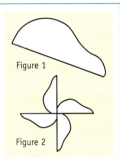

Figure 1

Figure 2

b) Fais la liste du matériel dont tu as besoin pour réaliser ce travail.

c) Dans ce texte, on a utilisé trois fois le même mot. Lequel ?
Recopie ce mot dans une phrase où il aura un autre sens.

d) Recopie le texte de ce problème en mettant en évidence :
- les consignes,
- les mots importants appris en faisant cette activité.

2 a) Observe le modèle et la frise obtenue.

Modèle

Frise

b) Écris le texte du problème qui a permis, à partir du modèle, de réaliser la frise, à l'aide bien sûr de papier-calque.

→ Pour t'aider, pioche dans le réservoir de mots ci-dessous.

verbes		noms
observer	observe	une feuille de papier
reproduire	reproduis	du papier calque
dessiner	dessine	une frise
décalquer	décalque	un modèle
tracer	trace	un élément
		un dessin

Les écrits à consignes 17

Quels mots choisir dans un écrit à consignes ?

J'observe puis je lis.

Document 1

MOULIN À VENT

Pour construire un moulin, il te faut : un **carré** en papier à dessin de 15 cm de côté, une épingle à tête, une perle et un bouchon.

- En premier, trace les **diagonales** du carré. Découpe-les jusqu'à 3 cm du **centre**.
- Ensuite, replie chaque **sommet** de ton carré vers le centre. Tu obtiens ainsi 4 ailes. Réunis ces quatre ailes avec une épingle. Fixe ton moulin sur un bouchon après avoir ajouté une perle pour qu'il tourne plus librement. *(d'après un manuel de sciences - cycle 3)*

Document 2

Chers camarades du CP - CE1,

Nous vous envoyons la fiche de construction d'un moulin à vent

Vous prenez une feuille rectangulaire, vous pliez une pointe contre l'autre et vous découpez ce qui dépasse. Vous obtenez un carré.

Vous pliez votre carré en approchant la pointe d'en bas de celle d'en haut ; vous appuyez avec votre ongle pour marquer le pli. Vous faites pareil dans l'autre sens. Cela vous fait des plis que vous découpez sans aller jusqu'au milieu. Votre carré a 8 pointes. Vous prenez alors la pointe de droite de l'un des coins, vous la repliez au milieu du carré, de manière à lui faire un cornet.

Vous repliez chacune des pointes ; cela fait 4 cornets que vous attachez sur le bout d'un bâton avec une épingle. Vous enfilez une perle et vous enfoncez l'épingle dans le bouchon pour que votre moulin tourne bien.

Envoyez-nous un petit mot pour nous dire si vous avez réussi du premier coup !

Les élèves du CM 1 - CM 2

Document 3

Comment construire un circuit électrique ?

Brancher un fil au pôle plus de la pile de manière à ce qu'il aille à l'interrupteur. Un autre fil doit aller au culot de l'ampoule. Un troisième fil doit aller du pôle moins de la pile à la douille de l'ampoule.

Document 4

COMMENT CONSTRUIRE UN CIRCUIT ÉLECTRIQUE ?

Tu dois accrocher un fil de la languette portant le signe +, et qu'il aille jusqu'au bouton. Tu accroches un autre fil à la partie grise de l'ampoule. Tu mets enfin un troisième fil qui doit aller de la languette marquée du signe – à la partie dorée de l'ampoule.

Je découvre.

1 a) Lis les documents 1 et 2, dis à quoi ils servent et à qui ils sont destinés.

b) Pour chacun des mots : « carré » - « diagonales » - « centre » - « sommet » que tu trouveras dans le document 1, recherche puis recopie les mots qui veulent dire la même chose dans le document 2.

c) Pourquoi les élèves de CM1/CM2 n'ont-ils pas utilisé ces mots dans leur fiche destinée aux CP/CE1 ?

2 a) Lis les documents 3 et 4.

b) À ton avis, où trouve-t-on et à qui est destiné :
- le document 3 ?   - le document 4 ?

Compare ta réponse avec celle de tes camarades et justifie-la.

c) Quel(s) mot(s) du doc. 4 a(ont) le même sens que les mots suivants du doc. 3 ?

culot ⇨ ....   pôle plus ⇨ ....   interrupteurs ⇨ ....

pôle moins ⇨ ....   douille ⇨ ....

Tu peux maintenant répondre à la question du titre de la leçon.

Les écrits à consignes

Je compare mes découvertes avec...

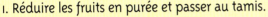

...la proposition page 169.

J'utilise ce que j'ai appris.

1 a) Lis les deux recettes ci-dessous.

Le sorbet aux mûres — *Recette 1*
- 500 g de mûres
- 80 g de sucre glace
- 1 cs de jus de citron
- 1 cc de zeste de citron glacé

1. Réduire les fruits en purée et passer au tamis.
2. Mélanger la pulpe avec du sucre, le zeste et le jus de citron. Mettre le tout 1 h 30 au congélateur.

Le sorbet aux mûres — *Recette 2*
- 500 g de mûres
- 6 cs de sucre glace
- 1 cs de jus de citron
- 1 cc de zeste de citron

1. Passe les fruits au moulin à légumes.
2. Mets cette purée dans une passoire fine pour obtenir du jus.
3. Mélange ce jus avec du sucre, le zeste et le jus de citron ; mets cette préparation dans un moule au congélateur. (Il faut attendre une heure et demie environ.)

b) Laquelle est extraite d'un livre de recettes : - pour enfants ?
                                    - pour adultes ?

Recopie chaque recette, en soulignant ce qui t'a permis de répondre.

2 a) Lis le texte ci-dessous.

> Avec ta règle, dessine un polygone à 3 côtés et un polygone à 4 côtés.
> Marque six points bien différents. Relie-les : tu obtiendras **un polygone à 6 côtés**.

b) Réécris ce texte sous forme d'un problème mathématique.
→ Pour cela, choisis les mots précis dans le tableau ci-contre.

hexagone	polygone à six côtés
triangle	polygone à trois côtés
quadrilatère	polygone à quatre côtés
distinct	différent
trace	dessine

3 a) Lis le texte ci-dessous.

L'aquarium

1) Disposer une couche de gravier au fond de l'aquarium.
2) Dans ce gravier, installer quelques plantes aquatiques récoltées dans l'étang, afin que les animaux aquatiques puissent respirer l'oxygène qu'elles produisent.
3) Verser de l'eau puisée dans l'étang et ajouter quelques œufs de grenouilles récoltés dans une mare, avec quelques insectes, en évitant avec soin les dytiques ainsi que les larves de libellules qui sont carnivores.
4) Trois fois par semaine, pas plus, apporter comme nourriture, des vers, de la viande crue en petits morceaux, des daphnies et des miettes de pain, en quantité modérée car l'eau est vite souillée par cette nourriture.

 b) Réécris ce texte pour qu'il puisse être facilement compris par des élèves de CP/CE1.

Les écrits à consignes   19

Comment reconnaître le nom et le verbe ?

J'observe puis je lis.

Document 1

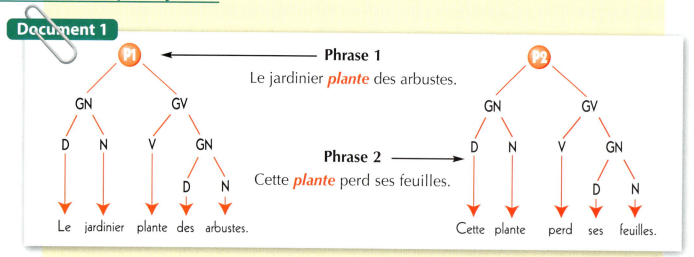

Document 2

── Phrases au singulier ──
- Le jardinier **plante** des arbustes.
- Cette **plante** perd ses feuilles.
- Sa **trace** est claire.
- Le géomètre **trace** une ligne droite.
- La ligne **coupe** le cercle.
- La **coupe** est régulière.

── Phrases au pluriel ──
- Les jardiniers **plantent** des arbustes.
- Ces **plantes** perdent leurs feuilles.
- Ses **traces** sont claires.
- Les géomètres **tracent** une ligne droite.
- Les lignes **coupent** le cercle.
- Les **coupes** sont régulières.

Je découvre.

1 **a)** Lis les deux phrases du doc. 1 et dis quel est le mot commun à ces deux phrases ?

b) Joue-t-il le même rôle dans chacune de ces deux phrases ?
→ Sers-toi de la représentation en arbre des deux phrases pour répondre à cette question.

2 **a)** Dans le document 2, observe les marques qui apparaissent à la fin du mot « plante » dans l'ensemble des phrases au pluriel.

b) En te servant des représentations en arbre du document 1, quelles remarques peux-tu faire ?

c) Fais le même travail avec tous les mots en gras.

3 **a)** Écris à l'imparfait toutes les phrases au singulier. Commence ta phrase par « hier ».
Exemple : *Hier, le jardinier plantait des arbustes.*

b) Dis ce que devient, dans chaque phrase, le mot en gras après ces transformations.

Tu peux maintenant répondre à la question du titre de la leçon.

Les écrits à consignes

Je compare mes découvertes avec…

…la proposition page 169.

J'utilise ce que j'ai appris.

1 a) **Lis les phrases ci-dessous.**
- **Place** un point au milieu du segment.
- Cette **place** est réservée.
- Le joueur **passe** entre les plots.
- Le premier joueur doit faire une **passe** longue.
- Le **déjeuner** est prêt.
- On va **déjeuner** ensemble.
- Le joueur **sort** du cercle.
- Le nom du gardien est tiré au **sort**.

b) **Recopie chaque phrase en précisant si le mot en gras est un nom ou un verbe.**

c) **Compare tes réponses avec celles d'un(e) camarade et dis comment tu as fait pour identifier les noms et les verbes.**

2 a) **Représente les deux phrases suivantes en arbre.**
P1 : Le chauffeur gare son engin.
P2 : Le train quitte la gare.
→ Sers-toi de l'arbre ci-contre.

b) **Que peux-tu dire du mot « gare » dans chacune des phrases ?**

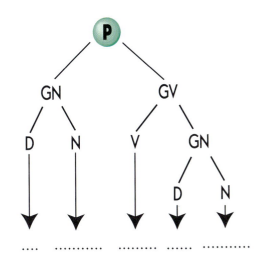

3 a) **Lis ces trois vers de Géo Norge.**

> Et toi, que manges-tu, **grouillant** ?
> — Je mange le **velu** qui digère
> le **pulpeux** qui ronge le **rampant**.

b) **De la même manière, invente des noms nouveaux pour désigner toutes sortes de petites bêtes et compose un texte.**

Les écrits à consignes

À l'écrit, quels sont les moyens de traduire la négation ?

J'observe puis je lis.

Document 1

Propositions des enfants du CM1 de l'école Jean Jaurès pour établir **le règlement du transport scolaire** *de la ville de Miramont.*

1- Il est imprudent d'attendre l'arrivée du car en dehors des aires marquées « Arrêt bus ».

2- Il ne faut pas se bousculer en montant dans le bus.

3- Il faut éviter de se lever pendant le trajet.

4- Les élèves ne doivent pas quitter leur place.

5- Les enfants doivent éviter de gêner le conducteur par du bruit ou des cris.

6- Les enfants ne doivent pas parler au conducteur sans motif valable.

7- Il est interdit de parler au conducteur sans motif valable.

8- Il est défendu de jouer, de crier, de jeter des objets.

9- On ne doit pas jouer, crier, jeter des objets.

10- Il ne faut surtout pas se pencher au dehors.

11- Il est interdit de se pencher au dehors.

12- Personne ne descendra avant l'arrêt complet du car.

13- Il est défendu de descendre avant l'arrêt complet du car.

Je découvre.

1 **a)** Lis les phrases du document 1.

b) À l'aide de leur numéro, classe ces phrases dans le tableau ci-dessous.

CLASSEUR TABLEAU 6

Phrases qui contiennent l'adverbe « ne ».	Phrases qui ne contiennent pas l'adverbe « ne ».

c) Quelle phrase veut dire la même chose que :
- la phrase 6 ?
- la phrase 8 ?
- la phrase 10 ?
- la phrase 12 ?

d) Pourquoi ces phrases qui veulent dire la même chose ne sont pas dans la même colonne du tableau ?

e) → Les phrases de la première colonne du tableau sont des phrases à la forme négative. Les autres phrases, sont à la forme affirmative. Mais elles disent tout de même des choses négatives. **Écris les détails qui prouvent que l'idée est négative.**

2 Dans les phrases de la première colonne du tableau, cherche les différents mots qui accompagnent « ne » pour exprimer la négation puis recopie-les sur ton cahier.

Tu peux maintenant répondre à la question du titre de la leçon.

Les écrits à consignes

Je compare mes découvertes avec...

...la proposition page 169.

J'utilise ce que j'ai appris.

1 Recopie le texte ci-dessous et souligne :
- en rouge, les phrases négatives,
- en bleu, les phrases affirmatives exprimant une idée négative,
- en vert, les phrases affirmatives.

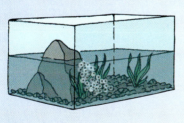

Le fond de l'aquarium est tapissé de graviers et de cailloux bien lavés. On plante quelques végétaux aquatiques dans le gravier. Ensuite, on verse de l'eau.
Il faut éviter d'utiliser l'eau du robinet et plutôt préférer celle de la mare. On laisse dépasser quelques cailloux.
On met les œufs de grenouilles dans l'aquarium.
Il ne faut jamais mettre dans le même aquarium les dytiques et les larves de libellules qui sont des carnivores.
On nourrit les têtards avec des insectes, de la mie de pain, des vers, des daphnies...
Il est déconseillé de mettre trop de nourriture pour ne pas salir l'eau.
Il ne faut pas oublier de poser un grillage fin pour que les têtards, devenus grenouilles, restent dans l'aquarium. Cependant, les grenouilles n'aiment guère la captivité. Il faut donc les relâcher très vite.

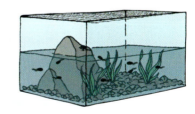

2 a) Lis ces interdits qui, s'ils sont respectés, peuvent sauver nos forêts.

b) Réécris ces interdits en écrivant des phrases négatives.
→ Fais varier les mots exprimant la négation.

c) Cherche et écris d'autres interdits.

IL EST INTERDIT :

- d'allumer un feu de barbecue.
- de déposer des poubelles.
- de laisser traîner les restes du pique-nique.
- de faire un feu de camp.
- d'arracher les plantes.

Les écrits à consignes   23

À quoi voit-on qu'un GN est au singulier ou au pluriel ?

J'observe puis je lis.

Document 1

Bateau équilibriste

✓ Découper le bord avec **des ciseaux crantés**.
✓ **Tout le monde** se prépare pour Halloween.
✓ Grave **cinq motifs** dans le bois avec **un ciseau pointu**.
✓ **Nos outils** sont rangés sur l'étagère « bricolage ».
✓ Pour bricoler, il est important d'avoir **un bon outillage**.
✓ Fabrique **de fausses lunettes** avec du carton.
✓ Chercher le mode d'emploi **de la lunette d'astronomie**.
✓ Je dois lire le chapitre intitulé : **Souris mâles**.

Document 2

1) **La petite boîte d'épingles** se trouve sur l'établi.
2) **Toutes les épingles de cette boîte** ont une tête verte.
3) **Ce groupe d'enfants** formera le cercle.
4) **Les enfants de ce groupe** joueront en défense.
5) **Chaque chaîne de montagnes** est coloriée en marron.
6) **Les montagnes de la chaîne pyrénéenne** se trouvent en partie en Espagne.

Je découvre.

1 **a)** **Recopie les phrases du document 1 en soulignant :**

- en vert, les GN au singulier.   - en bleu, les GN au pluriel.

b) **Classe ces GN dans le tableau ci-dessous.**

CLASSEUR TABLEAU 7

	groupes au singulier	groupes au pluriel
Le groupe représente une seule chose (ou personne).		
Le groupe représente plusieurs choses (ou personnes).		

c) **Qu'est-ce qui t'a aidé à classer ces groupes ?**

d) **Donne l'exemple d'un nom singulier ayant un sens pluriel.**
Donne l'exemple d'un nom pluriel ayant un sens singulier.

e) **Dans la colonne** « groupes au pluriel », **entoure les marques des autres mots** (→ les qualifiants) **qui accompagnent le nom.**

2 **a)** **Lis les phrases du document 2.**

b) **Classe les verbes de ces phrases dans le tableau ci-dessous.**

CLASSEUR TABLEAU 8

verbes au singulier	verbes au pluriel

c) **À l'aide de ce classement, précise pour chaque GN sujet du verbe, s'il est au singulier ou au pluriel.**

Tu peux maintenant répondre à la question du titre de la leçon.

24   Les écrits à consignes

Je compare mes découvertes avec...

...la proposition page 170.

J'utilise ce que j'ai appris.

1 **Quels qualifiants pourraient compléter les noms soulignés ?**
Recopie les propositions qui conviennent.

- Recherche sur un atlas les massifs...

- *français.*
- *qui se trouvent à la fois en France et en Italie.*
- *élevé.*
- *montagneux.*
- *de la chaîne pyrénéenne.*

- Cite les industries...

- *de transformation.*
- *agroalimentaire.*
- *de la région Aquitaine.*
- *en relation avec l'agriculture.*
- *liées à l'agriculture.*
- *anciennes.*

2 **En te servant des différents constituants ci-dessous, et sans changer leur orthographe, écris tous les GN possibles puis classe-les dans le tableau.**

déterminants	noms	qualifiants
les	climat	· tempérée
le	climats	· océaniques
la	zone	· des tropiques
un	zones	· qui est doux toute l'année
une		· chaud et sec
des		· qui sont au nord de l'Équateur
		· tempérés

CLASSEUR **TABLEAU 9**

GN singulier	GN pluriel

3 **a) Réécris ce poème de Blaise Cendrars en remplaçant « îles » par « île ».**

Îles
Îles
Îles où l'on ne prendra jamais terre
Îles où l'on ne descendra jamais
Îles couvertes de végétation
Îles tapies comme des jaguars
Îles muettes
Îles mobiles
Îles inoubliables et sans nom
Je lance mes chaussures par-dessus bord
car je voudrais bien aller jusqu'à vous

b) Imagine, à ton tour, un texte poétique à partir du mot « montagnes ».

Montagnes qui _ _ _ _ _

Montagnes _ _ _ _ _ que _ _ _ _ _

Montagnes _ _ _ _ _ de _ _ _ _ _

Les écrits à consignes

25

Comment reconnaître le GN sujet du verbe ?

J'observe puis je lis.

Document 1

1- <mark>Le soleil</mark> va chauffer l'eau.
2- <mark>Les piquants du hérisson</mark> vont pousser en quelques jours.
3- <mark>Les élèves</mark> jouent au ballon menteur.
4- <mark>La balle</mark> passe rapidement.
5- <mark>Les joueurs</mark> forment un cercle loin de leur camp.
6- <mark>Le premier joueur</mark> va dans son camp le plus vite possible.
7- <mark>Des bulles</mark> se forment sur elle.

Document 2

Transformation 1
1. Il va chauffer l'eau.
2. Ils vont pousser en quelques jours.
3. Elles jouent au ballon menteur.
4. Elle passe rapidement.
5. Ils forment un cercle loin de leur camp.
6. Il va dans son camp le plus vite possible.
7. Elles se forment sur elle.

Transformation 2
1. C'est le soleil qui va chauffer l'eau.
2. Ce sont les piquants du hérisson qui vont pousser en quelques jours.
3. Ce sont les élèves qui jouent au ballon menteur.
4. C'est la balle qui passe rapidement.
5. Ce sont les joueurs qui forment un cercle loin de leur camp.
6. C'est le premier joueur qui va dans son camp le plus vite possible.
7. Ce sont des bulles qui se forment sur elle.

Transformation 3
1. C'est l'eau que le soleil va chauffer.
2. C'est en quelques jours que les piquants du hérisson vont pousser.
3. C'est au ballon menteur que les élèves jouent.
4. C'est rapidement que la balle passe.
5. C'est un cercle que les joueurs forment loin de leur camp.
   C'est loin de leur camp que les joueurs forment un cercle.
6. C'est dans son camp que le premier joueur va le plus vite possible.
   C'est le plus vite possible que le premier joueur va dans son camp.
7. C'est sur elle que se forment les bulles.

Je découvre.

1 **Lis les phrases du doc. 1.** → Dans ces phrases, on a surligné en jaune le GN sujet.

2 a) Lis attentivement les trois transformations proposées dans le doc. 2.

b) Que se passe-t-il pour chaque GN au cours de chacune de ces transformations. Complète le tableau en suivant l'exemple.

CLASSEUR TABLEAU 10

		transformation 1	transformation 2	transformation 3
PHRASE 1	GN sujet : le soleil	Il	C'est le soleil qui	
	autre GN : l'eau			C'est l'eau que
PHRASE 2	GN sujet :			
	autre GN :			

c) Quelles différences séparent la transformation 2 et la transformation 3 ?

Tu peux maintenant répondre à la question du titre de la leçon.

Les écrits à consignes

Je compare mes découvertes avec…

…la proposition page 170.

J'utilise ce que j'ai appris.

1 **a)** **Lis les phrases suivantes.**

① Vous placerez les miroirs au soleil.

② La feuille sèchera entre deux planches.

③ Le joueur se déplacera à gauche de la ligne, en poussant son palet.

④ Deux boutons noirs imiteront les yeux du hérisson.

⑤ Dans la demi-balle sera collé un autre morceau de pâte à modeler.

b) **Classe les GN encadrés, dans le tableau ci-dessous.**

CLASSEUR TABLEAU 11

GN pouvant être remplacés par « il » / « ils » / « elle » / « elles » et pouvant être placés entre « c'est… qui ».	GN pouvant être placés entre « c'est… que ».

c) **Recopie ces phrases en encadrant tous les GN sujets en jaune et tous les autres GN en noir.**

2 → Quelques pantomimes pour jouer au clown !

À l'aide du tableau et des dessins, écris les phrases correspondant à ces quatre pantomimes.

GN sujets	autres GN	verbes
le clown	un arrosoir minuscule	soulever
le clown blanc	avec un énorme stylo	siffler
l'auguste	pour lui faire peur	écrire
	son partenaire	chercher
	en faisant des grimaces d'effort	
	dans son dos	
	sur une toute petite feuille	
	tout au fond de ses poches	
	un objet	

Les écrits à consignes

Comment reconnaître un GN complément de phrase et un GN complément de verbe ?

J'observe puis je lis.

Document 1

1- <mark>Les piquants du hérisson</mark> vont pousser [en quelques jours].

2- <mark>Le soleil</mark> va chauffer [l'eau].

3- <mark>Les élèves</mark> jouent [au ballon menteur].

4- <mark>La balle</mark> passe [rapidement].

5- <mark>Les joueurs</mark> forment [un cercle] [loin de leur camp].

6- <mark>Le joueur</mark> va [dans son camp] [le plus vite possible].

Document 2

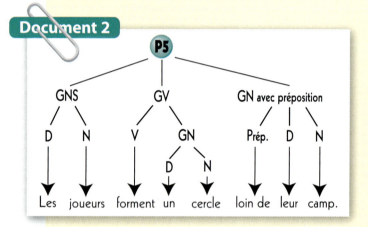

Je découvre.

1 a) Lis les phrases du document 1.

b) Réécris chaque phrase en déplaçant, lorsque c'est possible, les GN encadrés en noir au début de la phrase.

Exemple : *(P1) En quelques jours, les piquants du hérisson vont pousser.*

c) Complète le tableau ci-dessous.

CLASSEUR TABLEAU 12

GN noirs pouvant être déplacés en début de phrase.	GN noirs ne pouvant pas être déplacés en début de phrase.
→ Ces GN sont appelés : **GN compléments de phrase.**	→ Ces GN sont appelés : **GN compléments de verbe.**

2 a) Dans l'arbre (document 2) représentant la phrase 5, retrouve le complément de verbe et le complément de phrase.

b) Qu'est-ce qui te permet de les différencier ?

Tu peux maintenant répondre à la question du titre de la leçon.

28 — Les écrits à consignes

Je compare mes découvertes avec...

...la proposition page 170.

J'utilise ce que j'ai appris.

1 a) **Lis le règlement** *Transport scolaire* **qu'a écrit une classe de Nevers.**

TRANSPORT SCOLAIRE

1- Je vais à l'arrêt du bus sans courir.

2- Je ne bouscule pas mes camarades en montant dans le car.

3- Je rejoins immédiatement une place assise.

4- Je range mon cartable sous le siège.

5- Je ne quitte pas mon siège pendant le trajet.

6- Je ne parle pas au chauffeur.

7- Je ne fais pas de bruit avec mes camarades.

8- Je ne me lève pas avant l'arrêt total du car.

---

b) **Quand c'est possible, réécris chaque phrase en commençant par le complément de phrase.**

→ Attention à la virgule.

2 **Recopie les phrases ci-dessous et dans chacune, si c'est possible, souligne :**

- le complément de verbe en bleu,
- le complément de phrase en noir.

- Les enfants préparent un gâteau pour la kermesse.
- Ils lisent avec attention la recette.
- Ils récupèrent tous les ingrédients.
- Avec enthousiasme, ils cuisinent.
- Dans un quart d'heure, ils mettront le gâteau au four.

b) **À l'aide des éléments du tableau ci-dessous, écris un programme imaginaire, fantastique et merveilleux.**

verbes	GN compléments de verbe	GN compléments de phrase
peindre	la lune	tous les matins
décrocher	les nuages	avec les yeux
décorer	le vent	pour se rassurer
dompter	les étoiles	en prenant son temps
caresser	le soleil	avant de s'endormir

Les écrits à consignes

Qu'est-ce qu'une famille de mots ?

J'observe puis je lis.

Document 1

1- L'aquarium est tapissé de cailloux bien **lavés**.

2- Ce **lavage** est indispensable.

3- Quand la machine à **laver** est en panne, on porte le linge dans une **laverie**.

4- La mode est d'avoir un jean bien **délavé**.

5- La tache était si importante que j'ai dû **relaver** mon chemisier.

6- On a lu un texte documentaire sur les ratons-**laveurs**.

Document 2

1- Comme j'ai oublié un détail important, j'ai dû **defaire** ce que j'avais fait.

2- Pour avoir des mèches moins colorées, on peut les **décolorer**.

3- Pierre était tout barbouillé de chocolat : il a fallu le **débarbouiller**.

4- Ce chapeau n'a plus de forme : il est tout **déformé**.

Je découvre.

1 **a) Lis les phrases du document 1.**

CLASSEUR TABLEAU 13

		l	a	v	é	s	
		l	a	v	a	g	e

b) Continue de placer les mots orangés de ces phrases dans le tableau ci-contre.

c) Surligne ce qui est en commun à tous ces mots.

d) Entoure les parties du mot qui restent.

→ Ce qui est **commun à tous les mots** est appelé **le radical**, ce qui est ajouté avant le radical, est **un préfixe**, ce qui est ajouté à la fin du radical est **un suffixe**. Ces éléments permettent d'apporter des significations nouvelles au mot qui sert de radical. Tous ces mots sont **des dérivés** du mot **« laver »** et constituent **la famille** de ce mot.

2 **a) Dans le document 2, par quel préfixe commencent tous les mots en vert ?**

b) Dans chaque phrase, que peux-tu dire du mot en gras par rapport au mot souligné ?

c) Réponds à chacune des questions ci-dessous par oui ou non.

CLASSEUR TABLEAU 14

	oui – non
Délivrer, est-ce le contraire de livrer ?	
Le dégel , est-ce le contraire du gel ?	
Défendre, est-ce le contraire de fendre ?	
Déboucher, est-ce le contraire de boucher ?	
Définir, est-ce le contraire de finir ?	

d) Quelle conclusion peux-tu dégager de ce travail ?

Tu peux maintenant répondre à la question du titre de la leçon.

30 Les écrits à consignes

Je compare mes découvertes avec…

…la proposition page 171.

J'utilise ce que j'ai appris.

1 **a) Recopie les deux familles de mots ci-dessous.**

terre
terreux
terrestre
terreau
terrassier
enterrer
atterrir
territoire

jouer
jouet
joueur
rejouer
déjouer
enjoué

b) Pour chaque mot de chaque famille, souligne le radical et entoure :
- en bleu, les préfixes ;
- en rouge, les suffixes.

2 **a) Lis les phrases ci-dessous.**
- Ces applaudissements m'ont <u>encouragé</u>.
- Le boulanger <u>enfourne</u> ses pains.
- L'engin spatial a <u>aluni</u> à dix-huit heures précises.
- La voiture roule sur un chemin <u>empierré</u>.
- Pour nourrir les oiseaux, je suis allé chez le <u>grainetier</u>.

b) Pour chaque mot souligné, donne :
- le mot « référence » de sa famille,
- son sens dans la phrase.

Exemple : *encouragé* ⇨ *courage* ; *encourager c'est donner du courage.*

3 → Le préfixe « dé- » peut, parfois, donner au mot qui sert de radical un sens contraire au sien :
« *La ville est envahie par les moustiques, il va falloir démoustiquer.* »

Invente sur ce modèle des histoires amusantes, en imaginant d'autres lieux, d'autres animaux ou d'autres objets.

La savane est envahie par les girafes, il va falloir dégirafer.

La mare est envahi par les grenouilles, il va falloir _____.

L'aquarium est …

La classe …

Les écrits à consignes

Comment chercher les mots dans le dictionnaire d'orthographe ?

J'observe puis je lis.

Document 1

Les élèves ne savaient pas écrire les mots écrits en rouge. Ils ont voulu les chercher dans le dictionnaire. Mais pour cela, il a fallu imaginer comment peut s'écrire la première syllabe qui est ici traduite en signes phonétiques.

On trouve le dictionnaire des signes phonétiques à la fin du manuel, avec le tableau de la combinatoire française.

• Placer une couche de coton [i]drophile dans la barquette.

(Extrait d'une fiche de conseils sur les semis)

• Expérimentation avec les glaçons
Nos [ip]othèses :

(Extrait d'un cahier de sciences)

• Rendez-vous sur l'[ip]odrome des Rivettes pour préparer la rencontre sportive.
N'oubliez pas d'amener pour vous changer à la fin des épreuves.

(Liste de conseils « Pour bien préparer une sortie »)

Je découvre.

1 **a)** **Les élèves se sont servis du tableau ci-dessous pour imaginer comment pouvait s'écrire la première syllabe du mot « [i]drophile ».**

CLASSEUR TABLEAU 15	Si le mot « [i]drophile » commençait par les lettres :	
	hi–	il serait après **hidjab** et avant **hier**.
	hy–	il serait après **hydromel** et avant **hydrosphère**.
	i–	il serait après **idole** et avant...
	y–	il serait après **yatagan** et avant...
	Le mot « [i]drophile » s'écrit...	

b) **Observe comment fonctionne ce tableau et complète-le en utilisant le dictionnaire.**

c) **Quelles sont les graphies pour lesquelles tu as trouvé le plus petit nombre de mots dans le dictionnaire ?**

2 **Fais la même recherche avec les 2 autres mots « [ip]odrome » et « [ip]othèse ».**

3 **a)** **Lis les définitions des mots appartenant à chacune de ces deux familles :**

hippique : Qui a trait au cheval. (Un concours hippique.)
hippisme : Sport hippique.
hippologie : Étude du cheval.
hippomobile : Voiture à cheval.

hydratation : Introduction d'eau dans un corps.
hydraulique : Qui fonctionne grâce à l'eau.
hydravion : Avion conçu pour prendre son départ sur l'eau et pour s'y poser.

b) **Comment écrirais-tu le début d'« [ip]ocampe » sachant que cet animal s'appelle aussi cheval des mers ?**

c) **Comment écrirais-tu le début d'« [i]drographie » sachant qu'il s'agit de l'étude scientifique des eaux marines et fluviales ?**

d) **Explique pourquoi « [ip]odrome » et « [ip]othèse » ne s'écrivent pas avec les mêmes lettres au début ?**

Tu peux maintenant répondre à la question du titre de la leçon.

Je compare mes découvertes avec…

…la proposition page 171.

J'utilise ce que j'ai appris.

1 a) Lis ces titres d'écrits à consignes.

- Comment réaliser des bruines à partir d'aquarelles ?
- Recette des beignets de fleurs d'acacia.
- Préparer un aquarium pour élever grenouilles et têtards.
- Conseils pour entretenir les plantes aquatiques.
- Adresses et conseils pour acquérir du matériel informatique d'occasion.
- L'aquagym à la portée des élèves de cycle 3.
- La chaleur vous accable : conseils pratiques pour faire du sport en été.

b) Recopie les mots commençant par [ak].

Entoure ceux qui appartiennent à la famille de « eau ».

Recopie le groupe de lettres qu'ils ont en commun.

c) Vérifie sur ton dictionnaire le nombre de mots pour chacune des graphies correspondant à [ak].

d) Comment écrirais-tu ?

- L'...............culture est l'élevage des plantes et des animaux qui vivent sous l'eau.
- Créer un site internet nous ....pare beaucoup.

e) Rédige une fiche de conseils pour aider tes camarades à chercher dans le dictionnaire un mot commençant par [ak].

2 a) Lis ces mots de la famille de « char ».

Une carriole, un chariot, une charrette, une charrue, un carrosse, un carrossier, un charron.

b) Quelles remarques peux-tu faire concernant la famille de ce mot ?

c) Pour écrire un mot de cette famille commençant par [kar], par quelle graphie commenceras-tu les recherches ?

3 a) Résous la devinette ci-dessous.

> **Quel est le mot auquel je pense ?**
>
> 1- Il commence par [i]
>
> 2- Il n'appartient pas à la famille du mot « cheval ».
>
> 3- Il n'appartient pas non plus à la famille du mot « eau » pourtant il commence par les deux mêmes lettres que les mots de cette famille.
>
> 4- Il est tiré de la page précédente.

b) Invente d'autres devinettes comme celle-ci.

Comment s'écrivent les verbes au présent de l'indicatif et de l'impératif ?

J'observe puis je lis.

Document 1

	INDICATIF PRÉSENT						
Infinitif du verbe	**FORMES DU DIALOGUE**					**FORMES DU RÉCIT**	
	JE, J'	**TU**	**NOUS**	**ON**	**VOUS**	**GN sing. IL, ELLE, ON, ÇA**	**GN pluriel ILS, ELLES**
aller	vais	vas	allons	va	allez	va	vont
avoir	ai	as	avons	a	avez	a	ont
couper	coupe	coupes	coupons	coupe	coupez	coupe	coupent
déposer	dépose	déposes	déposons	dépose	déposez	dépose	déposent
dire	dis	dis	disons	dit	dites	dit	disent
être	suis	es	sommes	est	êtes	est	sont
faire	fais	fais	faisons	fait	faites	fait	font
former	forme	formes	formons	forme	formez	forme	forment
mettre	mets	mets	mettons	met	mettez	met	mettent
observer	observe	observes	observons	observe	observez	observe	observent
planter	plante	plantes	plantons	plante	plantez	plante	plantent
ranger	range	ranges	rangeons	range	rangez	range	rangent
rejoindre	rejoins	rejoins	rejoignons	rejoint	rejoignez	rejoint	rejoignent
remplir	remplis	remplis	remplissons	remplit	remplissez	remplit	remplissent
tracer	trace	traces	traçons	trace	tracez	trace	tracent

Je découvre.

1 **En te servant de ce tableau, complète les phrases ci-dessous.**

remplir ➭ Nous .... l'aquarium avec l'eau de la mare.

mettre ➭ Tu .... le verre rempli d'eau sur le rebord de la fenêtre.

rejoindre ➭ Les joueurs .... leur base.

ranger ➭ Avant de partir, nous .... les cartables.

2 **a)** **Écris les phrases ci-dessous en ajoutant aux verbes les marques qui conviennent.**

- Nous .... (percer) sept œufs de lézard.
- Nous .... (battre) la bave de crapaud et la poudre de mandragore.
- Nous en .... (garnir) les carapaces des cloportes.
- Nous .... (manger) ce dessert bien glacé.

b) **Pour écrire les verbes de ces phrases au présent de l'indicatif, quels sont les verbes du tableau que tu as choisis comme modèle ? Explique ton choix.**

Tu peux maintenant répondre à la question du titre de la leçon.

Les écrits à consignes

Document 2

Infinitif du verbe	IMPÉRATIF PRÉSENT						
	FORMES DU DIALOGUE					**FORMES DU RÉCIT**	
	JE, J'	**(TU)**	**(NOUS)**	**ON**	**(VOUS)**	**GN sing. IL, ELLE, ON, ÇA**	**GN pluriel ILS, ELLES**
aimer		aime	aimons		aimez		
aller		va	allons		allez		
choisir		choisis	choisissons		choisissez		
dire		dis	disons		dites		
écouter		écoute	écoutons		écoutez		
hésiter		hésite	hésitons		hésitez		
laisser		laisse	laissons		laissez		
oublier		oublie	oublions		oubliez		
ouvrir		ouvre	ouvrons		ouvrez		
penser		pense	pensons		pensez		
prendre		prends	prenons		prenez		
retenir		retiens	retenons		retenez		
(se) souvenir		souviens-toi	souvenons-nous		souvenez-vous		
suivre		suis	suivons		suivez		
tendre		tends	tendons		tendez		

CLASSEUR **TABLEAU 16**

Je découvre.

1 **a)** Dans le tableau ci-dessus, quelles formes trouves-tu à l'impératif présent ?

b) Combien y a-t-il de formes différentes et à quoi correspondent-elles ?

c) Pourquoi a-t-on mis entre parenthèses « tu », « nous » et « vous » ?

2 Dans le tableau, colorie :
- en rouge, les formes de l'impératif qui ressemblent à celles de l'infinitif avec seulement la terminaison qui change ;
- en bleu, les formes de l'impératif qui ressemblent à celles de l'infinitif, mais avec parfois des lettres au milieu qui changent, qui s'ajoutent ou qui disparaissent ;
- en vert, les formes de l'impératif qui ne ressemblent pas du tout à celles de l'infinitif.

3 Quelle(s) lettre(s) apparaissent à la fin des formes de verbes (→ la désinence) à l'impératif ? Complète le tableau ci-dessous.

	L'infinitif se termine par **-er**.	L'infinitif ne se termine pas par **-er**.
formes correspondant à TU		
formes correspondant à NOUS		
formes correspondant à VOUS		

CLASSEUR **TABLEAU 17**

Les écrits à consignes

Je sais me servir de ce que j'ai appris en orthographe.

1 a) **Lis les quelques extraits de textes ci-dessous sur lesquels tu as travaillé.**

Pour réaliser ce bateau, il faut une vieille balle de <u>tennis</u>, une aiguille à tricoter, de la pâte à modeler, du fil rigide et du carton.

D'abord, tu <u>couperas</u> en deux la balle de tennis. Cette demi-balle sera la coque de ton bateau.

Ensuite, tu fabriqueras un <u>contrepoids</u> avec du fil rigide et de la pâte à modeler.

Un autre morceau de pâte à modeler sera collé dans la demi-balle. Avec le fil du contrepoids, tu perceras la balle, puis tu <u>enfonceras</u> ce fil <u>dans</u> la pâte à modeler.

Pour finir, tu ajouteras une aiguille à tricoter en guise de <u>mât</u> et une voile en carton.

---

1. <u>Mets</u> un verre rempli d'eau au réfrigérateur <u>pendant</u> une heure puis sors-le.

2. Remplis l'autre verre avec de l'eau bien chaude du robinet.

3. Dépose une petite goutte d'encre, doucement, à la surface de l'eau chaude, <u>puis</u> de l'eau froide.

4. Observe ce que <u>font</u> les deux <u>gouttes</u> d'encre.

Le fond de l'aquarium est tapissé de <u>graviers</u> et de cailloux bien lavés. On plante quelques végétaux aquatiques dans le gravier. Ensuite, on verse de l'eau. Il ne <u>faut</u> pas utiliser l'eau du <u>robinet</u> mais celle de la mare. On laisse dépasser quelques cailloux.

On <u>met</u> les <u>œufs</u> de grenouilles dans l'aquarium. Il ne faut <u>jamais</u> mettre dans le même aquarium les dytiques et les larves de libellules qui sont des carnivores.

On nourrit les têtards avec les insectes, de la mie de pain, des <u>vers</u>, des daphnies… Il est déconseillé de mettre trop de nourriture pour ne pas salir l'eau.

Il ne faut pas oublier de poser un grillage fin pour que les têtards devenus grenouilles <u>restent</u> dans l'aquarium. <u>Cependant</u>, les grenouilles n'aiment guère la captivité. Il faut donc les relâcher très vite.

b) **Regarde bien comment se terminent les mots soulignés dans ces trois extraits.**
Nous te proposons plusieurs explications possibles.
Recopie ces mots et écris à côté de chacun d'eux le numéro de l'explication qui te paraît convenir.

Le mot se termine par la lettre « s » parce que :

1) c'est un GN pluriel,
2) c'est un verbe précédé de « tu »,
3) c'est un mot qui s'écrit toujours comme cela.

Le mot se termine par la lettre « t » parce que :

4) c'est un verbe précédé de « on » ou de « il »,
5) c'est un verbe avec un GN sujet pluriel,
6) c'est un mot qui s'écrit toujours comme cela.

36 Les écrits à consignes

Je sais lire et produire des écrits à consignes.

1 a) Recherche dans chacun des deux documents ci-dessous les éléments qui appartiennent à de vrais écrits à consignes et surligne-les en jaune.

Recette

Prenez un toit de vieilles tuiles
un peu avant midi.

Placez tout à côté
un tilleul déjà grand
remué par le vent.

Mettez au-dessus d'eux
un ciel de bleu, lavé
par des nuages blancs.

Laissez-les faire.
Regardez-les.

Guillevic

LE RÉTRÉCISSEUR DE LIVRES

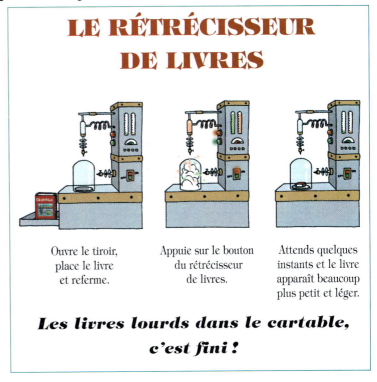

Ouvre le tiroir, place le livre et referme.

Appuie sur le bouton du rétrécisseur de livres.

Attends quelques instants et le livre apparaît beaucoup plus petit et léger.

Les livres lourds dans le cartable, c'est fini !

b) Ces deux textes sont-ils tous deux des écrits à consignes ?
Dis ce qui laisse supposer qu'ils en soient et en quoi ils sont tout de même différents des autres écrits de ce type.

Ils ont l'air d'être des écrits à consignes, parce que…
Mais le document *Recette*…
Et le document *Le rétrécisseur de livres*…

2 À partir de ces huit images représentant les étapes de la fabrication d'une marionnette, produis une fiche destinée à des camarades d'une autre classe, fiche qui les aidera à construire des marionnettes.

Boule de tissu

Boule / Chaussette

Tête / cou / ruban adhésif

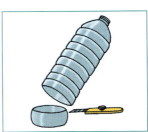

Goulot

Les écrits à consignes

Les écrits littéraires

Je vais apprendre à répondre aux questions suivantes.

A En grammaire des textes :

Comment distinguer les deux genres littéraires,
le conte et la nouvelle ? .... page **39**

Comment, dans un récit littéraire, ne pas confondre l'histoire
racontée avec le texte qui la raconte ? .... page **42**

Dans un récit, comment repérer le narrateur,
celui qui raconte l'histoire dans le texte ? .... page **44**

Comment savoir quel est le personnage qui dit « je » dans un récit ?...... page **46**

Comment annoncer les paroles des personnages dans un récit ? .... page **48**

Quels sont les temps de l'indicatif
que l'on rencontre dans les récits littéraires ? .... page **50**

Comment peut-on présenter
les paroles des personnages dans un récit ? .... page **52**

À quoi servent les signes de ponctuation ? .... page **54**

B En grammaire des phrases :

Comment transformer les paroles en propositions subordonnées ?........ page **56**

Comment fonctionnent les mots qui remplacent un GN ? .... page **58**

Comment le GN sujet du verbe est-il relié au GV ? .... page **60**

C En vocabulaire :

Comment les mots sont-ils choisis dans un texte littéraire ?............ page **62**

D En orthographe :

Comment les formes des verbes sont-elles composées ? .... page **64**

Comment s'écrivent les verbes à l'imparfait
et au passé simple ? .... page **66**

Et je vérifierai si je sais...

... me servir de ce que j'ai appris en orthographe. .... page **68**

... lire et produire des écrits littéraires. .... page **69**

Comment distinguer les deux genres littéraires, le conte et la nouvelle ?

J'observe puis je lis.

Document 1

Le JOUJOU du PAUVRE

Je veux donner l'idée d'un divertissement innocent. Il y a si peu d'amusements qui ne soient pas coupables ! Quand vous sortirez le matin avec l'intention décidée de flâner sur les grandes routes, remplissez vos poches de petites inventions à un sol, – tel que le polichinelle plat, mû par un seul fil, les forgerons qui battent l'enclume, le cavalier et son cheval dont la queue est un sifflet, – et le long des cabarets, au pied des arbres, faites-en hommage aux enfants inconnus et pauvres que vous rencontrerez. Vous verrez leurs yeux s'agrandir démesurément. D'abord ils n'oseront pas prendre ; ils douteront de leur bonheur. Puis leurs mains agripperont vivement le cadeau, et ils s'enfuiront comme font les chats qui vont manger loin de vous le morceau que vous leur avez donné, ayant appris à se défier de l'homme.

Sur une route, derrière la grille d'un vaste jardin, au bout duquel apparaissait la blancheur d'un joli château frappé par le soleil, se tenait un enfant beau et frais, habillé de ces vêtements de campagne si pleins de coquetterie.

Le luxe, l'insouciance et le spectacle habituel de la richesse rendent ces enfants-là si jolis, qu'on les croirait faits d'une autre pâte que les enfants de la médiocrité ou de la pauvreté.

À côté de lui, gisait sur l'herbe un joujou splendide, aussi frais que son maître, verni, doré, vêtu d'une robe pourpre, et couvert de plumets et de verroteries.

Mais l'enfant ne s'occupait pas de son joujou préféré, et voici ce qu'il regardait : de l'autre côté de la grille, sur la route, entre les charbons et les orties, il y avait un autre enfant, sale, chétif, fuligineux, un de ces marmots-parias dont un œil impartial découvrirait la beauté, si, comme l'œil du connaisseur devine une peinture idéale sous un vernis de carrossier, il le nettoyait de la répugnante patine de la misère. À travers ces barreaux symboliques séparant deux mondes, la grande route et le château, l'enfant pauvre montrait à l'enfant riche son propre joujou, que celui-ci examinait avidement comme un objet rare et inconnu. Or, ce joujou, que le petit souillon agaçait, agitait et secouait dans une boîte grillée, c'était un rat vivant ! Les parents, par économie sans doute, avaient tiré le joujou de la vie elle-même.

Et les deux enfants se riaient l'un à l'autre fraternellement, avec des dents d'une égale blancheur.

Charles Baudelaire

Document 2

Rencontre

Hier, j'ai rencontré quelqu'un d'un peu bizarre. D'abord, je n'ai pas tout de suite compris ce qu'il disait. Peut-être que je n'étais pas bien réveillé, ou un peu trop distrait. J'ai cru entendre quelque chose comme : « Dzwiagztrochv kinghuaxyelz trrpllikdawq iiiiiiiiuhhh. » Et puis : « Sprechen Sie Deutsch ? » Et ensuite : « Do you speak english ? » Et enfin : « Parlez-vous français ? » Je ne sais pas pourquoi il m'a demandé ça. Évidemment que je parle français. C'est même la seule langue que je parle. Ce qui m'a un peu étonné aussi, c'est la façon dont il était habillé. Avec une espèce de combinaison vert et rouge, toute drôle : on aurait dit une peau avec des écailles.

En y réfléchissant bien, je crois que sa tête aussi m'a un peu surpris. Une tête toute ronde qui tournait sans arrêt comme un gyrophare sur une ambulance.

Mais il était très gentil. Il m'a salué poliment et il m'a tendu la main. Une main pleine de doigts. Au moins cent. Ça fait un peu bizarre quand on la serre.

Il m'a posé toutes sortes de questions. Parfois, je ne savais pas quoi répondre. Par exemple, quand il m'a demandé si les instituteurs sont meilleurs à la broche ou en pot-au-feu. J'ai bien été obligé de lui dire que je n'en ai jamais mangé.

Ce qui était surtout rigolo, c'est qu'il sautait sans arrêt sur ses trois jambes. Ça faisait cric cric cric. Et de temps en temps il se grattait le dos avec sa langue. Je voudrais bien savoir comment il fait.

Après, je lui ai dit que je devais rentrer à la maison parce que maman m'attendait pour souper. Il ne voulait pas me laisser partir. Je crois qu'il avait encore envie de jouer. Alors je lui ai promis de revenir le lendemain.

Et ce matin, je suis parti à l'école plus tôt que d'habitude. Il m'attendait au coin de la rue et il m'a tout de suite amené vers une grande machine qui était cachée dans les arbres du parc. Ça m'a beaucoup plu parce qu'il y a des phares de toutes les couleurs. Il m'a fait grimper à l'intérieur et il a fermé la porte. À l'intérieur de la machine, c'est assez beau. Sauf qu'il y a des boutons et des appareils un peu partout.

Il a encore dit quelque chose que je n'ai pas compris et la machine s'est mise à bouger. J'aime bien. On voit les nuages à travers les hublots. Mais je voudrais quand même savoir où il m'emmène. J'espère que ce n'est pas trop loin. Parce ce que je ne voudrais pas arriver en retard à l'école.

Bernard Friot - *Histoires pressées*

Les écrits littéraires

Document 3

Le serpent et la grenouille

Il était une fois, un serpent au bord d'une mare. Soudain, atterrit devant lui, une jeune grenouille. Il la salua poliment et continua son chemin.
Pas longtemps ! Trois bonds... et revoilà la grenouille devant lui !
– Où vas-tu, ami serpent ?
Le serpent n'est pas bavard et n'aime pas les questions.
Aussi, il ne répondit pas et reprit sa route.
Hop ! encore elle :
– Pourquoi changes-tu de peau ?
Hop ! toujours elle :
– Pourquoi n'as-tu pas de pattes ?
Hop ! de nouveau elle :
– Pourquoi as-tu une si grande langue ?
Hop ! elle, elle, elle :
– Pourquoi tes crocs sont-ils remplis de venin ?
– Pourquoi ci ? Pourquoi ça ?...
Trop, c'est trop : la grenouille finit par lui casser la tête, lui chauffer le sang ! Il la fixa de ses gros yeux et lui demanda :
– Grenouille, mon amie, pourquoi toutes ces questions ?
– Je suis bavarde et curieuse. J'aime bien savoir qui sont les gens que je rencontre.
– Eh bien, je vais te faire voir qui je suis ! dit le serpent en ouvrant la bouche à s'en décrocher les mâchoires. Et il avala la grenouille bavarde et curieuse qui avait fort bon goût !

Et c'est depuis ce jour-là, que les serpents se régalent des grenouilles bavardes et curieuses qui croisent leur route !

Régis Delpeuch
Contes du bout du monde

Document 4

Malik et Flèche

Il était une fois un jeune paysan qui s'appelait Malik. Il n'était pas riche mais heureux ! Heureux de travailler en plein air, heureux de manger chaque jour à sa faim, heureux car il allait se marier avec Mina.
Mina était la plus jolie, la plus gentille, la plus douce de toutes les filles de la région. Oui, Malik était heureux ! Mais ce jour là, à son retour des champs, il trouva devant sa maison la mère de Mina. Elle pleurait.
Malik s'approcha et demanda :
– Que se passe-t-il ?
– Mina a été enlevée !
– Enlevée ! s'écria Malik. Mais par qui ?
– Par Nestor, l'ogre ! répondit la vieille femme entre deux sanglots. Il l'a emportée en disant qu'il la mangera demain soir.
Malik n'hésita pas. Il prépara un baluchon puis siffla trois fois. Un éclair traversa le ciel et vint se poser sur son épaule. C'était Flèche, un aigle magnifique.
Malik le caressa, lui dit quelques mots et partit en courant, Flèche sur son épaule.
(...) Il entendit des bruits terrifiants. Il s'approcha. C'était Nestor, l'ogre, qui ronflait. Alors Malik escalada l'énorme ventre. Il se faufila entre les poils de la barbe et arriva au bord de la bouche de l'ogre.
Il prit la gourde de potion magique et en versa tout le contenu au fond de la gorge de Nestor qui rapetissa, rapetissa, rapetissa... Malik suça le bonbon magique.
Il retrouva immédiatement sa taille normale.
Il prit l'ogre dans sa main et hurla :
– Où as-tu enfermé Mina ? Dis-le moi, sinon je t'avale tout cru !
– Ne me mange pas, supplia l'ogre. Elle est dans le cachot sous le donjon.
Malik appela Flèche et lui dit :
– Emmène notre ami Nestor faire un petit tour.
L'aigle prit dans ses serres l'ogre tremblant et partit à tire-d'ailes. Il vola longtemps, et déposa l'ogre minuscule sur une île.
Pendant ce temps-là, Malik, en délivrant Mina, avait découvert le trésor de l'ogre. Les deux jeunes gens décidèrent de rester au château. Ils se marièrent et eurent beaucoup d'enfants.

Régis Delpeuch - Contes du bout du monde

Je découvre.

1 → Les textes des doc. 1 et 2 sont des **nouvelles** ; les textes des doc. 3 et 4 sont des **contes**.
En comparant ces textes entre eux, dis ce qui les différencie, et remplis le tableau suivant.

TABLEAU 18	Le texte commence par une formule traditionnelle.	Où l'histoire se passe-t-elle ?	À quelle époque l'histoire se passe-t-elle ?	Les personnages sont-ils comme dans la vie ?	Comment l'histoire finit-elle ?	Celui qui raconte dit « je ».
doc. 1						
doc. 2						
doc. 3						
doc. 4						

Tu peux maintenant répondre à la question du titre de la leçon.

Je compare mes découvertes avec...

...la proposition page 172.

J'utilise ce que j'ai appris.

1 a) Lis ces quatre débuts de textes.

Texte 1

Le chasseur et le cheval merveilleux

Dans un royaume immense et très lointain, vivait un roi orgueilleux. Il avait à son service un chasseur courageux qui possédait un merveilleux cheval aux pouvoirs multiples.

Un matin, alors que le roi arrivait près de…

Texte 2

Les éléphants

Ce matin, Clarine s'est levée du pied gauche.
– Non, non, je n'irai pas à l'école! hurle-t-elle, debout dans la salle de bains.
Son papa n'est pas de cet avis. Il regarde sa montre et d'un air décidé déclare :
– Ça suffit maintenant! Enfile ton jogging, avale ton bol de lait et prends ton cartable.
Clarine…

Texte 3

Le vœu

Il était une fois un pêcheur très pauvre qui ne possédait qu'une petite barque. Tous les jours, il allait en mer et se répétait :
«Ah! si j'étais riche, je ne travaillerais plus! Ou, si seulement, je pouvais attraper un… »

Texte 4

Mme Denis ne veut pas d'histoire

Dans le jardin de Mme Denis, deux pinces à linge, l'une en bois, l'autre en plastique font un brin de causette pour passer le temps.
«Ah! soupire la pince en bois, si je pouvais m'installer sur un fil électrique! Ça doit être excitant! Ou sur les cordes d'une guitare…

b) Lesquels sont des débuts de contes?
Justifie ta réponse.

2 a) Parmi tous les éléments proposés choisis ceux que tu utiliserais pour écrire un conte et ceux que tu utiliserais pour écrire une nouvelle.

Les lieux
- un village • un royaume • l'école • une cabane • un pays lointain • un immeuble • la forêt
- un château au nord de Londres • un supermarché

Les personnages
- un serviteur • ma sœur Nadia • un berger • un fermier • Mme Marguerite Deschamps
- le professeur de sciences • une princesse • M. Douybes

Le temps
- ce matin • il y a très longtemps • en des temps reculés • c'était un 14 février • autrefois
- le jour de la rentrée • jadis • le 8 janvier 2015

b) Écris le début d'un conte ou d'une nouvelle en utilisant les éléments que tu as choisis.

Les écrits littéraires

41

Comment, dans un récit littéraire, ne pas confondre l'histoire racontée avec le texte qui la raconte ?

J'observe puis je lis.

Document 1

Il était une fois un paysan si pauvre qu'il avait dû vendre toutes ses bêtes. Il allait mourir de faim. Le dernier animal de sa ferme était une vieille poule boiteuse.
– Comment pourrai-je en tirer quelques sous ? Cette pauvre bête est invendable !
– Tu parles trop vite, paysan, fit une voix.
Le paysan n'en croyait pas ses oreilles : sa poule PARLAIT !
– Écoute-moi bien, dit l'animal, mène-moi au marché et tu verras !
L'homme se mit en route. Chemin faisant, la poule aperçut une flaque de boue.
– Attends, dit-elle, je vais patauger dedans.
– Mais tu seras sale, je te vendrai encore moins cher ! fit le paysan.
– Fais-moi confiance, déclara la poule qui se roula dans la flaque de boue.
Quand elle en ressortit, elle était toute poisseuse. Un peu plus tard, la poule vit arriver un chariot plein d'avoine. D'un coup d'ailes, elle se jeta à l'intérieur. Le fermier regardait sans comprendre. Mais quand elle ressortit, les flocons s'étaient collés à la boue et faisaient comme une armure dorée qui scintillait au soleil. Arrivé au marché, le paysan se dirigea vers le premier marchand.
– Quelle drôle de poule ! pensa celui-ci. Elle est en or ! Je vais la lui acheter si cher qu'il ne la vendra pas ailleurs.
Et il donna au paysan, une grosse bourse pleine d'or. Le paysan passa le reste de ses jours riche et heureux, bientôt rejoint par la poule qui s'échappa de chez son nouveau maître.

Document 2

Cela vous étonne que mon maître, si riche aujourd'hui, garde une vieille poule comme moi ? Mais c'est que sa richesse, il me la doit !

Pour l'aider, car il était très pauvre, j'ai pensé à une petite tromperie qui lui a sauvé la vie.

Voici l'histoire :

Mon maître, jadis, était un paysan très pauvre. Il ne lui restait plus que moi, une pauvre poule vieille et boiteuse, à peu près invendable ! Il allait mourir de faim.

C'est alors que j'ai eu une idée : si on pouvait me transformer et me donner l'allure d'une poule en or, les acheteurs me payeraient sûrement cher. Un peu surpris bien sûr, il accepta tout de même mon idée.

Je lui expliquai comment on allait s'y prendre : il suffisait de me recouvrir de quelque chose d'un peu collant pour faire tenir des épis qui me donneraient un plumage doré. Un peu de boue fit l'affaire, et, avec les flocons d'avoine d'un chariot voisin, j'étais recouverte d'un carapace scintillante. Les acheteurs ne se firent pas attendre et mon maître rentra au village avec une bourse pleine de pièces d'or.

Quant à moi, il me fut très facile de m'échapper et de retourner chez mon maître, où nous vivons très heureux tous les deux.

Je découvre.

1 **a) Lis le conte** *La poule d'or* **(doc. 1).**

   b) Retrouve les cinq étapes du récit et résume-les.
   A : Un pauvre paysan…
   B : Mais un jour, une vieille poule boiteuse…
   C : Alors, ils partent au marché et en chemin…
   D : Arrivés au marché,…
   E : Et depuis ce jour,…

2 **a) Lis le récit contenu dans le document 2.**
   Est-ce la même histoire ? Qu'est-ce qui est différent ?

   b) Compare l'ordre des étapes de l'histoire dans les deux documents.
   Document 1 : A-B-C-D-E   Document 2 : ....
   Que constates-tu ?

Tu peux maintenant répondre à la question du titre de la leçon.

Les écrits littéraires

Je compare mes découvertes avec…

…la proposition page 172.

J'utilise ce que j'ai appris.

1 Lis les différentes étapes de ce récit qui ont été mélangées, puis remets-les dans l'ordre.

A Le merle descendit donc par les souterrains, mais à la seconde caverne, n'en pouvant plus d'envie, il plongea son bec dans la poudre d'or étendue sur le sol. Aussitôt, un démon horrible parut qui jeta sur lui feu et fumée.

B Jadis, le merle avait le plumage aussi blanc que la neige. Il n'en était pas peu fier, mais un jour, ayant vu la pie déposer des diamants et de l'or dans le creux d'un arbre, il lui demanda où elle les avait pris.

C Le merle s'enfuit mais la fumée vomie par le monstre ternit à jamais son plumage. Il devint tout noir à l'exception de son bec qui garde la couleur de l'or qu'il avait voulu dérober.

D Elle lui dit qu'il fallait trouver tout au fond des entrailles de la terre, le prince des richesses et lui offrir ses services ; qu'il lui permettrait alors d'emporter tout ce qu'il pouvait prendre dans son bec, mais qu'il devait se garder de toucher aux trésors étalés sur son chemin.

2 a) Lis les deux textes suivants qui racontent l'histoire du *berger qui criait au loup*.

Texte 1

Un jeune berger qui menait son troupeau assez loin de chez lui s'amusait sans cesse au jeu que voici : il appelait les habitants du village à son secours en criant que les loups attaquaient ses moutons.
Deux ou trois fois, les habitants s'effrayèrent et sortirent précipitamment. Puis, voyant que ce n'était qu'une plaisanterie ils se retirèrent en maugréant un peu de s'être dérangés pour rien. Mais à la fin, il arriva que les loups se présentèrent réellement. Ils se mirent à égorger le troupeau et le berger appela au secours les villageois. Ceux-ci, s'imaginant qu'il plaisantait comme à l'habitude, ne s'inquiétèrent pas et restèrent chez eux.
Le berger perdit ainsi tous ses moutons.

Texte 2

Un jeune berger perdit un jour tout son troupeau, dévoré par une meute de loups.
Il avait pourtant appelé les villageois à son secours. Mais personne ne s'est dérangé… Pourquoi ?
Il faut dire qu'il s'amusait sans cesse à un jeu qui se révéla fort dangereux : il criait que les loups attaquaient ses moutons, et appelait les habitants du village à son secours. Deux ou trois fois, les gens s'effrayèrent et sortirent précipitamment, puis, voyant que ce n'était qu'une plaisanterie, il se retirèrent en maugréant de s'être dérangés pour rien. Si bien que, le jour où les loups sont réellement arrivés, les villageois, s'imaginant qu'il plaisantait comme à l'habitude, restèrent chez eux.

b) Retrouve toutes les étapes de l'histoire.

c) Quel est l'ordre des étapes de l'histoire dans :
- le texte 1 ?   - le texte 2 ?

3 a) Lis la fin de l'histoire de *Samani, l'Indien solitaire*.

… *La solitude de Samani, l'indien solitaire, n'est plus aujourd'hui qu'un souvenir. Grâce à Chicoutani, il a sa place désormais dans sa tribu et vit heureux parmi les siens.*

b) Imagine puis écris toute cette histoire.

Les écrits littéraires   43

Dans un récit, comment repérer le narrateur, celui qui raconte l'histoire dans le texte ?

J'observe puis je lis.

Document 1

Document 2

Pauvre loup

Il était une fois, dans la forêt, un jeune loup qui vivait avec sa mère. Un jour, elle lui demanda d'aller chez sa grand-mère pour la soigner. Le loup partit chez la grand-mère. En chemin, il rencontra une petite fille habillée de rouge. Ils discutaient tranquillement lorsque la petite fille saisit son bâton, donna trois grands coups sur la tête du loup qui tomba à terre. Aussitôt elle se mit à sauter sur le dos du pauvre animal qui n'eut qu'une seule idée : s'enfuir pour échapper à cette peste.

Le loup végétarien

Hier dans la forêt, j'ai rencontré une petite fille habillée tout en rouge. On a discuté :
– Sais-tu que tu as un joli nez ? lui ai-je dit.
– Oui ! C'est pour mieux me moucher ! m'a-t-elle répondu.
Et nous avons parlé un long moment. Je la trouvais ravissante. J'étais amoureux. Je lui ai dit :
« Sais-tu que tu as un joli bâton ? »
– Oui, c'est pour mieux te cogner dessus ! a-t-elle ajouté.
Et là, j'ai reçu de grands coups de bâton moi qui ne lui voulais aucun mal. Je ne mange que des choux…

Le gentil petit loup et le Méchant Chaperon rouge

Hier, lorsque je me promenais dans la forêt, j'ai rencontré un loup amoureux de moi. Il m'a dit :
– Sais-tu que tu as de beaux yeux ?
– Oh, bien sûr, que je le sais !
– Sais-tu que tu as un joli nez ?
Etc., etc.
Comme il commençait à m'ennuyer avec ses compliments, je lui ai donné trois bons coups de bâton et pendant qu'il était par terre, je lui ai sauté dessus !

Je découvre.

1 a) Lis la BD (doc. 1).

  b) Réponds aux questions suivantes :
  - Quels sont les personnages de l'histoire ?
  - Que leur arrive-t-il ?
  - Comment l'histoire se termine-t-elle ?

2 a) Lis les trois textes (doc. 2) qui ont été écrits par des enfants à partir de cette BD.

  b) Dans chacun de ces textes, dis qui raconte l'histoire.

  c) Dans lequel de ces textes comprend-on, le plus vite et le mieux qui sont les personnages et ce qu'il arrive à chacun d'eux ? Pourquoi ?

Tu peux maintenant répondre à la question du titre de la leçon.

Les écrits littéraires

Je compare mes découvertes avec…

…la proposition page 172.

J'utilise ce que j'ai appris.

1 a) Lis le début des trois histoires ci-dessous.

Texte A

Je suis né dans l'atelier de Gepetto. Gepetto, c'est mon papa. Enfin, il ne l'a pas fait exprès : c'est mon papa depuis le jour où il m'a taillé dans un morceau de bois. Il avait à peine fini de me sculpter que je me suis mis à parler.

Texte B

Il était une fois une princesse qui s'appelait Ermeline. Comme toutes les princesses, elle était jeune et follement amoureuse. Elle vivait entourée des siens, dans le château le plus spacieux, le plus coquet, le plus pimpant du Périgord.

Texte C

On me dit rusé,
on me dit malin : c'est vrai.
On me dit fourbe, on me dit sournois : c'est un peu moins vrai.
Je suis un goupil :
je m'appelle Renart !
Il faut bien nourrir ma famille !

b) Précise pour chacune de ces histoires, s'il s'agit d'un texte en « je » ou en « il ».

2 a) Lis le début du conte ci-dessous, écrit par un enfant. Que remarques-tu ?

« Il était une fois un jeune éléphant qui vivait en Afrique noire. Un jour, il s'approcha d'une rivière pour aller boire. Mais au moment où il allait tremper sa trompe dans l'eau, un crocodile surgit près de lui. J'étais effrayé et je me mis à courir. Je ne voulais pas me faire dévorer par ce méchant animal. Mais à ce moment-là, le crocodile dit :
— N'aie pas peur, je ne te veux aucun mal. J'ai un fils comme toi et il n'a encore jamais vu d'éléphant. Il aimerait bien te rencontrer.
Je m'avançai prudemment vers le bord. Je me demandais si le crocodile ne me mentait pas. »

b) Réécris ce conte en « il ».

c) Réécris ce conte en « je » (→ c'est l'éléphant qui parle).

3 a) Lis la bande dessinée ci-contre.

b) Tu es la grenouille. Raconte ce qu'il vient de t'arriver.

Les écrits littéraires — 45

Comment savoir quel est le personnage qui dit "je" dans un récit ?

J'observe puis je lis.

Document 1

Hier, j'ai rencontré quelqu'un d'un peu bizarre. D'abord, je n'ai pas tout de suite compris ce qu'il disait. Peut-être que je n'étais pas bien réveillé, ou un peu trop distrait. J'ai cru entendre quelque chose comme : «Dzwiagztrochv kinghuaxyelz trrpllikdawq iiiiiiuhhh » Et puis : «Sprechen Sie Deutsch?» Et ensuite : «Do you speak english?» Et enfin : «Parlez-vous français?» Je ne sais pas pourquoi il m'a demandé ça. Évidemment que je parle français. C'est même la seule langue que je parle. Ce qui m'a un peu étonné aussi, c'est la façon dont il était habillé. Avec une espèce de combinaison vert et rouge, toute drôle : on aurait dit une peau avec des écailles.

Bernard Friot - *Rencontre*

Document 2

Hi han! hi han! Je ne suis qu'un pauvre âne, tout vieux et tout pelé. Cassé le plus souvent sous de très lourdes charges, ma vie s'est passée à marcher à tout petits pas sur des sentiers de montagne. J'ai eu tellement chaud et tellement mal au dos. Le Maroc, mon pays, est bien sûr un pays superbe, mais essayez d'y venir autrement qu'en touriste, pour porter comme moi de lourds sacs de charbon par quarante degrés à l'ombre !

Pourquoi étais-je obligé de porter tous ces sacs sans jamais me reposer? Parce que mon maître était un charbonnier. Et si j'ai tout accepté ainsi sans jamais me révolter, c'est parce qu'il avait besoin de mon aide.

L'âne qui valait de l'or (d'après un conte marocain)

Document 3

Je suis la mer. On me connaît. Je suis salée. Je suis bleue quand le ciel est bleu, verte quand le ciel est… vert. Si vous me préférez rouge, je suis la mer Rouge. Noire, je suis la mer Noire. Jaune, de corail. *Etc.*
Je vous ai tous vus sur mes plages, tous, avec vos pâtés de sable, vos cannes à lancer, vos huiles à bronzer, vos filets à crevettes. Je suis la mer, la *mère Noël*, ah! ah! La mer!
Pendant que vous dormez, je cache dans les rochers les étoiles roses et les petits crabes que vous trouverez au matin. Je vous lèche les pieds de mes cent mille langues de teckel.
Mais je peux être le grand vent, j'emporte les chapeaux !

Document 4

On m'avait dit que l'homme que je recherchais habitait une certaine portion de Turk Street, mais mon indicateur n'avait pu me donner le numéro de la maison. Ce fut ainsi que vers la fin d'un après-midi pluvieux j'arpentais cette certaine portion de rue, sonnant à toutes les portes, et récitant le mythe suivant :
– J'appartiens au cabinet d'avocats Wellington et Berkeley. Une de nos clientes, une vieille dame, a été éjectée la semaine dernière de la plate-forme d'un tramway et grièvement blessée. Parmi les témoins de l'accident, il y avait un jeune homme dont nous ignorons le nom. Mais on nous a dit qu'il habitait ce quartier.
Sur quoi je décrivais l'homme que je cherchais et concluais :
– Connaissez-vous quelqu'un répondant à ce signalement ?
Le long d'un des trottoirs, les réponses furent toutes «non », «non », «non »…

Dashiell Hammet - *La maison de Turk Street*

Je découvre.

1 **a)** Lis les quatre débuts de textes ci-dessus.

b) Pour deux de ces textes, tu peux dire qui est « je ». Lesquels ?

c) Que faudrait-il faire, dans les deux autres textes pour savoir qui est « je » ?

Tu peux maintenant répondre à la question du titre de la leçon.

46   Les écrits littéraires

Je compare mes découvertes avec...

...la proposition page 173.

J'utilise ce que j'ai appris.

1 a) Lis la quatrième de couverture du roman intitulé *Drôle de famille*.

Collection Livres et Vous

Toute la famille s'apprête à partir en vacances : le père, la mère, le petit garçon et le chat. Les valises et les skis encombrent le hall d'entrée.

b) Les sept phrases qui suivent constituent le début de ce roman. Peux-tu dire de façon certaine qui est « je » ? Réponds dans la deuxième colonne du tableau.

CLASSEUR TABLEAU 19

	Qui est « je » ?
1- Personne ne sait ce que je fais.	
2- Personne ne sait où je vais.	
3- Ils me voient quand je rentre pour manger.	
4- Ils me voient quand je retrouve ma chaise.	
5- Ils ont ma fourrure à caresser.	
6- Moi, j'ai leurs genoux.	
7- Le reste du temps, je ne suis nulle part.	

c) À partir de quelle phrase as-tu commencé à trouver des indices ? Quels sont ces indices ?

2 a) Recopie le texte ci-dessous.

> Ce jour-là, je serpentais au bord d'une mare. Soudain, atterrit devant moi une jeune grenouille.
> Je la saluai poliment et je continuai mon chemin... Pas longtemps ! Trois bonds et la revoilà devant moi.
> — Où vas-tu, ami serpent ?
> Comme je ne suis pas bavard et que je n'aime pas les questions, je ne répondis point et je repris ma route.

b) Qui est « je » ?

c) Souligne les indices qui t'ont permis de répondre.

3 → Le loup de la BD (p. 44) rencontre, après le Petit Chaperon rouge, un agneau.

Imagine ce qui va arriver au loup.

→ C'est le loup qui raconte.

Les écrits littéraires 47

Comment annoncer les paroles des personnages dans un récit ?

J'observe puis je lis.

Document 1

Un jour, le hérisson partit faire une petite promenade. Il rencontra le lièvre et le salua amicalement, mais le lièvre ne lui rendit pas son salut. D'un air méprisant, il demanda au hérisson :
– Que fais-tu donc dans les champs de si bonne heure ?
– Je me promène, répondit le hérisson.
– Tu te promènes ? ricana le lièvre. Tu ferais mieux d'éviter de fatiguer tes pauvres petites pattes !

Texte 1 — **Document 3**

« J'ai faim ! » **dit** soudain l'araignée en regardant fixement Simon.
– Je meurs de faim, moi aussi, **dit** le grillon.
Le mille-pattes se dresse sur son sofa.
« Tout le monde a faim, **dit**-il, il faudrait manger ! »
L'araignée ouvre la bouche.
Une langue noire et effilée parcourt délicatement ses lèvres.
« Et toi ? N'as-tu pas faim ? » **dit**-elle soudain à Simon.

Document 2

Anna remonte chez elle en courant.
– Papa ! maman ! crie-t-elle, il y a une bête dans la benne à ordures !
– Anna, grogne papa, ça suffit tes histoires à dormir debout !
– Anna, se lamente maman, tu n'es pas drôle.
– Mais je vous jure, c'est vrai, je n'invente pas cette fois ! proteste-t-elle.

Texte 2

« J'ai faim, déclare soudain l'araignée en regardant fixement Simon.
– Je meurs de faim, moi aussi, se plaint le grillon.
Le mille-pattes se dresse sur son sofa
« Tout le monde a faim, constate-t-il, il faudrait manger ! »
L'araignée ouvre la bouche. Une langue noire et effilée parcourt délicatement ses lèvres.
– « Et toi ? N'as-tu pas faim ? » demande-t-elle soudain à Simon.

Je découvre.

1 **Cherche, dans les documents 1 et 2, les verbes qui annoncent la parole.**

2 **a) Lis les deux textes du document 3.**

b) Compare ces deux textes et réponds aux questions ci-dessous :

Par quels verbes a-t-on, dans le texte 2, remplacé le verbe « dire » :
- pour poser une question ?
- pour montrer que l'on n'est pas content ?
- pour commencer la conversation ou la continuer ?

3 **Classe, dans le tableau ci-dessous, tous les verbes que tu as trouvés dans les trois documents.**

Ils sont neutres ; ils permettent juste de savoir qui parle.	Ils précisent comment on intervient dans le dialogue.	Ils décrivent la manière dont on parle ; ils expriment des sentiments.
dit déclare	demande	se plaint

CLASSEUR TAB. 20

→ Tu peux compléter ce tableau par les verbes que tu rencontres lors de tes autres lectures.

Tu peux maintenant répondre à la question du titre de la leçon.

Les écrits littéraires

Je compare mes découvertes avec...

...la proposition page 173.

J'utilise ce que j'ai appris.

1 a) Lis la BD ci-dessous et le texte qui raconte cette BD.

Léa et Pipo, son chien, jouent à la balle dans le jardin.

Léa, en lançant la balle, dit :
— Hop ! Attrape mon chien !!!
Ne voyant plus Pipo, elle se dit :
— Il ne revient pas, j'ai dû lancer trop fort !
Elle va jusqu'au portail et dit :
— Pipo ! Pipo ?
Elle revient en courant à la maison.
— Maman !!! Papa !!! Pipo a disparu ! dit-elle.

b) Réécris le texte racontant la BD en remplaçant le verbe « dire » par des verbes qui correspondent le mieux aux dessins et aux bulles de la BD.

2 Réécris l'extrait du conte ci-dessous, en remplaçant le verbe « dire » par des verbes qui permettent de mieux imaginer la situation.

Le jeune homme alla dans le château mais il y avait un garde. Le garde dit : « Tu es invité à la soirée ? » Alexis dit : « Non ! » Le garde dit : « Alors, va-t-en ! »

3 Transforme ce début de saynète en un récit dans lequel tu feras parler les personnages. Choisis les verbes qui annoncent les paroles en t'aidant des informations écrites en italique.

LA MAMAN, LE PETIT GARÇON, LA PETITE FILLE

Les personnages sont dans une sorte de petit salon, la maman est au téléphone. Le petit garçon pleure, la petite fille observe la scène.

LE PETIT GARÇON : OUIIIN ! J'ai maaaaal !
LA MAMAN *(au téléphone)* : Docteur, il souffre horriblement !… Nous pouvons venir maintenant ?!… Nous arrivons tout de suite… Merci Docteur !
LA PETITE FILLE : Il a mal le pauvre ! C'est terrible de souffrir comme ça ! Et en plus il va aller chez le dentiste…
LA MAMAN *(prenant le petit garçon par la main)* : Viens, le dentiste va te faire un tout petit plombage et tu n'auras plus mal !
LE PETIT GARÇON : Au secours ! Non, je ne veux pas y aller ! À moiaaaaa !
LA PETITE FILLE *(les regardant partir)* : Dentiste… plombage… il y a des mots qui tuent ! Tiens, je vais regarder un petit dessin animé pour oublier tout ça !

Les écrits littéraires

Quels sont les temps de l'indicatif que l'on rencontre dans les récits littéraires ?

J'observe puis je lis.

Document 1

POURQUOI LES ANIMAUX ONT-ILS UNE QUEUE ?

Lorsqu'il eut créé le monde des pierres, de la terre et des plantes, Raluvhimba, le dieu du Bavenda, en **fut** très fier. Pourtant, comme il **trouvait** que son œuvre **manquait** d'animation, il **donna** naissance aux animaux. La tâche **était** immense et tout n'**alla** pas sans mal. Il **oublia** notamment de les pourvoir d'une queue. Il **créa** les éléphants trop gros, les girafes trop grandes…

Document 2

OPUX _____

Enfoui au fond des labyrinthes de son cerveau, un signal programmé **se déclencha**. Opux **émergea** d'un long sommeil. Sans avoir jamais appris, Opux désormais **savait**. La mémoire de l'espèce **prenait** possession de tout son être. Chacune de ses cellules, chacun de ses muscles, **se souvenait**. Ses articulations engourdies **frémirent** et **s'étirèrent**, frôlant au passage son ventre dur et maigre. Le moment était venu. Il **fallait** quitter la douceur tiède de la capsule de colonisation.

J.P. Kerloc'h

Document 3

Rififi au collège

J'**aime** trop les enfants ! Ah oui, je **sais**, ça, je ne me le **pardonnerai** jamais. Jamais, je n'aurais pas dû m'en prendre à toi Jérémy. Mais voilà, j'**ai perdu** la tête. J'**ai entendu** toute ta conversation avec Julien Laporte et je me **suis affolé**.

Pour ça, je **mérite** la prison. M'en prendre à un enfant, moi qui les **aime** tant ! Mais j'**ai cru** que tu **travaillais** pour le compte de Mlle Yvan.

Régis Delpeuch

Document 4

TAISEZ-VOUS !

Le maître **a hurlé** :
– Silence ! Taisez-vous ! Votre livre p 28 ! Silence, j'**ai dit** ! SILENCE ! J'**ai compté** : c'**était** la vingt-troisième fois qu'il **hurlait** aujourd'hui. Et j'**ai pensé** : « Si il **continue**, il **va** me transpercer les oreilles, je le **sens**, ça **va** éclater comme une grenade. »
On s'**est** tous **mis** à lire notre histoire. On **osait** à peine lever la tête.

Je découvre.

1 **a)** Lis les quatre extraits de textes ci-dessus.

b) Dans ces textes, les verbes en orange sont au présent, en vert au futur, en bleu au passé composé, en violet à l'imparfait et en rouge au passé simple. Retrouve-les.

c) Dans le tableau ci-dessous, mets deux croix dans les cases où le temps est très souvent employé, une croix s'il est peu employé.

CLASSEUR TABLEAU 21	présent	futur	passé composé	imparfait	passé simple	Le GN sujet est « je » ou « on ».	Le GN sujet est un GN ou un pronom.
Pourquoi les…							
Opux							
Rififi au collège							
Taisez-vous !							

d) Observe la colonne de l'imparfait dans le tableau. Que remarques-tu ?

e) Compare les colonnes du passé simple, du passé composé et celle de l'imparfait avec les colonnes des GN sujets. Que peux-tu dire ?

Tu peux maintenant répondre à la question du titre de la leçon.

50 — Les écrits littéraires

Je compare mes découvertes avec...

...la proposition page 173.

J'utilise ce que j'ai appris.

1 **Réécris le texte suivant en remplaçant « je » par « il ».**

J'avais un chat et une cour pleine de poulets. Mais j'avais remarqué que presque chaque nuit, un de mes poulets disparaissait. J'ai accusé mon chat de me les voler mais le chat a protesté de son innocence. J'ai alors décidé de tendre un piège à mon voleur. Un soir, j'ai fabriqué une cage que j'ai appâtée avec un poulet. Le lendemain matin, en visitant la trappe, j'y ai trouvé un serval, le chat de la brousse. Depuis lors, plus aucun poulet ne disparaît.

2 **a) Lis le texte ci-dessous.**

> *Il était une fois un gentil loup qui buvait dans une rivière. Tout à coup, un agneau s'est approché de lui et lui a demandé ce qu'il faisait là, en train de boire dans une rivière qui lui appartenait à lui, l'agneau. L'agneau lui a ordonné alors de quitter les lieux au plus vite. Le pauvre loup n'a même pas eu le temps de s'enfuir. L'agneau, à grands coups de bâton, l'a assommé et l'a jeté dans la rivière.*

b) Quels sont les deux temps employés dans ce texte ?

 c) Réécris ce texte en mettant les verbes qui sont au passé composé, au passé simple.

3 **a) Lis le début de l'histoire ci-dessous.**

Ce jour-là, le serpent se promenait au bord d'une mare. Soudain, atterrit devant lui une jeune grenouille. Il la salua poliment et continua son chemin.

Mais la grenouille le rejoignit en quelques bonds.

— Où vas-tu, ami serpent ? demanda-t-elle

Mais le serpent ne répondit pas et reprit sa route.

b) Quel est le « couple-temps » utilisé ?

c) Invente une suite à cette histoire en employant le même « couple-temps ».

d) Réécris la même histoire racontée par la grenouille.

Les écrits littéraires

Comment peut-on présenter les paroles des personnages dans un récit ?

J'observe puis je lis.

Document 1

Texte 1

Jadis, le merle avait le plumage aussi blanc que la neige. Il n'en était pas peu fier, mais un jour, il vit la pie déposer des diamants et de l'or dans le creux d'un arbre. Il lui demanda :
– Pie, où as-tu pris ces diamants ?
– Merle, dit la pie, va trouver tout au fond des entrailles de la terre le prince des richesses et offre-lui tes services.

Texte 2

Jadis, le merle avait le plumage aussi blanc que la neige. Il n'en était pas peu fier, mais un jour, il vit la pie déposer des diamants et de l'or dans le creux d'un arbre. Il lui demanda où elle les avait pris. Elle lui dit qu'il fallait trouver, tout au fond des entrailles de la Terre, le prince des richesses et lui offrir ses services.

Je découvre.

1 a) **Lis les deux textes ci-dessus.**

b) **Repère dans chacun des deux textes les paroles et reporte-les dans le tableau ci-dessous.**

	paroles du merle	paroles de la pie
texte 1		
texte 2		

CLASSEUR TAB. 22

c) **Observe et souligne ce qui change d'un texte à l'autre.**

d) **Dans quel texte rapporte-t-on les paroles en discours direct, c'est-à-dire comme si on les avait vraiment prononcées.**

2 a) **Lis ce que la pie dit au merle dans la suite de l'histoire.**

Elle lui dit que le prince lui permettra d'emporter tout ce qu'il pourra prendre dans son bec.

b) **Réécris cette phrase en discours direct.**
Quels sont les mots que tu vas changer ? Pourquoi ?

3 a) **Lis ce qu'elle dit encore, un peu plus loin dans l'histoire.**

– Mais, ajouta la pie, tu devras te garder de toucher aux trésors étalés sur ton chemin.

b) **Réécris ces paroles au discours indirect.**
Explique ce qui a changé.
Compare ta réponse avec celle de tes camarades.

Tu peux maintenant répondre à la question du titre de la leçon.

Les écrits littéraires

Je compare mes découvertes avec…

…la proposition page 174.

J'utilise ce que j'ai appris.

1 a) **Lis le début du conte ci-dessous.**

> Les parents de Fedma étaient assez âgés et ils moururent avant que leur fils n'ait atteint l'âge d'homme. Fedma hérita de vastes propriétés. De toutes parts, on lui conseillait de se marier au plus tôt, mais aucune jeune fille ne lui plaisait. Ses amis lui disaient qu'il ne fallait pas être aussi difficile et qu'il finirait par ne pas trouver de femme. Fedma répondait en riant qu'il avait bien le temps.
>
> Le roi du pays d'au-delà des sept montagnes avait une fille qui se prit d'affection pour Fedma. Elle était belle, intelligente et avait beaucoup voyagé. Un jour, elle lui déclara qu'elle voulait l'épouser. Fedma lui répondit qu'elle avait voyagé de par le monde et vu bien des choses. Il ajouta qu'il se trouvait stupide et ignorant, n'étant allé nulle part, et qu'il souhaitait voir ce qui se passait ailleurs.
>
> La fille du roi se mit en colère et lui dit qu'il était plus froid qu'un glaçon et qu'il pouvait aller jusqu'en Suède pour trouver une femme aussi froide que lui, avec un cœur aussi glacé que le sien. Fedma voulut savoir qui était cette femme dont elle parlait. La fille du roi lui répondit qu'il s'agissait de Tindir Gudrun, une méchante sorcière qui vivait avec son frère sur une montagne de glace. Elle ajouta encore qu'elle changeait ses prétendants en glaçons, mais qu'avec lui, elle n'aurait pas besoin de l'ensorceler, il était déjà comme un glaçon.
>
> D'après un conte tzigane

CLASSEUR **TABLEAU 23**

b) **Souligne toutes les paroles des personnages écrites en discours indirect.**

c) **Lis attentivement la dernière phrase du texte.**
Pour chaque mot souligné, dis de quel personnage il s'agit.

<u>Elle</u> (1) ajouta encore qu'<u>elle</u> (2) changeait <u>ses</u> (3) prétendants en glaçons,

mais qu'avec <u>lui</u> (4), <u>elle</u> (5) n'aurait pas besoin de l'<u></u>(6)ensorceler,

<u>il</u> (7) était déjà comme un glaçon.

d) **Réécris les trois dernières phrases du texte en discours direct.**
→ Tu pourras comparer ton travail à celui de tes camarades.

Les écrits littéraires 53

À quoi servent les signes de ponctuation ?

J'observe puis je lis.

Document 1

Un jeune berger, qui menait son troupeau assez loin de chez lui, s'amusait sans cesse au jeu que voici : il se mettait à crier : «AU SECOURS ! Les loups attaquent les moutons ! »

Deux ou trois fois les gens s'effrayèrent et arrivèrent précipitamment.

Puis ils repartaient en riant.

Mais à la fin, il arriva que des loups se présentèrent réelle-ment et se mirent à égorger le troupeau.

Le berger appela au secours les villageois, mais ceux-ci crurent que c'était encore une plaisante-rie, et ne se dérangèrent pas.

Le pauvre berger perdit tous ses moutons.

Ce fut là une terrible punition.

Document 2

– Que se passe-t-il ? hurla le bonhomme.

Il m'était impossible de répondre, enseveli sous une tonne de papier.

– Qui a osé entrer dans mon bureau ? hurla de plus belle la locomotive.

C'est à ce moment-là que je me rendis compte que celui que j'avais pris pour un parent d'élève devait être le « Grand Chef », le « Patron » ou si vous préférez Monsieur le Principal que je n'avais pas encore eu, en cette première matinée d'école, l'occasion d'apercevoir.

– Que fais-tu là, éructa-t-il, lorsque je me fus extirpé des carnets scolaires et autres bulletins de notes. Et d'abord, qui es-tu ?

– Jérémy Delordre. Sixième C. M'sieur Aliba... heu pardon, Monsieur le Principal.

– Qui t'a permis de rentrer dans mon bureau, chenapan ?

– Personne M'sieur, je croyais que c'était le secrétariat.

– Tais-toi ! Sors d'ici immédiatement ! Sais-tu que personne, absolument personne n'a jamais franchi cette porte depuis 26 ans 3 mois et quelques !

Document 3

Il y a très longtemps, la terre tout entière était recouverte par la mer.

C'était un immense royaume, habité par des milliers de poissons.

Mais il n'y avait pas de roi. Les habitants de cette mer vivaient dans le plus grand désordre. Les bancs de poissons se heurtaient entre eux.

On s'attaquait, on se mangeait sans arrêt.

Un jour, la sole proposa que l'on choisisse un roi.

Mais il n'était pas facile de désigner le meilleur des poissons, celui qui serait digne de commander aux autres.

– Je serai votre reine, dit-elle, car c'est moi qui en ai eu l'idée la première.

Le requin répondit :

– Pas question, je suis le plus puissant, avec mes dents pointues. Je serai le roi.

– Jamais, dit la baleine, je suis dix fois plus grosse que toi, ce sera moi la reine.

L'espadon leur cria, agitant son long nez pointu :

– Avec mon épée, je suis de loin le meilleur roi ! A-t-on déjà vu un roi sans épée ?

– Allons, allons, dit la sole, calmez-vous. Nous allons organiser une course et le gagnant deviendra le roi des mers.

Je découvre.

1 **a)** **Lis les trois extraits des récits ci-dessus.**

b) **Relève tous les signes de ponctuation différents dans ces trois extraits.**

c) **Complète, à l'aide des signes de ponctuation, le tableau suivant.**

CLASSEUR TABLEAU 24	Je repère...					
	... un dialogue grâce à :	... une prise de paroles grâce à :	... l'annonce d'une prise de paroles grâce à :	... une question grâce à :	... une exclamation grâce à :	... une réflexion à poursuivre grâce à :
texte 1						
texte 2						
texte 3						

Tu peux maintenant répondre à la question du titre de la leçon.

Les écrits littéraires

Je compare mes découvertes avec…

…la proposition page 174.

J'utilise ce que j'ai appris.

1 a) Dans le texte ci-dessous, repère la partie « dialogue ».

« Où vas-tu, Bubber ? cria Ernie Mill qui, de l'autre côté de la rue, ficelait un paquet de journaux sur son porte-bagages.
– Nulle part, répondit Bubber Surle.
– Tu vas encore rendre visite à ton amie la vieille dame, hein ? s'esclaffa Ernie. Pourquoi vas-tu donc si souvent la voir, cette petite vieille ? Fais-nous-en profiter ! »
Bubber passa son chemin et s'engagea dans Elm street. Déjà il apercevait la maison située un peu à l'écart des autres tout au bout de la rue. Le jardin de devant était envahi de mauvaises herbes toutes désséchées qui bruissaient et murmuraient au vent. La maison elle-même n'était qu'une petite boîte à chaussures grisâtre et délabrée, même pas peinte ; un escalier vermoulu menait à une véranda meublée en tout et pour tout d'un vieux fauteuil à bascule où pendait un bout d'étoffe déchiré.
Bubber remonta l'allée. Au moment de gravir les marches branlantes, il inspira profondément.

P.K. Dick - *La dame aux biscuits*

b) Dans cette partie « dialogue », recherche puis recopie :
- la phrase qui contient les paroles de Bubber Surle,
- la dernière phrase du dialogue.

c) Par qui est prononcée la dernière phrase du dialogue ?

**2 → Dans le texte suivant, on a oublié la ponctuation et les majuscules.
Réécris-le en plaçant les signes de ponctuation et les majuscules nécessaires pour qu'on comprenne mieux l'histoire.**

debout devant l'enclos du loup le garçon ne bouge pas le loup va et vient il marche de long en large et ne s'arrête jamais le loup pense m'agace celui-là cela fait bien deux heures que le garçon est là debout devant ce grillage immobile comme un arbre gelé à regarder le loup marcher qu'est-ce qu'il me veut c'est la question que se pose le loup ce garçon l'intrigue il ne l'inquiète pas car le loup n'a peur de rien il l'intrigue qu'est-ce qu'il me veut

D. Pennac - *L'œil du loup*

Les écrits littéraires

Comment transformer les paroles en propositions subordonnées ?

J'observe puis je lis.

Document 1

Il était une fois un brave paysan si pauvre qu'il avait dû vendre toutes ses bêtes.
Le dernier animal de sa ferme était une vieille poule, une vieille poule boiteuse.
– Combien pourrai-je en tirer ? Quelques sous peut-être… Cette pauvre bête est invendable !
– Tu parles trop vite, paysan, dit une voix.
Le paysan n'en croyait pas ses oreilles : sa poule parlait !
– Écoute-<u>moi</u> bien, affirma l'animal. J'ai conçu un plan.

Mène-moi au marché et tu verras.
L'homme se mit en route. Chemin faisant, la poule aperçut une flaque de boue.
– Attends, dit-elle. Je vais patauger dedans.
– Mais tu seras sale, je <u>te</u> vendrai encore moins cher, fit le paysan.
– Tu dois <u>me</u> faire confiance, déclara la poule, souviens-<u>toi</u> de <u>mes</u> paroles ! »
Et elle se roula dans la flaque de boue.

Je découvre.

1 **a)** **Lis le début du conte ci-dessus.**

b) **Observe le tableau ci-dessous et explique, avec tes camarades, comment il fonctionne colonne par colonne.**

CLASSEUR TABLEAU 25

discours direct	discours indirect	
paroles des personnages	**Les verbes qui annoncent les paroles sont écrits au…**	
	…passé simple.	**…présent.**
a- Tu parles trop vite.	1- Une voix dit <u>qu'il parlait trop vite</u>.	A- Une voix dit <u>qu'il parle trop vite</u>.
b- Écoute-moi bien.	2- L'animal affirma <u>qu'il fallait l'écouter</u>.	B- L'animal affirme qu'il faut l'écouter.
c-	3- La poule affirma qu'elle avait conçu un plan.	C- La poule affirme qu'elle a conçu un plan.
d-	4- L'animal dit qu'il verrait.	D- L'animal dit qu'il verra.
e-	5- Elle dit qu'elle allait patauger dedans.	E- Elle dit qu'elle va patauger dedans.
f-	6- Le paysan lui répondit qu'elle serait sale et qu'il la vendrait encore moins cher.	F- Le paysan lui répond qu'elle sera sale et qu'il la vendra encore moins cher.

c) **À l'aide du conte, complète ce tableau.**

d) **Continue de souligner, dans les colonnes « discours indirect », les propositions subordonnées.**

e) **Que sont devenus les mots soulignés (document 1) une fois que les paroles sont en discours indirect ?**

moi ⇨ ....   te ⇨ ....   me ⇨ ....   toi ⇨ ....   mes ⇨ ....

f) **Et les verbes, que sont-ils devenus ?**

Exemple : *tu parles* ⇨ *il parlait*   *écoute-moi* ⇨ ....

2 **Avec tes camarades, fais le bilan de tout ce qui change quand on passe du discours direct au discours indirect.**

Tu peux maintenant répondre à la question du titre de la leçon.

56   Les écrits littéraires

Je compare mes découvertes avec…

…la proposition page 175.

J'utilise ce que j'ai appris.

1 a) **Complète le tableau ci-dessous, en choisissant parmi les phrases suivantes.**

Je me suis ennuyée. Tu feras un beau voyage. Tu devras te marier. Je vais partir en voyage.
Nous ferons un beau voyage. Je dois me marier. Nous faisons un beau voyage. Tu dois te marier.
Nous avons fait un beau voyage. Nous devons nous marier. Tu vas partir en voyage.
Je devrai me marier. Nous devrons nous marier.

phrases en discours indirect	phrases en discours direct
1- Le prince dit à son jeune frère qu'il devait se marier.	
2- Le prince dit à son jeune frère qu'ils devaient se marier.	
3- La princesse dit à son amie qu'elle s'était ennuyée.	
4- La princesse dit à son amie qu'elle allait partir en voyage.	
5- La princesse assura à son amie qu'elles feraient un beau voyage.	

CLASSEUR TABLEAU 26

b) **Dans quel(s) cas as-tu trouvé plusieurs réponses possibles ? Pourquoi ?**

c) **Transforme, en discours indirect, les phrases en discours direct que tu n'as pas utilisées dans le tableau.**

2 a) **Lis le début de cette fable de Jean de la Fontaine.**

b) **Réécris la partie en italique, en discours direct.**

c) **Invente une fin possible à cette fable.**

Le renard et le bouc

Capitaine Renard allait de compagnie
Avec son ami Bouc des plus haut encornés :
Celui-ci ne voyait pas plus loin
que le bout de son nez ;
L'autre était passé maître en fait de tromperie.
La soif les obligea de descendre en un puits :
Là chacun d'eux se désaltère.
Après qu'abondamment tous deux en eurent pris,
*Le renard dit au bouc que ce n'était pas tout
de boire et qu'il fallait sortir de là.
Il ajouta qu'il devait lever
ses pieds en haut et ses cornes aussi.
Il dit qu'il devait les mettre contre le mur et
qu'il grimperait le premier le long de son échine.
Il lui expliqua qu'ainsi il sortirait
et qu'ensuite, il le tirerait.
Le bouc répondit qu'il était d'accord
et qu'il trouvait l'idée très ingénieuse…*

Les écrits littéraires

Comment fonctionnent les mots qui remplacent un GN ?

J'observe puis je lis.

Document 1

Renart court, tiraillé par la faim, quand il voit un corbeau appelé Tiercelin, sur la branche d'un arbre. Celui-ci, très affairé, ne le voit pas. Il tient entre ses pattes un gros fromage jaune. Aussitôt, Renart le convoite, d'autant plus que l'oiseau, d'un bel appétit, y frappe à grands coups de bec, tant il se régale. Le rusé compère aimerait bien qu'il devienne le sien. Le renard le hèle :
« Hé ! Cher compère, est-ce vous qui chantiez aussi bien autrefois ? La renommée de votre voix a passé les frontières du royaume. La vôtre est la plus belle au monde ! Savez-vous encore siffler ? Je vous en supplie, cher ami, chantez-moi un de vos beaux refrains ! »

L'oiseau sans jugeotte, flatté par tous ces compliments, interrompt son festin et jette un cri.
« Est-ce tout ce dont vous êtes capable ? fit l'autre. Avec l'âge, votre talent s'en est allé. »
Dans sa fierté, le corbeau veut riposter. Il se met à coasser de toutes ses forces.
« Encore une chanson ! lui crie Renart, comme c'est beau maintenant ! Celle-là est vraiment merveilleuse. »
Et l'autre, auquel flatterie enlève toute méfiance, continue de plus en plus fort. Il s'égosille et gesticule tant que ses pattes se desserrent et lâchent la délicieuse nourriture qui tombe à terre juste devant Renart.
Ce dernier n'attendait que cela...

Je découvre.

1 **a)** **Lis le texte ci-dessus.**

b) **Recherche, dans ce texte, quels mots remplacent ceux qui sont soulignés, et remplis le tableau suivant** (→ Les mots sont inscrits dans l'ordre où ils apparaissent dans le texte)**.**

c) **Dis ce qui t'a permis de répondre.**

CLASSEUR TABLEAU 27	Quel mot remplace-t-il ?	C'est un GN substitut...		C'est un pronom qui n'apporte aucune information supplémentaire.
		...qui n'apporte aucune information supplémentaire.	...qui apporte des informations supplémentaires.	
Tiercelin	un corbeau		✗	
Celui-ci	un corbeau			✗
ne le voit pas				
le convoite				
l'oiseau				
y frappe				
Le rusé compère				
il devienne				
Renart le hèle				
L'oiseau sans jugeotte				
fit l'autre				

d) **Un même mot, peut-il remplacer deux objets ou personnages différents ? Justifie ta réponse.**

Tu peux maintenant répondre à la question du titre de la leçon.

Je compare mes découvertes avec…

…la proposition page 175.

J'utilise ce que j'ai appris.

1 a) Lis le début de ce conte.

Le braconnier et sa fille

Dans la lande habitée par le vent, vivaient un vieux chasseur et sa fille qui se nommait Bleuwen. Bien des jeunes gens rêvaient d'épouser la belle. Tous se heurtaient au refus du farouche braconnier.

Un matin, Yanig prit le chemin de la cabane. La lande était triste et grise. Le vent murmurait à l'imprudent : « N'y va pas, le grigou te chassera. »

Mais Yanig ne l'écoutait pas. On disait la fille si jolie, son regard si vif et son teint si blanc !

À peine eut-il frappé à la porte de la masure, que le vieux passa la tête. Il le scruta de haut en bas, puis de bas en haut. Le jeune homme eut honte de ses vieux habits.

« Je sais pourquoi tu viens, ricana le vieillard. J'ai refusé des princes et tu voudrais que je donne ma Bleuwen à un va-nu-pieds ? »

b) Recherche, dans ce conte, tous les substituts qui renvoient aux trois personnages (le braconnier, sa fille et Yanig) et place-les dans le tableau à l'endroit qui convient.

	le braconnier	sa fille	Yanig
CLASSEUR TABLEAU 28 Substituts – pronoms sans informations particulières.			
Substituts GN qui apportent informations ou jugements.			

2 En utilisant les dessins ci-dessous, écris un petit conte ou une nouvelle.

Les écrits littéraires

Comment le GN sujet du verbe est-il relié au GV ?

J'observe puis je lis.

Document 1

 Texte 1

Jadis, le merle avait le plumage aussi blanc que la neige. Il n'en était pas peu fier, mais un jour, ayant vu la pie déposer des diamants et de l'or dans le creux d'un arbre, il lui demanda où elle les avait pris.

 **Texte 2**

Jadis, les merles avaient le plumage aussi blanc que la neige. Ils n'en étaient pas peu fiers, mais un jour, ayant vu la pie déposer des diamants et de l'or dans le creux d'un arbre, ils lui demandèrent où elle les avait pris.

Document 2

 Texte 1

Au Kenya, dans le petit village de Mwapata, vit un drôle d'Africain prénommé Joseph.
Joseph est sans nul doute l'homme le plus fortuné de la côte nord de l'île de Monbasa. En fait, on le croyait en France à vider des poubelles quand un beau matin, il en est revenu bizarrement transformé.
Depuis son retour, il avait acheté une voiture luxueuse.

 **Texte 2**

Au Kenya, dans le petit village de Mwapata, vit une drôle d'Africaine prénommée Josepha.
Josepha est sans nul doute la femme la plus fortunée de la côte nord de l'île de Monbasa. En fait, on la croyait en France à vider des poubelles quand un beau matin, elle en est revenue bizarrement transformée. Depuis son retour, elle avait acheté une voiture luxueuse.

Document 3

GN masculin singulier	GN féminin singulier	GN masculin pluriel	GN féminin pluriel
L'agneau a bu.	La brebis a bu.	Les agneaux ont bu.	Les brebis ont bu.
Il est parti.	Elle est partie.	Ils sont partis.	Elles sont parties.
Il a osé me jeter à l'eau.	Elle a osé me jeter à l'eau.	Ils ont osé me jeter à l'eau.	Elles ont osé me jeter à l'eau.
Il se met à chanter.	Elle se met à chanter.	Ils se mettent à chanter.	Elles se mettent à chanter.

Je découvre.

1 → Dans le texte 1 du doc. 1, les GN sujets du verbe surlignés en jaune sont au singulier. Dans le texte 2, ils sont au pluriel.

   a) **Que se passe-t-il pour les verbes ?**

   b) **Vérifie tes réponses en remplaçant, dans la phrase ci-dessous, « tu » par « vous », « je », « nous ».**
   « Que fais-tu ici ? Tu bois dans ma rivière ! »

2 → Dans le texte 1 du doc. 2, les GN sujets du verbe surlignés en jaune sont au masculin. Dans le texte 2, ils sont au féminin. **Que se passe-t-il pour les verbes ?**

3 **Vérifie tes réponses aux questions 1 et 2 à l'aide du tableau du document 3.**

Tu peux maintenant répondre à la question du titre de la leçon.

Les écrits littéraires

Je compare mes découvertes avec…

…la proposition page 176.

J'utilise ce que j'ai appris.

1 **Retrouve pour chaque verbe en couleur, le groupe sujet qui lui correspond.**

Au Kenya, dans le petit village de Mwapata, vivent deux drôles d'Africains prénommés Joseph et Daouda.

Joseph et Daouda sont sans nul doute les hommes les plus fortunés de la côte nord de l'île de Monbasa. En fait, on les croyait en France à vider des poubelles quand un beau matin, ils en sont revenus bizarrement transformés.

2 **Réécris chaque partie de phrase soulignée en remplaçant « ils » par « il ».**

Depuis leur retour, ils ont acheté une voiture luxueuse qu'un chauffeur débarrasse à longueur de journée de la poussière rouge des pistes qu'elle emprunte. Ils possèdent également plusieurs hôtels ainsi qu'une équipe de foot portant leur nom et ses couleurs « Noir et Bleu ». En outre, ils aiment à faire le bien autour d'eux et ont financé, en partie, la construction d'une école maternelle.

3 **a)** **Retrouve les personnages de l'histoire ci-dessous.**

Une femme avait trois filles. Un après-midi, elle leur dit :
– Je vais aller chez votre grand-mère. Comme elle habite loin, je rentrerai tard ce soir. Vous préparerez seules votre dîner et vous mangerez sans m'attendre. Surtout, n'ouvrez la porte à personne. La mère embrassa ses filles et partit.
Dès que la nuit fut tombée, le Loup, déguisé en vieille femme, frappa à la porte.
– Qui est là ? demandèrent les trois filles.
– Votre grand-mère ! répondit le Loup.
– Mais maman est chez toi ! Tu ne l'as pas vue ? s'étonnèrent les filles.
– Non ! Elle a dû prendre un chemin différent et je ne l'ai pas rencontrée.
– Pourquoi arrives-tu si tard, Grand-Mère ? demanda l'aînée.
– Je suis vieille et mes jambes se fatiguent vite. Le chemin était long et j'ai dû m'arrêter plusieurs fois pour me reposer. Ouvrez-moi !

b) **Classe ensuite les groupes sujets et les verbes qui leur correspondent dans le tableau.**

CLASSEUR TABLEAU 29		GNS (mère)	GNS (filles)	GNS (loup)	GNS (grand-mère)
	dans le récit	*Une femme avait*			
	dans le dialogue				

Les écrits littéraires

Comment les mots sont-ils choisis dans un texte littéraire ?

J'observe puis je lis.

Document 1

Ensemble 1

cirer les taches • encaustiquer • bien brosser peigner • briquer • repeindre •épousseter • poussiéreux se dépêcher d'attraper • sept heures dix-sept • laver

Ensemble 2

le soleil • les feuilles de saule • les ombres • les petits insectes • l'herbe verte des prés • le soleil levant • le dos des coccinelles • les oiseaux • la lumière • la transparence • la comète •

Document 2

PLAN de TRAVAIL

Chaque matin :
Cirer les taches de soleil,
Encaustiquer les feuilles de saule,
Bien brosser les ombres poussiéreuses
Pour qu'elles cachent
Au plus noir d'elles-mêmes
Les petits insectes voraces.
Peigner soigneusement l'herbe verte des prés

Briquer le soleil levant
Et repeindre au pinceau le dos des coccinelles.
Épousseter les oiseaux au plumeau
Et laver la lumière
Jusqu'à la transparence.

    Et puis, se dépêcher
D'attraper la comète
De sept heures dix-sept.

C. Poslianec

Document 3

Chers Amis,

Nous sommes désolés de ne pouvoir répondre à votre invitation : nous devons nous dépêcher de réparer les dégâts causés par la tempête. Il faut laver la terrasse complètement souillée, brosser les marches d'escalier couvertes de boue, repeindre les volets et encaustiquer notre belle porte d'entrée pleine de taches...

Merci pour votre compréhension.

Sophie

Je découvre.

1 → Les deux ensembles de mots du document 1 appartiennent chacun à un écrit.

a) À ton avis, ces deux ensembles peuvent-ils appartenir au même écrit ? Pourquoi ?

b) Recopie et complète.

L'ensemble n°1 contient des mots qui appartiennent à un écrit parlant de...

L'ensemble n°2 contient des mots qui appartiennent à un écrit parlant de...

2 **a)** Lis le poème *Plan de travail*.

b) Compare le poème aux deux ensembles de mots du document 1. Que remarques-tu ?

c) Dans le poème, repère les verbes et cherche les compléments de ces verbes. Qu'y a-t-il d'étonnant ?

d) Pourquoi le poète a-t-il choisi ses mots ainsi ?

3 **a)** Compare ce poème avec la lettre du document 3.

b) → Certains mots sont les mêmes dans le poème et dans la lettre. Quel rôle ces mots jouent-ils dans chacun de ces deux textes ?

Tu peux maintenant répondre à la question du titre de la leçon.

Les écrits littéraires

Je compare mes découvertes avec...

...la proposition page 176.

J'utilise ce que j'ai appris.

1 a) Lis le poème ci-dessous.

Constat

Sur l'asphalte du ciel
La lune a dérapé.
(Traces visibles de freinage
sur dix années-lumière.)

Choc frontal contre le Chariot.
Voie lactée dégradée.
Poissons jetés sur la Balance.
Taureau en fuite.
Manquent quatre cordes à la Lyre.
Deux ovnis rétamés.

Dommages corporels : néant.
Dommages au Néant : néant

Signé : Grande ourse (en service)

Yves Heurté

b) Relis tous les mots soulignés.
À quel champ lexical appartiennent les mots soulignés ?

c) Recopie tous les autres mots que l'on ne rencontrerait pas dans le rapport d'un véritable accident.
À quel champ lexical appartiennent- ils ?

2 a) Lis le poème suivant.

La nuit gonfle ses plumes
Et le souffle s'emmêle

Ne t'enfouis pas
Respire fort
Caresse ses oiseaux noirs

Elle va battre des ailes
Allumer leurs yeux d'or

Jacqueline Saint-Jean

b) Quels mots mettrais-tu ensemble ?
Explique pourquoi.

3 a) Lis le fait divers ci-dessous.

> **Fait divers**
>
> ## Perte de contrôle
>
> Un conducteur a perdu le contrôle de son véhicule, hier vers 12h30 alors qu'il circulait sur la nationale 911, sur la commune de Condezaygues. Après avoir quitté la chaussée, la voiture est allée heurter un platane. Légèrement blessé, M. C, demeurant à Monsempron, a été transporté vers un centre de secours de la région. ∎

b) À partir de ce fait divers, invente une histoire, dans un monde fantastique ou imaginaire, dans lequel cet accident aurait lieu.
→ Tu peux changer le véhicule et les lieux.

Les écrits littéraires — 63

Comment les formes des verbes sont-elles composées ?

J'observe puis je lis.

Document 1

Texte A

Alors la sorcière s'approcha de la jeune fille et lui dit : « À minuit, tu <u>te rendras</u> au bord de l'eau, tu <u>avaleras</u> ce breuvage et ton prince <u>arrivera</u>. Mais attention, tu <u>perdras</u> ta voix à tout jamais. »

Texte B

Alors à minuit, la jeune fille se rendit au bord de l'eau, elle avala le breuvage et son prince arriva. Mais elle avait perdu sa voix à tout jamais.

Texte C

Alors la sorcière s'approcha des jeunes filles et leur dit : « À minuit, vous vous rendrez au bord de l'eau, vous avalerez ce breuvage et vos princes arriveront. Mais attention, vous perdrez vos voix à tout jamais. »

Texte D

Alors à minuit, les jeunes filles...

Je découvre.

1 **a)** Dans le texte A, observe les verbes soulignés. Retrouve-les dans les textes B et C.

b) Écris le texte D en le complétant par les verbes manquants.
Qu'as-tu utilisé pour écrire ces verbes ?

2 **a)** Observe la première grille. Surligne en vert ce qui est commun à chaque verbe, colorie en rouge ce qui change.

r	e	n	d	s	
r	e	n	d	r	a	s
r	e	n	d	i	t
r	e	n	d	r	e	z
r	e	n	d	i	r	e	n	t
r	e	n	d	a	i	t

CLASSEUR TABLEAU 30

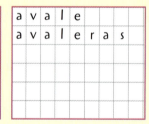
a v a l e
a v a l e r a s

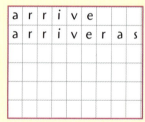
a r r i v e
a r r i v e r a s

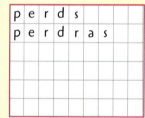
p e r d s
p e r d r a s

b) Complète les trois autres grilles en te servant des textes A, B, C et D.

c) Pour ces trois grilles, fais le même travail de surlignage que pour la première.
→ La partie que tu as surlignée en vert est le **radical du verbe** ; la partie en rouge est la **désinence du verbe**.

3 → Voici ci-dessous pour d'autres verbes, les mêmes formes (temps et personnes) que celles des verbes des grilles.

a) Essaie de faire le même travail de surlignage pour ces verbes.
faire ⇨ fais - feras - fit - ferez - firent - faisait
avoir ⇨ as - auras - eut - aurez - eurent - avait
aller ⇨ vas - iras - alla - irez - allèrent - allais

b) Que remarques-tu ?

Tu peux maintenant répondre à la question du titre de la leçon.

Les écrits littéraires

Je compare mes découvertes avec...

...la proposition page 176.

J'utilise ce que j'ai appris.

1 **Complète le tableau ci-dessous avec les verbes suivants :**

arriva, mangèrent, dormirent, arriverons, mangea, mangerai, dors, as mangé, sont arrivés, mangez, mangeons, dormira, dormez, avons dormi, arrivaient, arrivais.

CLASSEUR **TABLEAU 31**

	mang...	dor...	arriv...
le chat			
les chats			
tu			
vous			
je			
nous			

2 **a)** **Complète les phrases avec le mot qui convient.**

- Chaque matin, il est en retard et...
- Ma valise,...
- Elle apporte le pain puis...
- C'est le chien,...

⇨ *je la tends / je l'attends*
⇨ *je la prends / je l'apprends*
⇨ *elle le sert / elle le serre*
⇨ *il aboie / il la boit*

b) **Qu'est ce qui t'a permis de trouver les réponses ?**

3 → Voici un extrait d'un dictionnaire de conjugaison (verbes au passé simple, verbes à l'imparfait).

	parler	crier	dessiner	venir	finir	prendre	être	avoir
Passé simple	il parla	il cria	il dessina	il vint	il finit	il prit	il fut	il eut
	ils parlèrent	ils crièrent	ils dessinèrent	ils vinrent	ils finirent	ils prirent	ils furent	ils eurent
Imparfait	il parlait	il criait	il dessinait	il courait	il finissait	il prenait	il était	il avait
	ils parlaient	ils criaient	ils dessinaient	ils couraient	ils finissaient	ils prenaient	ils étaient	ils avaient

a) **Observe la ligne des verbes conjugués avec « il ».**
Quelles remarques peux-tu faire sur les désinences ?

b) **Observe la ligne des verbes conjugués avec « ils ». Fais-tu les mêmes remarques ?**

c) **Quels sont les verbes dont les radicaux écrits ne changent pas à l'imparfait et au passé simple ? Quels sont les verbes qui ont des radicaux qui changent ?**

4 **Recherche, dans des tableaux de conjugaison, des verbes avec un seul radical écrit ainsi qu'avec plusieurs radicaux écrits différents.**

Les écrits littéraires **65**

Comment s'écrivent les verbes à l'imparfait et au passé simple ?

J'observe puis je lis.

Document 1

	INDICATIF IMPARFAIT						
	FORMES DU DIALOGUE					**FORMES DU RÉCIT**	
Infinitif du verbe	**JE, J'**	**TU**	**NOUS**	**ON**	**VOUS**	**GN sing. IL, ELLE, ON, ÇA**	**GN pluriel ILS, ELLES**
acheter	achetais	achetais	achetions	achetait	achetiez	achetait	achetaient
parler	parlais	parlais	parlions	parlait	parliez	parlait	parlaient
aller	allais	allais	allions	allait	alliez	allait	allaient
finir	finissais	finissais	finissions	finissait	finissiez	finissait	finissaient
venir	venais	venais	venions	venait	veniez	venait	venaient
partir	partais	partais	partions	partait	partiez	partait	partaient
attendre	attendais	attendais	attendions	attendait	attendiez	attendait	attendaient
voir	voyais	voyais	voyions	voyait	voyiez	voyait	voyaient
avoir	avais	avais	avions	avait	aviez	avait	avaient
faire	faisais	faisais	faisions	faisait	faisiez	faisait	faisaient
être	étais	étais	étions	était	étiez	était	étaient

Document 2

	INDICATIF PASSÉ SIMPLE						
	FORMES DU DIALOGUE					**FORMES DU RÉCIT**	
Infinitif du verbe	**JE, J'**	**TU**	**NOUS**	**ON**	**VOUS**	**GN sing. IL, ELLE, ON, ÇA**	**GN pluriel ILS, ELLES**
acheter	achetai	achetas	achetâmes	acheta	achetâtes	acheta	achetèrent
parler	parlai	parlas	parlâmes	parla	parlâtes	parla	parlèrent
aller	allai	allas	allâmes	alla	allâtes	alla	allèrent
finir	finis	finis	finîmes	finit	finîtes	finit	finirent
venir	vins	vins	vînmes	vint	vîntes	vint	vinrent
partir	partis	partis	partîmes	partit	partîtes	partit	partirent
attendre	attendis	attendis	attendîmes	attendit	attendîtes	attendit	attendirent
avoir	eus	eus	eûmes	eut	eûtes	eut	eurent
faire	fis	fis	fîmes	fit	fîtes	fit	firent
être	fus	fus	fûmes	fut	fûtes	fut	furent

Je découvre.

1 a) Observe attentivement chacun des tableaux de la page précédente et regarde comment sont écrits les verbes :
- dans les lignes (selon les verbes),
- dans les colonnes (selon les personnes).

b) Quelles remarques peux-tu faire sur les désinences de l'imparfait et du passé simple ?

2 a) Classe, dans le tableau ci-dessous, les infinitifs des verbes des tableaux de la page précédente.

CLASSEUR TABLEAU 32

	Les formes du verbe sont composées du radical de l'infinitif suivi de la désinence.	Les formes du verbe sont composées du radical de l'infinitif suivi de la désinence mais avec parfois des lettres qui changent, qui s'ajoutent ou qui disparaissent.	Les formes du verbe sont composées d'un autre radical suivi de la désinence.
imparfait	*acheter*		
passé simple			

b) Quelles remarques peux-tu faire sur l'écriture des formes des verbes ?

3 a) Utilise le tableau des verbes de la page 66, pour réécrire l'histoire ci-dessous à l'imparfait et au passé simple.

Il saute sur mon lit et il se lèche les babines d'une manière qui me semble bizarre. Je ne saurai expliquer pourquoi mais ça me semble bizarre. Je le regarde attentivement, et lui me regarde, avec ses yeux de chat incapables de dire la vérité.
Bêtement, je lui demande :
– Qu'est-ce que tu as fait ?
Mais lui, il s'étire et sort ses griffes, comme il fait toujours avant de se rouler en boule pour dormir.
Il sautait sur mon lit…

b) Explique à tes camarades comment tu as utilisé le tableau pour écrire les verbes.

Tu peux maintenant répondre à la question du titre de la leçon.

Les écrits littéraires

Je sais me servir de ce que j'ai appris en orthographe.

1 **Lis le conte suivant.**

Il était une fois un prince hongrois tout habillé de velours et de soie. Il avait les cheveux bouclés et portait une jolie épée. Un jour le petit prince qui s'ennuyait dans son grand palais décida de se marier et de chercher une fiancée. Il quitta ses habits brodés, s'habilla en cocher, puis s'en alla par la ville. Il entra d'abord chez un riche marchand.
– Que viens-tu chercher ici ? demanda la fille du marchand.
– Je voudrais me marier, répondit le gentil cocher. Si tu veux bien de moi, c'est toi qui seras ma femme !
– Tu n'es pas assez riche pour moi répondit dédaigneusement la fille. Va-t-en plutôt chez la fille du pauvre vannier.
Le petit cocher entra dans la boutique du vannier.
– Viens-tu pour m'acheter un panier ? demanda la fille.
– Non, dit le petit cocher, mais je voudrais me marier avec toi, si tu veux bien de moi.
– Mais bien sûr, joli cocher, si tu me trouves à ton goût ! ajouta la fille du vannier.
Le petit cocher retourna alors dans son palais.
Il remit son plus bel habit de soie, prit sa petite épée, puis revint dans la ville.
– Ne me reconnais-tu donc pas ? dit-il en arrivant chez la fille du vannier. Embrassons-nous et courons vite nous marier.
Puis il l'emmena dans son palais où ils se marièrent le soir même.

2 **Certains mots sont soulignés. Observe les marques orthographiques qui les terminent.**
Nous te proposons plusieurs explications possibles. Recopie ces mots et écris à côté de chacun d'eux le numéro de l'explication qui te paraît convenir. Justifie ta réponse.

a) Le mot se termine par un « -s » parce que :
1- c'est un verbe dans une phrase impérative (correspondant à **nous**),
2- c'est un verbe dans une phrase impérative (correspondant à **tu**),
3- c'est un verbe dans une phrase déclarative, précédé de **tu**,
4- c'est un nom dans un **GN** pluriel,
5- c'est l'orthographe du mot : il s'écrit toujours comme cela,
6- c'est un nom dans un **GN** singulier qui s'écrit comme cela au singulier,
7- c'est un adjectif dans un **GN** singulier qui se termine par « -s » au masculin singulier.

b) Le mot se termine par un « -x » parce que :
8- c'est un verbe dans une phrase déclarative, précédé du **tu**,
9- c'est un nom dans un **GN** au pluriel,
10- c'est l'orthographe du mot : il s'écrit toujours comme cela.

c) Le mot se termine par un « -er » parce que :
11- c'est un verbe à l'infinitif,
12- c'est un nom dans un **GN** qui s'écrit comme cela au singulier.

Les écrits littéraires

Je sais lire et produire des écrits littéraires.

J'ai tout de suite compris qu'il s'était passé quelque chose de grave. Dès que je l'ai vu. Il avait sauté sur mon lit et il se léchait les babines d'une manière qui m'a semblé bizarre. Je ne saurais expliquer pourquoi, mais ça me semblait bizarre. Je l'ai regardé attentivement, et lui me fixait avec ses yeux de chat incapables de dire la vérité.

Bêtement, je lui ai demandé :
– Qu'est ce que tu as fait ?

Mais lui, il s'est étiré et a sorti ses griffes, comme il fait toujours avant de se rouler en boule pour dormir.

Inquiet, je me suis levé et je suis allé voir le poisson rouge dans le salon. Il tournait paisiblement dans son bocal, aussi inintéressant que d'habitude.

Cela ne m'a pas rassuré, bien au contraire. J'ai pensé à ma souris blanche. J'ai essayé de ne pas m'affoler, de ne pas courir jusqu'au cagibi où je l'ai installée. La porte était fermée. J'ai vérifié cependant si tout était en ordre. Oui, elle grignotait un morceau de pain rassis, bien à l'abri dans son panier d'osier.

J'aurai dû être soulagé. Mais en regagnant ma chambre, j'ai vu que la porte du balcon était entrouverte. J'ai poussé un cri et mes mains se sont mises à trembler. Malgré moi, j'imaginais le spectacle atroce qui m'attendait. Mécaniquement, à la façon d'un automate, je me suis avancé et j'ai ouvert complètement la porte vitrée du balcon. J'ai levé les yeux vers la cage du canari suspendue au plafond par un crochet. Étonné, le canari m'a regardé en penchant la tête d'un côté, puis de l'autre. Et moi, j'étais tellement hébété qu'il m'a fallu un long moment avant de comprendre qu'il ne lui était rien arrivé, qu'il ne lui manquait pas une plume.

Je suis retourné dans ma chambre et j'allais me rasseoir à mon bureau lorsque j'ai vu le chat soulever une paupière et épier mes mouvements. Il se moquait ouvertement de moi.

Alors j'ai eu un doute. Un doute horrible. Je me suis précipité dans la cuisine et j'ai hurlé quand j'ai vu… Le monstre, il a osé ! Il a dévoré… Je me suis laissé tomber sur un tabouret, épouvanté, complètement anéanti. Sans y croire, je fixais la table et l'assiette retournée.

… Il a dévoré mon gâteau au chocolat !

B. Friot - *Soupçon*

> « Cela ne m'a pas rassuré, bien au contraire. »

1 **Lis le récit ci-dessus et réponds aux questions suivantes.**
- Quels sont les personnages principaux de ce récit ? Qui est le monstre ?
- Qui raconte l'histoire ? Relève deux phrases qui t'ont permis de répondre.
- Quels sont les différents moments de l'histoire ?
- Quel évènement l'auteur a-t-il présenté à la fin du récit ?
  • En réalité, à quel moment s'est produit cet évènement ?
  • Pourquoi l'auteur a-t-il présenté cet évènement ?
- Le récit est écrit à l'imparfait/passé simple ou à l'imparfait/passé composé ?
  • Recopie la réponse exacte et relève quatre ou cinq verbes qui t'ont permis de répondre.
- Ce texte est-il vraiment un récit ? Justifie ta réponse.
- Relève deux phrases qui sont des paroles de personnages (dialogue).

2 **À partir de la couverture du roman et des illustrations qui te sont proposées, écris un récit en « je » qui racontera l'histoire de *Chouette, j'ai des poux*.**

Les écrits littéraires

Les écrits de dialogue

Je vais apprendre à répondre aux questions suivantes.

A En grammaire des textes :

Qu'est-ce qui permet de reconnaître un écrit de dialogue ? . . . . page **71**

Dans une pièce de théâtre, où se trouvent les informations ? . . . . page **74**

Dans un dialogue, comment comprendre ce qui n'est pas dit ? . . . . page **76**

B En grammaire des phrases :

Comment transformer une question en proposition subordonnée ? . . . . . . page **78**

Comment remplacer un GN complément du verbe par un pronom ? . . . . . . page **82**

Comment fonctionnent les mots-crochets des subordonnées
de phrases déclaratives et interrogatives ? . . . . page **84**

Comment transformer une phrase en un qualifiant dans un GN ? . . . . page **86**

Comment fonctionnent les pronoms relatifs ? . . . . page **88**

Quand une phrase est transformée en subordonnée,
que deviennent les temps de ses verbes ? . . . . page **90**

Comment fonctionnent les déterminants possessifs
dans les dialogues ? . . . . page **92**

C En vocabulaire :

Comment choisir les mots pour faire connaître un personnage ? . . . . page **80**

Comment trouver le sens d'un mot ? . . . . page **94**

Est-ce qu'on peut remplacer n'importe quel mot par un synonyme ? . . . . . page **96**

D En orthographe :

Comment s'écrivent les formes des verbes être, avoir, aller et chanter
aux temps de l'indicatif ? . . . . page **98**

Et je vérifierai si je sais...

... me servir de ce que j'ai appris en orthographe. . . . . page **100**

... lire et produire des écrits de dialogue. . . . . page **101**

Qu'est-ce qui permet de reconnaître un écrit de dialogue ?

J'observe puis je lis.

Document 1

Michel Piquemal - *Histoires de loups*

Document 2

Le loup magicien

MAMAN LOUP - PAPALOUP
LES 3 LOUPIOTS

Ils portent tous un masque de loup et une queue attachée à leur derrière.

Quand la pièce commence, la maman Loup et ses trois loupiots sont assis en arc de cercle. Ils rongent tristement des os sur lesquels il n'y a pas la moindre parcelle de viande.

UN LOUPIOT, *tristement* : Hou hou hou...
DEUXIÈME LOUPIOT : Hou hou hou... on a faim.
TROISIÈME LOUPIOT, *d'un air terrible* : Très faim !
MAMAN LOUP : Je sais, mes biquets...
TROISIÈME LOUPIOT : Ne nous appelle plus « mes biquets », ça me donne encore plus faim...
MAMAN LOUP : Oh ! mes chéris... je sais que vous avez l'estomac vide, mais Papaloup va bientôt arriver. Je suis sûr qu'il aura une idée de menu... Prenez patience ! Je vais vous raconter une belle histoire :

Elle récite.
Un agneau se désaltérait
Dans le courant d'une onde pure.
LES LOUPIOTS : Humm ! Miam !...

Michel Piquemal - *Histoires de loups*

Document 3

Janosh, le musicien sort de chez ses amis M. et Mme Graniovitch où il a joué toute la soirée.
« Adieu Janosh, et encore merci ! dit M. Graniovitch.
— Tu nous as joué une bien belle sérénade, ajoute Mme Graniovitch, la larme à l'œil. »
Janosh, le fusil dans le dos et l'accordéon sur le ventre, prend le chemin du retour.
M. Graniovitch lui lance une dernière recommandation :
« Et fais bien attention aux loups !
— Oh, oh ! rigole Janosh, avec ma pétoire, ils n'ont qu'à bien se tenir. »
M. Graniovitch rentre dans sa maison et dit à sa femme : « C'est lui qui en tient une de bonne ! »

Les écrits de dialogue

Document 4

IDÉES FAUSSES

Avec ses grandes dents et ses yeux brillants, le loup est très effrayant. Dans les contes, il apparaît toujours comme un animal cruel, caché au fond des bois, qui pousse des hurlements en attendant sa victime… Souvenez-vous de ce qui arrive au Petit Chaperon rouge ! Mais le loup est-il vraiment méchant ?

Le loup n'est pas un animal cruel !

Le loup est un grand carnivore. Il a besoin de manger beaucoup de viande pour vivre. Quand il chasse une proie, c'est uniquement pour se nourrir. Ce n'est jamais par plaisir.

Le loup ne hurle pas pour faire peur !

Le hurlement du loup s'entend à 10 kilomètres à la ronde. En fait, les loups hurlent tout simplement pour communiquer entre eux. Un loup répond toujours à l'appel d'un autre. C'est ainsi que débutent des concerts de hurlements.

Document 5

LES JAMBONS

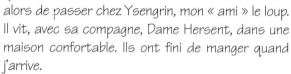

Ce jour-là, comme souvent, mon ventre crie famine. J'ai chassé toute la journée mais sans le moindre succès. J'ai juste mis la dent sur un vieux mulot et quatre sauterelles. Je décide alors de passer chez Ysengrin, mon « ami » le loup. Il vit, avec sa compagne, Dame Hersent, dans une maison confortable. Ils ont fini de manger quand j'arrive.
Mon poil hérissé et ma langue pendante semblent les apitoyer.
— Que t'arrive-t-il ? me demande Ysengrin. Ça ne va pas ?
— Non, je ne me sens pas très bien.
— Tu m'as l'air de mourir de faim !
— Non, ce n'est pas ça. J'ai dû attraper une maladie, dans les bois.
— Maladie ou pas, il faut que tu manges ! insiste Ysengrin qui se tourne vers Dame Hersent. Apporte-lui un plat de rognons et de rate. C'est excellent pour la santé.

Julien Vergne - *Moi, Renart*

Je découvre.

1 **a)** Lis tous les documents des pages 71 et 72.

   b) Un de ces textes ne contient pas de dialogue : lequel ? Qu'est-ce qui t'a permis de répondre ?

2 **a)** Observe les textes 3, 4 et 5.

   b) Les textes 3 et 5 présentent des signes de ponctuation qui n'apparaissent pas dans le texte 4 : lesquels ?

3 Compare la BD (doc. 1) et le texte (doc. 3), qui racontent tous les deux la même histoire avec les mêmes personnages, mais d'une façon différente.
Surligne de la même couleur les paroles qui se retrouvent dans la BD et dans le récit.

4 Quelles différences vois-tu dans la présentation des paroles, entre le texte 2 et le texte 5.

Tu peux maintenant répondre à la question du titre de la leçon.

Je compare mes découvertes avec…

…la proposition page 177.

J'utilise mes découvertes.

1 a) Lis cette histoire de *Cerise et Brugnon à l'école*, racontée de deux façons.

La maîtresse écrit au tableau :
LEÇON DE LOUP

MAITRESSE, *s'adressant aux élèves* :
Quand vous rencontrez le loup, vous devez lui faire… *(prenant Brugnon dans ses bras)* …… un gros baiser comme ça !
BRUGNON, *très surpris* : ………………………
CERISE, *pense en regardant la maîtresse* :
Drôle de maîtresse ! *(Elle se lève et d'un geste vif, elle enlève le foulard de la tête de la maîtresse.)* ……………………………
………………………………………………………
LOUP, *en enlevant son fichu et son tablier* :
Eh oui ! C'est moi le loup…

b) Réécris, dans la BD et dans le texte, les paroles manquantes.

2 a) Lis le scénario ci-dessous.

Tom voudrait un chien : il n'a ni frère ni sœur, ses parents travaillent et il s'ennuie souvent. Il voudrait un chien qu'il emmènerait au parc, avec qui il pourrait jouer, et qui partagerait sa solitude. La maman ne veut pas, elle a trop de travail ; et s'il était malade ? Comment pourraient-ils partir en vacances, les chiens ne sont pas les bienvenus à l'hôtel. Tom promet de s'occuper de son chien : le nourrir, le soigner, lui brosser le poil. Sa mère pense que Tom, au bout de quelques semaines, oubliera toutes ses promesses.

b) Écris le dialogue entre la mère et son fils, chacun voulant convaincre l'autre qu'il a raison.

Les écrits de dialogue — 73

Dans une pièce de théâtre, où se trouvent les informations ?

J'observe puis je lis.

Document 1

Document 2

CLASSEUR TABLEAU 34

CERISE, BRUGNON, MAÎTRESSE, LOUP, ÉLÈVES 1 et 2

La maîtresse a écrit au tableau : **Leçon de loup.**
MAÎTRESSE, *s'adressant aux élèves* : Quand vous rencontrez le loup, vous devez lui faire… *(prenant Brugnon dans ses bras)* … un gros baiser comme ça !
BRUGNON, *très surpris* : Ooohh !
CERISE, *pense en regardant la maîtresse* : Drôle de maîtresse !
(Elle se lève et d'un geste vif, elle enlève le foulard de la tête de la maîtresse.) La maîtresse a des oreilles de loup !
LOUP, *en enlevant son fichu et son tablier* : Eh oui, c'est moi le loup… *(Faisant une horrible grimace.)* OUH !
ÉLÈVE 1 : Au secours !
ÉLÈVE 2 : J'ai peur !
CERISE : Voilà la maîtresse.
La maîtresse arrive ; sa tête apparaît à la porte qui s'entrouvre.
MAÎTRESSE, *très en colère* : Vilain loup, sors de la classe !
(S'adressant à ses élèves.) Le loup avait crevé les pneus de mon vélo. Mais je les ai vite réparés…
Quand vous rencontrez le loup, vous devez lui faire une grosse grimace comme ça ! *Elle fait une horrible grimace !*
LOUP, *caché derrière la fenêtre* : Catastrophe de catastrophe !

Je découvre.

1 **a)** Dans le texte (doc. 2), qui est une réécriture en pièce de théâtre de la BD (doc. 1), colorie en bleu ce qui est écrit en capitales d'imprimerie, en jaune ce qui est entre parenthèses et en italique, enfin en rose ce qui est en italique sans être entre parenthèses.

b) En comparant la pièce de théâtre et la BD, cherche où se trouvent, dans chacune des deux écritures de cette histoire, les mêmes informations, et comment elles sont représentées. Écris les réponses dans le tableau suivant.

CLASSEUR TABLEAU 35

	dans la BD	dans la pièce de théâtre
les personnages		
les lieux où l'action se passe		
ce que font les personnages		
ce que disent les personnages		

2 Pourquoi a-t-on écrit : « Ooooh ! » dans la pièce de théâtre ?
→ Ce n'est pas l'orthographe habituelle, et ce n'est pas écrit ainsi dans la BD.

Tu peux maintenant répondre à la question du titre de la leçon.

Les écrits de dialogue

Je compare mes découvertes avec…

…la proposition page 177.

J'utilise mes découvertes.

1 a) Lis le début de la saynète ci-dessous.

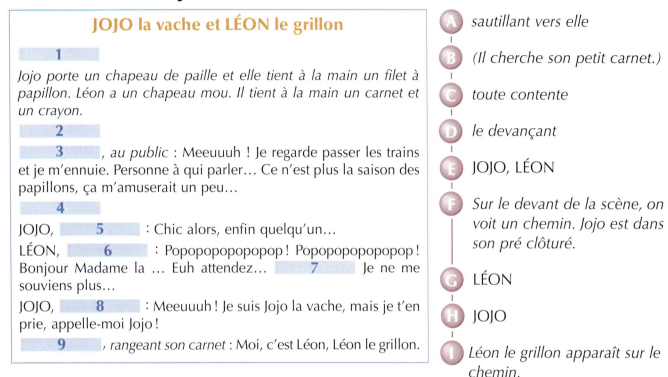

b) Rends à chaque numéro, la lettre de l'extrait manquant.

Exemple : 1 ⇨ E

2 Réécris ce texte en respectant la présentation d'une pièce de théâtre et les différentes typographies à utiliser.

Pour faire un bon petit chaperon… Scène 1
Marie-Jeanne, Charles Perrault. Sur une table, sont disposés des feuilles de papier, un gros encrier et une plume d'oie.
Marie-Jeanne, prenant la plume d'oie, chatouille l'oreille de son oncle endormi.
Mon oncle, mon oncle !
Charles Perrault Il se gratte l'oreille et semble chasser une mouche imaginaire. Mmmm ?
Marie-Jeanne Mon oncle, vous dormez ?
Charles Perrault Hein, quoi, que se passe-t-il ? Non, ma nièce… Je réfléchissais.
Marie-Jeanne Mon oncle, vous souvenez-vous ?
Charles Perrault De quoi donc, Marie-Jeanne ?
Marie-Jeanne C'est demain mon anniversaire. Avez-vous pensé à mon cadeau ?
Charles Perrault Ton cadeau ?
Marie-Jeanne Vous m'aviez promis de m'écrire une nouvelle histoire.
Charles Perrault Il cherche sa plume et l'arrache des mains de Marie-Jeanne. J'y travaillais justement. Tu auras ton histoire, elle est presque terminée.

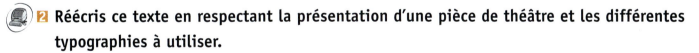

Dans un dialogue, comment comprendre ce qui n'est pas dit ?

J'observe puis je lis.

Document 1

Le château de glace

Dans un village vivait un berger qui ne parvenait pas à trouver une femme à son goût. Toutes les filles du village se seraient volontiers mariées avec lui, mais il rêvait d'une belle princesse. Une nuit, il fit un rêve étrange. La belle princesse de ses rêves l'appelait, prisonnière quelque part dans la montagne. Le berger se réveilla, prit son bâton et partit. Il grimpa très haut dans la montagne. Soudain, au détour du chemin, il vit un drôle de château, fait de glace et de neige. Il allait y entrer quand apparut un homme tout vêtu de blanc.

– **Tu** es **ici** chez **moi** ! **Je** suis le génie des neiges. Et **je** ne **t'**ai pas invité dans **mon** château. **Maintenant**, rentre chez **toi**. **Tu** ne trouveras aucune princesse sur **mon** domaine, ni aujourd'hui, ni demain.

Le berger fit semblant de s'en aller, mais il se cacha dans les rochers. Et que vit-il au sommet de la tour ? La jeune fille de ses rêves… Dès que la nuit fut tombée, il l'appela.

– Princesse ! **Je** suis venu **vous** délivrer !

La princesse se pencha et lui cria :

– Va-t-en ! **Tu** ne pourras pas entrer. **Je** suis enfermée et si le génie des neiges **te** trouve **ici**, il n'aimera pas **ça** et **te** dévorera.

Le berger courut à la forêt, coupa deux gros arbres et retourna les poser au pied du château. Puis il enflamma les bûches et le château se mit à fondre. La tour devint de plus en plus petite. Enfin, elle toucha le sol et il n'eut plus qu'à prendre la princesse dans ses bras et à courir au village. Dès le lendemain, ils se marièrent.

Je découvre.

1 **a)** Qui prononce les paroles écrites : en bleu ? en rouge ? en vert ?

b) Qu'est-ce qui t'a permis de répondre à chaque fois ?

2 → Dans les paroles, on retrouve souvent les mêmes mots mais qui ne représentent pas toujours la même personne ou la même chose.

En t'aidant des informations dans la partie non colorée du texte, réponds aux questions du tableau suivant.

CLASSEUR TABLEAU 36

	Dans les phrases écrites en...		
	... bleu :	... vert :	... rouge :
qui est JE ?			
qui est MOI ?			
mon château : le château de qui ?			
ICI, c'est dans quel endroit ?			
MAINTENANT, c'est quand ?			
ÇA, qu'est-ce que c'est ?			
qui est TU ?			
qui est TOI ?			
qui est TE ?			
qui est T' ?			
qui est VOUS ?			

Tu peux maintenant répondre à la question du titre de la leçon.

Les écrits de dialogue

Je compare mes découvertes avec...

...la proposition page 177.

J'utilise mes découvertes.

1 a) Observe ces deux vignettes.

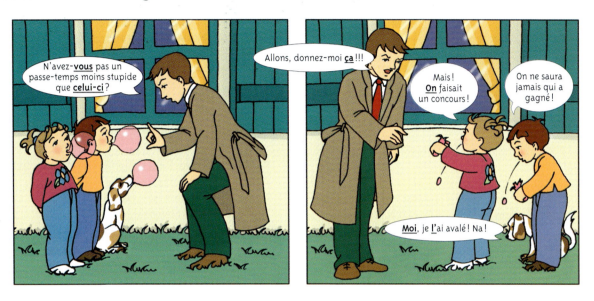

b) Écris ce que représentent les mots soulignés dans les bulles.

2 Dans la lettre ci-dessous, écris ce que représentent les mots soulignés (→ embrayeurs).

Toulon, le 16 juin 2002

Bonjour Chloé,

Qu'est-ce que c'était chouette, ce long week-end avec <u>toi</u> et <u>ta</u> famille à l'Île-aux-mouettes... <u>Je</u> me suis amusée comme une petite folle.

<u>Nous</u> ne reviendrons pas <u>là-bas</u>, <u>mes</u> parents, mon frère et <u>moi</u> avant le mois d'août.

En attendant les vacances et le mois d'août en Bretagne, en classe, <u>nous</u> faisons tout plein de choses.

<u>Demain</u>, <u>nous</u> participons aux choralies.

<u>Hier</u>, <u>nous</u> étions tous au stade pour les rencontres balle ovale !

Et la semaine prochaine, <u>ça</u> continue avec la ronde cycliste !

<u>Ici</u>, il fait très chaud. Et chez <u>toi</u> ? J'ai vu à la météo, que c'était plutôt nuageux.

À bientôt

Domi

3 a) Lis attentivement le texte ci-dessous.

Adèle alla voir José, le petit cireur de chaussures. Elle se sentait en danger mais elle savait que José l'aiderait.
– Prends soin de mon fils, supplia-t-elle en désignant un gamin d'une dizaine d'années assis contre le mur.
– Compte sur moi, Adèle. Je m'occuperai de Dimitri comme si c'était mon frère.

b) Qui est le gamin dont parle Adèle ? Comment s'appelle-t-il ?

c) Qui prononce les dernières paroles de ce texte ?

Les écrits de dialogue — 77

Comment transformer une question en proposition subordonnée ?

J'observe puis je lis.

Document 1

Le Loup et les trois filles

Une femme avait trois filles. Un après-midi, elle leur dit :
– Je vais chez votre grand-mère. Surtout, n'ouvrez la porte à personne.
La mère embrassa ses filles et partit.
À la nuit tombée, le Loup, déguisé en vieille femme, frappa à la porte.
– Qui est là ? demandèrent les trois filles.
– Votre grand-mère ! répondit le Loup.
– Mais maman est chez toi ! Tu ne l'as pas vue ? s'étonnèrent les filles.
– Non ! Elle a dû prendre un chemin différent et je ne l'ai pas rencontrée.
– Pourquoi arrives-tu si tard, grand-mère ? demanda l'aînée.
– Je suis vieille et mes jambes se fatiguent vite. Le chemin était long et j'ai dû m'arrêter plusieurs fois pour me reposer.

Les trois filles trouvaient que leur grand-mère avait une voix étrange.
– Grand-mère, lança l'aînée, pourquoi est-ce que ta voix est si différente ?
– J'ai mal à la gorge, déclara le Loup. Mais il fait froid, laissez donc entrer votre grand-mère qui est si fatiguée.
L'aînée des filles refusa, car elle avait un doute. Mais ses jeunes sœurs étaient crédules et elles ouvrirent. Le Loup entra et souffla la lampe.
– Pourquoi éteins-tu, grand-mère ? s'étonnèrent les filles.
– J'ai mal aux yeux et la lumière m'aveugle, répondit le Loup.
– Assieds-toi, proposa l'aînée.
– Non ! dit le Loup. Il est tard et je préfère aller me coucher. Est-ce que tu as préparé mon lit ?
– Bien sûr. Tu ne veux pas manger ?
– Non ! Je suis trop fatiguée.

Je découvre.

1 → On a réécrit deux fois toutes les questions posées par les personnages du conte, en discours indirect, mais en changeant le temps du verbe « demander ».

Recherche les questions correspondantes et écris-les dans le tableau suivant que tu complèteras.

	Interrogations indirectes : verbes « demander » au passé simple.	Interrogations indirectes : verbes « demander » au présent.	Interrogations directes (questions du texte).
CLASSEUR TABLEAU 37	1– Les trois filles demandèrent qui était là.	a– Elles demandent qui est là.	
	2– Elles demandèrent si elle ne l'avait pas vue.	b– Elles demandent si elle ne l'a pas vue.	

2 **Compare les deux séries de paroles, et note dans le tableau ci-dessous, ce qui a changé quand on passe de l'interrogation directe à l'interrogation indirecte.**

	temps du verbe	sujet du verbe	adverbe interrog.	place des mots
Interrogation directe.				
Interrogation indirecte : « demander » au présent.				
Interrogation indirecte : « demander » au passé simple.				

CLASSEUR TABLEAU 38

Tu peux maintenant répondre à la question du titre de la leçon.

78   Les écrits de dialogue

Je compare mes découvertes avec...

...la proposition page 178.

J'utilise mes découvertes.

1 a) Cherche, parmi les phrases interrogatives directes ci-dessous, celles qui te permettront de compléter le tableau.

Viens-tu ? Quand viens-tu ? Pourquoi ne viens-tu pas ? Est-ce que tu viens ?
Comment viens-tu ? Comment viendras-tu ? Tu viens ? Tu es venue avec qui ?
Tu viens avec qui ? Pourquoi n'es-tu pas venue ?

phrases interrogatives indirectes	phrases interrogatives directes
1– Pierre demanda à son amie comment elle viendrait.	
2– Pierre demanda à son amie si elle venait.	
3– Pierre demanda à son amie pourquoi elle ne venait pas.	
4– Pierre demanda à son amie pourquoi elle n'était pas venue.	
5– Pierre demanda à son amie avec qui elle était venue.	

CLASSEUR TABLEAU 39

b) Explique, pour la phrase 5, ce qui t'a permis de trouver la phrase interrogative directe.

c) Dans quel cas as-tu trouvé plusieurs réponses possibles ? Pourquoi ?

d) Transforme les phrases interrogatives directes que tu n'as pas utilisées dans le tableau en interrogatives indirectes.

2 Écris le dialogue entre le petit garçon et l'extraterrestre.

Il m'a demandé si je parlais français. Je ne sais pas pourquoi il m'a demandé ça.
[...] Il m'a posé toutes sortes de questions. Parfois, je ne savais pas quoi répondre.
Par exemple, quand il m'a demandé si les instituteurs sont meilleurs à la broche ou en pot-au-feu.
J'ai bien été obligé de lui dire que je n'en avais jamais mangé.

3 a) À partir de ces éléments, écris ce qui pourrait être un dialogue de théâtre (saynète), qui pourrait s'intituler *Dialogue de sourds*.

Deux personnages, un monsieur et une dame, dans une salle très bruyante. La dame se lève et demande à son compagnon s'il vient. L'homme lui demande ce qu'elle dit. Elle répète sa question. L'homme, toujours assis, lui demande pourquoi elle prend son manteau. Comme elle n'entend pas bien, la dame lui demande de répéter. Et l'homme redit sa question. Ce dernier lui demande alors où elle va.

b) Tu peux imaginer la suite du dialogue.

Les écrits de dialogue

Comment choisir les mots pour faire connaître un personnage ?

J'observe puis je lis.

Document 1

Document 2

Chaque matin, dans ce petit jardin on pouvait assister à une scène fort intéressante : le majordome de l'hôtel particulier descendait la chienne de sa patronne, avec beaucoup de cérémonie, et il s'adressait à cette chienne dans un langage extraordinaire, comme s'il s'agissait de la patronne elle-même.

Ensuite venait un tout petit garçon, d'à peine cinq ans avec son bon gros toutou à qui il parlait comme à un petit compagnon de jeu.

Il y avait aussi un chien errant qui énervait terriblement le gardien, vieux bougon, qui houspillait la pauvre bête sans douceur.

Je découvre.

1 À quoi reconnaît-on que les caractéristiques des trois personnages sont bien les mêmes dans le récit (doc. 2) et dans la BD (doc. 1) ?

2 Essaie de changer la place des bulles, en les attribuant à un autre personnage. Que se passe t-il ? Pourquoi le résultat est-il bizarre ?

3 Quelles conclusions peux-tu en tirer ?

Tu peux maintenant répondre à la question du titre de la leçon.

Les écrits de dialogue

Je compare mes découvertes avec…

…la proposition page 178.

J'utilise mes découvertes.

1 a) Lis cette conversation entre un commissaire de police et un preneur d'otages.

– Allô, qu'est-ce que vous demandez ?

– Je veux du fric, beaucoup ! Cinquante briques et une bagnole pour me tirer !

– Mais vous êtes fou ! Essayez d'être raisonnable ! Vous allez avoir tous les policiers à vos trousses !

– M'en fous ! C'est moi qui décide ! Et puis j'ai des armes, faudrait pas l'oublier !

– Calmez-vous, on va voir ce qu'on peut faire…

 b) Réécris cette conversation en précisant à chaque fois le nom du personnage qui parle. Dis ce qui t'a permis de choisir.

2 a) Lis ce dialogue de théâtre dans lequel deux personnages se disputent.

PERS. 1 : Espèce de malotru ! Tu m'as chouravé mon galure ! Rends-moi ça tout de suite !

PERS. 2 : Mais monsieur, permettez ! Je ne vous connais pas.

PERS. 1 : Comment ça, tu me connais pas ? Tu te fous de moi ?

PERS. 2 : Je ne comprends rien à vos propos, qui, du reste, me choquent beaucoup : je n'ai pas l'habitude d'entendre un tel langage.

PERS.1 : Mais si on se connaît ! Et puis, j'ai bien vu que tu lorgnais mon chapeau tout à l'heure !

PERS. 2 : Comment osez-vous formuler une telle accusation ? Ai-je l'allure d'un voleur ? Sachez, monsieur que votre couvre-chef ne m'intéresse nullement …

PERS.1 : T'as de la veine que j'aie horreur des poulets, parce que sans ça, j'allais chercher les flics…

PERS. 2 : Ce n'est pas la peine de vous déranger : j'en vois un justement qui s'approche.

PERS.1 : Bon ! J'ai pigé. Filons, ça vaudra mieux pour moi. Mon galure, je l'ai peut-être paumé, après tout !

 b) Transforme ce dialogue en un récit, dans lequel tu donneras, pour bien nous faire vivre cette scène, une description précise des deux personnages : leur allure, leur caractère, leurs gestes…

Les écrits de dialogue   81

Comment remplacer un GN complément du verbe par un pronom ?

J'observe puis je lis.

Document 1

phrases du conte *Le Loup et les trois filles*	phrases réécrites
1) **La maman** donna ses instructions aux trois filles .	**Elle** les leur donna .
2) **Les trois filles** ouvrirent la porte au loup .	**Elles** la lui ouvrirent .
3) **Le loup** lança la corde aux filles .	**Il** la leur lança .
4) Si **tu** veux manger les fruits , monte.	Si **tu** veux les manger , monte .
5) **Tu** vas chercher la corde et le grand panier .	**Tu** vas les chercher .
6) **Tu** lances la corde .	**Tu** la lances .
7) **Nous** tirerons le panier .	**Nous** le tirerons .
8) **Nous** mangeons des fruits .	**Nous** en mangeons .
9) **Tu** guériras dès que **tu** auras mangé un de ces fruits .	**Tu** guériras dès que **tu** en auras mangé un .

Document 2

MARIE-JEANNE : Vous aviez promis à votre nièce d'écrire une nouvelle histoire.

CHARLES PERRAULT : Je suis en train de lui en écrire une. Elle l'aura, son histoire. Je l'ai presque terminée.

Je découvre.

1 → Dans chacune des phrases du document 1, on a écrit le GN sujet en jaune et on a encadré le GV en rouge. Puis, on a transformé les GN compléments de verbe (des phrases de la colonne A) en pronom (phrases de la colonne B).

a) **Recopie les GV de la colonne B, et entoure en bleu le GN complément du verbe qui a été transformé.**

→ Attention ! Dans plusieurs phrases de la colonne A, il y a deux compléments de verbe : l'un avec préposition, l'autre sans préposition.

b) **Regarde et note (col. B) par quels pronoms ont été remplacés les GV compléments de verbe avec préposition et les GV compléments de verbe sans préposition.**

c) **Quelles remarques peux-tu faire entre le pronom et le déterminant du GN complément de verbe qu'il remplace ?**

2 **a)** **Quels sont les pronoms qui apparaissent dans le dialogue du document 2 ? Quels GN remplacent-t-ils ?**

b) **Quel pronom remplace un GN avec préposition ?**

c) **Relève un pronom personnel sujet.**

d) **Comment as-tu fait pour les identifier ?**

Tu peux maintenant répondre à la question du titre de la leçon.

82   Les écrits de dialogue

Je compare mes découvertes avec…

…la proposition page 178.

J'utilise mes découvertes.

1 **Recopie le texte ci-dessous en remplaçant chaque GN souligné par le pronom qui convient.**

La jolie princesse faisait de très beaux rêves. La princesse rêvait de rencontrer le Prince Charmant. Un beau jour la princesse vit un crapaud monstrueux, couvert de pustules. Le crapaud proposa un marché à la princesse. La princesse devait emmener le crapaud au palais et la princesse devait inviter le crapaud à sa table. En échange, le crapaud devait présenter à la princesse, tous les jeunes princes du royaume voisin. Ainsi, la princesse pourrait choisir un prince pour l'épouser…

2 **Que remplacent les pronoms soulignés dans le texte ci-dessous ?**

Un jour, raconta le lion, j'avais attrapé un rat. Je m'apprêtai à **le** manger lorsque je **l'**entendis me supplier de **lui** laisser la vie sauve. J'**y** consentis. À quelque temps de là, je fus à mon tour pris au piège dans un filet enserré par une corde. Le rat vint à passer, **me** vit prisonnier. Sans hésiter, il **la** rongea et m'**en** délivra. Je **le** remerciai de tout cœur et depuis ce jour, nous sommes les meilleurs amis du monde.

3 **Recopie les groupes de mots soulignés puis écris sous chaque mot en gras s'il s'agit d'un déterminant (D) ou d'un pronom (Pr).**

<u>**Le** renard</u> se dit : « Le loup a préparé <u>**la** soupe</u>. Il croit peut-être qu'il va <u>**la** manger</u> ! ».

<u>**L'**animal rusé</u> se préparait à <u>**la** **lui** voler</u>…

« Le rat et le chat sont <u>**les** meilleurs amis</u> du monde. Cela n'est pas normal !

Nous allons <u>**les** obliger</u> à se disputer ! »

4 **Recopie les phrases ci-dessous, en remplaçant le pronom complément par un groupe contenant un nom.**

En rentrant de l'école, Pierre et Marie <u>les</u> font tous les soirs.

J'<u>en</u> fais aussi.

C'est le directeur d'école qui <u>les</u> <u>leur</u> donne.

Pierre <u>en</u> jouera ce soir à la fête.

Je <u>l'</u>ai joué plusieurs fois.

Je <u>la</u> <u>lui</u> envoie.

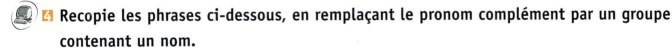

Les écrits de dialogue

Comment fonctionnent les mots-crochets des subordonnées de phrases déclaratives et interrogatives ?

J'observe puis je lis.

Document 1

CLASSEUR TABLEAU 40

phrases déclaratives	
discours direct	**discours indirect**
Leur mère annonce : « Je vais chez votre grand-mère. »	Leur mère annonce qu'elle va chez leur grand-mère.
– J'ai mal à la gorge, déclare le Loup.	Le Loup déclare qu'il a mal à la gorge.
– La lumière m'aveugle, répond le Loup.	Le Loup répond que la lumière l'aveugle.
– Mes jambes se fatiguent vite, répond le Loup.	Le Loup répond que ses jambes se fatiguent vite.
– Il fait froid. Votre grand-mère doit pouvoir entrer, dit le Loup.	Le Loup dit qu'il fait froid et que leur grand-mère doit pouvoir entrer.

Document 2

CLASSEUR TABLEAU 41

phrases interrogatives	
interrogations directes	**interrogations indirectes**
Qui est là ?	Les filles demandent qui est là.
Pourquoi est-ce que tu arrives si tard ?	Les filles demandent pourquoi leur grand-mère arrive si tard.
Est-ce que tu as faim ?	L'aînée demande si grand-mère a faim.
Avez-vous fait mon lit ?	Le Loup demande si on a fait son lit.
Où êtes-vous ?	Le Loup demande où sont les filles ?
C'est ta jambe qui est aussi poilue ?	La plus jeune demande si c'est sa jambe qui est aussi poilue.
Qu'est-ce qu'il se passe ?	Le Loup demande ce qu'il se passe.
Quel goût ont ces fruits ?	Le Loup demande quel goût ces fruits peuvent avoir.
Quand reviendras-tu ?	Les filles demandent quand leur mère reviendra.
Tu veux manger ?	Les filles demandent si leur grand-mère veut manger.

Je découvre.

1 **a)** **Lis les phrases déclaratives du document 1.**

b) **Observe comment ont été soulignées les phrases : phrase 1 en noir, phrase 2 en bleu et continue ce travail.**

c) **Dans le discours indirect, comment la phrase 2 s'accroche-t-elle à la phrase 1 ?**
→ On appelle ce mot-crochet : une conjonction de subordination.

2 **a)** **Lis les phrases interrogatives du document 2.**

b) **Observe les phrases soulignées dans les interrogations indirectes.**
→ On les appelle des subordonnées interrogatives.

c) **Souligne les subordonnées interrogatives dans toutes les autres phrases du tableau.**

d) **Comment ces phrases s'accrochent-elles au verbe « demander » ?**
Relève les différents mots-crochets. → On les appelle des adverbes interrogatifs.

3 **Complète le tableau que te donnera ta maîtresse ou ton maître.**

Tu peux maintenant répondre à la question du titre de la leçon.

Les écrits de dialogue

Je compare mes découvertes avec...

...la proposition page 179.

J'utilise mes découvertes.

1 **a)** Lis les phrases ci-dessous, extraites d'un dialogue de théâtre, d'après *Boubouroche* de Georges Courteline.

> *Boubouroche joue aux cartes avec ses amis.*
>
> Il demande ou déclare :
> 1) Qu'est-ce qu'il faut que je fasse ?
> 2) Tu n'as pas de couteau ?
> 3) Je dois le mettre où mon as ?
> 4) Que dois-je jouer ?
> 5) Est-ce que c'est mon tour ?
> 6) J'ai de la peine à me faire comprendre.
> 7) Tu es venu comment ?
> 8) Qui est-ce qui a joué cette dame ?
> 9) Ça nous coûte la partie.

b) Relève les numéros de phrases qui contiennent un adverbe interrogatif et recopie cet adverbe.

c) Transforme chacune de ces phrases en discours indirect. Entoure le mot-crochet utilisé et précise s'il s'agit d'un adverbe interrogatif ou d'une conjonction de subordination.

2 → Boubouroche parle avec ses amis.
Écris le plus possible de phrases sur le modèle : phrase 1 + mot-crochet + phrase 2.
Exemple : *Je demande si j'ai gagné.*

phrases 1	phrases 2
Je demande...	Dois-je jouer de l'atout ?
Je voudrais savoir...	Qui est-ce qui distribue les cartes ?
Je pense...	J'ai fait une erreur tactique.
Je crois...	Ce n'est pas possible.
Je me dis...	Tu le fais exprès ?
	J'ai gagné.
	Où est-ce que tu as trouvé ce dix de pique ?
	Est-ce que je dois des sous ?
	Je dois des sous.
	Je dois combien ?

3 À la manière de Raymond Queneau, joue avec ces mots-crochets pour continuer ce petit dialogue au discours indirect.

Un serpent de mer arrive à bon port
il rencontre des journalistes
Ils lui demandent d'où...
si... et pourquoi....

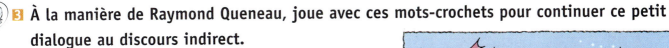

Les écrits de dialogue — 85

Comment transformer une phrase en un qualifiant dans un GN ?

J'observe puis je lis.

Document 1

colonne A	colonne B
phrases du conte « Le loup et les trois filles »	**phrases décomposées**
1) Vous préparerez seules <u>votre dîner que vous mangerez sans m'attendre</u>.	**A)** Vous préparerez seules votre dîner. Vous mangerez votre dîner sans m'attendre.
2) Laissez donc entrer <u>votre grand-mère qui est si fatiguée</u>.	**B)** Laissez donc entrer votre grand-mère. Votre grand-mère est si fatiguée.
3) <u>La ficelle que tu sens</u> a dû glisser de ma poche.	**C)** Tu sens une ficelle. La ficelle a dû glisser de ma poche.
4) Tu as dû t'appuyer sur <u>les aiguilles que j'utilise pour coudre</u>.	**D)** Tu as dû t'appuyer sur les aiguilles. J'utilise ces aiguilles pour coudre.
5) Laissez donc entrer <u>mes sœurs qui ont très froid dehors</u>.	**E)** Laissez donc entrer mes sœurs. Mes sœurs ont très froid dehors.

Document 2

1) Vous mangerez <u>vos tartines préparées d'avance</u>.

2) Vous mangerez <u>les tartines de beurre</u>.

3) C'est <u>ma ficelle habituelle</u> que tu as dû sentir.

4) C'est <u>la ficelle de chanvre</u> que tu as dû sentir.

5) Tu as dû t'appuyer sur <u>mes aiguilles à coudre</u>.

6) Laissez entrer <u>mes sœurs frigorifiées</u>.

Je découvre.

1 **a)** **Document 1 : dans chaque groupe souligné de la colonne A, cherche ce qui correspond à la phrase décomposée (en bleu) de la colonne B.**

b) **Dans la colonne A, quel groupe manque par rapport à la colonne B ? Pourquoi ? Par quoi l'a-t-on remplacé ?**

2 → Dans la colonne A, certaines phrases contiennent le mot « que » et d'autres le mot « qui ». Ces pronoms s'appellent des pronoms relatifs et la phrase transformée une proposition subordonnée relative.

En comparant ces phrases avec la phrase correspondante (col. B) où les groupes constituants sont encadrés, complète la règle qui permet de choisir entre « qui » et « que ».

- Quand on transforme une phrase en qualifiant, le pronom utilisé est « qui » lorsque...
- Quand on transforme une phrase en qualifiant, le pronom utilisé est « que » lorsque...

3 **a)** **Dans le document 2, observe comment sont formés les groupes soulignés dans chacune des phrases et classe-les dans le tableau ci-dessous.**

CLASSEUR TABLEAU 42

D + N + QUI...	D + N + QUE...	D + N + GN	D + N + ADJECTIF

b) **Classe dans ce tableau tous les groupes de mots soulignés de la col. A (doc. 1).**

Tu peux maintenant répondre à la question du titre de la leçon.

86 Les écrits de dialogue

Je compare mes découvertes avec…

…la proposition page 179.

J'utilise mes découvertes.

1 Réécris le texte ci-dessous en remplaçant les phrases en bleu par un qualifiant avec « qui » ou « que ».

Exemple : *J'ai appelé le terrassier qui marchait à cloche-pied.*

– Ma chère sœur, qu'as-tu fait ?
– J'ai appelé le terrassier. Le terrassier marchait à cloche-pied.
J'ai appelé le moissonneur. Le moissonneur jurait comme un voleur.
J'ai appelé le cordonnier. Il jetait tous ses souliers.
– Et alors, que s'est-il passé ?
– Je m'en suis allée.
J'ai vu des hannetons. Les hannetons tournaient en rond.
J'ai vu des limaces. Les limaces faisaient la grimace.
J'ai rencontré des gens. Je ne connaissais pas ces gens.

2 Écris tous les GN que tu pourras composer à l'aide des noms et des qualifiants ci-dessous.

- des champignons • un champignon
- des aiguilles • une aiguille

Exemples : *des champignons que j'ai cueillis*
une aiguille qui pique

> que j'ai cueillis • piquants • qui piquent • très odorants • qui sont délicatement parfumés • à coudre • que j'ai mises dans ma poche • qui est bien pointue • comestibles • que tu pourras manger • que j'ai cueilli • qui est délicatement parfumé • bon à manger • qui pique • que j'ai mise dans ma poche • que j'ai mis dans ma poche

3 a) Lis cette phrase dans laquelle l'auteur a joué avec des GN dont les qualifiants s'emboîtent.

La vache est un animal qui a environ quatre pattes qui descendent jusqu'à terre.

(J. Roubaud)

b) Regarde le schéma de ces emboîtements.

c) Compose d'autres phrases en te servant du modèle et du schéma ci-contre.

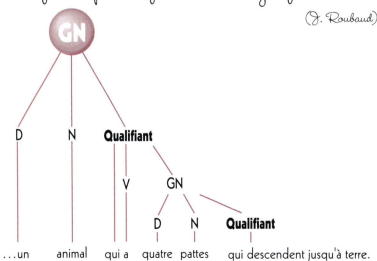

Les écrits de dialogue

Comment fonctionnent les pronoms relatifs ?

J'observe puis je lis.

Document 1

① Je vais accompagner <u>ma sœur</u> ; ② <u>ma sœur</u> veut aller se promener.

③ Je vais accompagner ma sœur qui veut aller se promener.

④ Je voudrais goûter le fruit ; ⑤ vous avez cueilli ce fruit.

⑥ Je voudrais goûter le fruit que vous avez cueilli.

Document 2

a) Le loup a rencontré une petite fille ; cette petite fille se promenait.

b) J'ai écrit le dernier mot de ce conte ; je dois offrir ce conte à ma nièce aujourd'hui.

c) La petite fille va rendre une visite à sa grand-mère ; sa grand-mère habite une petite chaumière à l'autre bout du village.

d) Écoute le vent ; le vent souffle à perdre haleine.

e) Écoute le vent ; la pluie frappe les vitres.

f) Mon petit frère a cassé le jouet en bois ; son grand-père avait fabriqué de ses mains ce jouet en bois.

g) Le château est magnifique ; j'ai visité le château.

h) Le château est magnifique ; le château domine la vallée du Ciron.

Je découvre.

1 **a)** **Dans le document 1, observe comment on a enchâssé la phrase ② dans la phrase ① et réponds aux questions suivantes :**

- Quel est le mot-crochet utilisé ?

- Dans ③, quel est le pronom utilisé pour remplacer « ma sœur » dans la phrase enchâssée ?

- Que peux-tu dire de cette sorte de pronom ? Pourquoi l'appelle-t-on pronom relatif ?

b) **Souligne le groupe commun aux phrases ④ et ⑤.**

Dans ⑥, observe la phrase enchâssée et réponds aux questions suivantes.

- Quel est le mot-crochet utilisé ?

- Quel est le pronom utilisé pour remplacer le groupe commun, dans la phrase enchâssée?

- Que remarques-tu ?

2 **a)** **Dans le document 2, transforme chaque couple-phrase en enchâssant la phrase 2 dans la phrase 1.** Exemple : *Le loup a rencontré une petite fille qui se promenait.*

b) **Pour quelle phrase cette transformation est impossible ? Pourquoi ?**

Tu peux maintenant répondre à la question du titre de la leçon.

Je compare mes découvertes avec…

…la proposition page 179.

J'utilise mes découvertes.

1 Recopie ces phrases en encadrant la phrase enchâssée puis en soulignant le groupe remplacé par le pronom relatif « qui » ou « que ».

J'ai rencontré des filles | qui se connaissent depuis l'année dernière. |

- J'ai horreur de dormir dans ces grandes tentes que l'on partage à plusieurs.
- À la colo, il y a beaucoup d'autres choses qui m'embêtent.
- Je suis obligée de faire des choses que je déteste.
- Je me sers de la petite lampe de poche que tu m'as offerte pour lire la nuit dans mon lit.
- Je ne supporte pas la fille qui ronfle dans le sac de couchage d'à côté.
- Toutes les nuits, on se bat contre un tas de bestioles qui nous piquent.

2 a) Recopie les phrases suivantes en précisant pour le mot « que », s'il est :
- pronom relatif,
- conjonction de subordination.

Les jeux **que** nous faisons le soir à la veillée sont complètement débiles.

Je souhaite **que** ce soit bientôt fini.

Les autres filles veulent **que** je fasse du théâtre avec elles.

Elles m'ont choisi un rôle **que** je n'aime pas du tout.

Elles disent toujours **que** j'ai mauvais caractère.

Le costume **que** je suis obligée de porter ressemble à une énorme glace à la fraise.

La pièce **que** nous interprétons est de Georges Courteline.

b) Si « que » est pronom relatif, souligne le mot qu'il remplace.

3 À partir de ces phrases (inspirées d'un poème de Robert Desnos) que tu enchâsseras à ta guise, écris un texte poétique.

Voici l'oiseau tête brûlée ; l'oiseau chante la nuit ; l'oiseau réveille l'enfant ; l'oiseau perd ses plumes dans l'encrier ; l'enfant entend l'oiseau ; c'est l'oiseau aux pattes de sept lieues ; l'oiseau casse les assiettes ; l'oiseau dévaste les chapeaux ; l'enfant voit l'oiseau ; l'oiseau est un oiseau mécanique ; l'oiseau mécanique a perdu sa clé…

Les écrits de dialogue

Quand une phrase est transformée en surbordonnée, que deviennent les temps de ses verbes ?

J'observe puis je lis.

Document 1

CLASSEUR TABLEAU 43

Le verbe de la proposition 1 est au présent.	Le verbe de la proposition 1 est au passé.
Le Loup demande si on a fait son lit.	Le Loup demanda si on avait fait son lit.
Le Loup demande où sont les filles.	Le Loup demanda où étaient les filles.
Les filles demandent quand leur mère reviendra.	Les filles demandèrent quand leur mère reviendrait.
Les filles demandent qui est là.	Les filles demandèrent qui était là.
L'aînée demande si sa grand-mère a faim.	L'aînée demanda si sa grand-mère avait faim.
Leur mère annonce qu'elle va chez leur grand-mère.	Leur mère annonça qu'elle allait chez leur grand-mère.
Le Loup déclare qu'il a mal à la gorge.	Le Loup déclara qu'il avait mal à la gorge.
Le Loup répond que la lumière l'aveugle.	Le Loup répondit que la lumière l'aveuglait.
L'aînée assure qu'elle a préparé son lit.	L'aînée assura qu'elle avait préparé le lit.

Je découvre.

1 → Dans le tableau (doc. 1), on a réécrit au discours indirect les paroles du conte chinois *Le loup et les trois filles*.

Puis, on a encadré la partie de la phrase (appelée proposition principale ou proposition enchâssante) qui reçoit la proposition subordonnée.

Et enfin, on a souligné en rouge le verbe de la phrase subordonnée.

Continue ce travail puis reporte dans le tableau ci-dessous les verbes des phrases subordonnées. Que remarques-tu ?

CLASSEUR TABLEAU 44

	verbes des subordonnées							
Le verbe de la proposition est au présent.	*a fait*	*sont*	*reviendra*					
Le verbe de la proposition est au passé.	*avait fait*	*étaient*						

2 **a)** **Lis les phrases ci-dessous.**

Le loup demanda si on avait fait son lit.

Les filles demandèrent quand leur mère reviendrait.

L'aînée demanda si sa grand-mère avait faim.

b) **À quels temps et à quels modes sont les verbes des phrases subordonnées ?**

Tu peux maintenant répondre à la question du titre de la leçon.

90   Les écrits de dialogue

Je compare mes découvertes avec…

…la proposition page 180.

J'utilise mes découvertes.

1 **Réécris ces phrases en choisissant la forme verbale qui convient.**

Boubouroche pensait qu'il (*faut/fallait*) jouer de l'atout.

Potasse demande combien il (*devra/devrait*) s'il perd.

Marie-Jeanne déclare qu'elle (*a terminé/avait terminé*) sa lecture.

Charles Perrault se disait que sa nièce (*est/était*) bien taquine.

Le Petit Chaperon rouge se demandait si grand-mère (*a eu/avait eu*) peur.

Le loup veut savoir pourquoi une si mignonne petite fille (*se promène/se promenait*) seule dans les bois.

Blanche-Neige se demandait quand est-ce que les sept nains (*reviendront/reviendraient*).

2 a) **Réécris ce texte en mettant les verbes soulignés au présent.**

Ce matin-là, le médecin <u>sonna</u> à la porte de sa cliente.

Le médecin <u>demanda</u> si c'était bien là qu'il y avait un petit malade. La dame lui <u>répondit</u> que c'était bien là. Elle lui <u>dit</u> qu'il pouvait entrer. Le médecin lui <u>demanda</u> de quoi souffrait son fils. Elle <u>voulait</u> savoir quelle était l'étrange maladie de son fils.

Elle ne <u>comprenait</u> pas pourquoi, depuis le matin, il tombait sans arrêt. Le médecin <u>demanda</u> quel âge il avait. Ensuite, il <u>demanda</u> comment cela lui avait pris. La dame lui <u>répondit</u> qu'elle ne comprenait rien.

D'après G. Courteline - *Le Petit Malade*

b) **Écris maintenant le dialogue entre les deux.**

LE MÉDECIN : Est-ce bien ici…

LA DAME : Mais oui, c'est bien ici…

Les écrits de dialogue

Comment fonctionnent les déterminants possessifs dans les dialogues ?

J'observe puis je lis.

Document 1

MARIE-JEANNE : Mon oncle, j'aime beaucoup *vos histoires* de loups ! Je peux en lire une à *mon amie* Suzanne ?

CHARLES PERRAULT : Pourtant, ma chère nièce, *mes histoires* de loups sont parfois bien effrayantes… Je n'arrive pas à trouver une fin convenable à ma dernière histoire. Je viens de lire une fable de *mon ami* Jean de La Fontaine. *Ses personnages* sont si pleins de vie, les miens me semblent bien peu intéressants.

MARIE-JEANNE, *interrompant sa lecture* : Ne dites pas cela, cher oncle, les vôtres sont aussi intéressants que les siens. Peut-être, pourriez-vous ajouter à votre dernière histoire un autre personnage, une petite fille par exemple…

CHARLES PERRAULT : *Ton idée* me plaît… ! La petite fille irait chez sa Mère-Grand… Ses parents lui auraient recommandé de ne pas s'attarder dans la forêt. Mais elle n'aurait pas écouté *leurs conseils*.

MARIE-JEANNE : C'est alors que *notre petite fille* rencontrerait le Loup, le Grand Méchant Loup !

CHARLES PERRAULT, *s'impatientant un peu* : Pour l'heure, n'aimerais-tu pas aller jouer avec *ton amie* ?

Je découvre.

1 → Dans ce dialogue, les GN qui ont un déterminant possessif sont écrits en italique. D'autres sont simplement soulignés : ce sont des GN pronominalisés.

a) **Écris le GN non pronominalisé correspondant, à chacun de ces GN soulignés.**
Exemple : *les miens* ⇨ *mes personnages*

b) **Écris les formes pronomalisées des GN en italique.** *vos histoires* ⇨ *les vôtres*

2 **Classe les GN soulignés et les GN en italique dans le tableau suivant, en fonction des deux sortes d'informations que donne le possessif :**

- le genre et le nombre du GN,   - la personne qui est en relation avec le GN.

CLASSEUR TABLEAU 45		déterminant masculin (sing. et plur.)	déterminant féminin (sing. et plur.)	pronom personnel (sing. et plur.)	pronom féminin (sing. et plur.)
	la personne qui parle			*les miens*	
	le groupe qui inclut la personne qui parle				
	la personne à qui on parle et que l'on tutoie				
	la personne à qui l'on parle et que l'on vouvoie		*vos histoires*		
	la personne dont on parle				
	les personnes dont on parle				

Tu peux maintenant répondre à la question du titre de la leçon.

Je compare mes découvertes avec...

...la proposition page 180.

J'utilise mes découvertes.

1 **Complète les groupes du nom avec le déterminant possessif qui convient.**

Le mari a chassé des perdrix qu'il a données à son épouse pour qu'elle les cuisine. La gourmandise a été la plus forte et elle a mangé les perdrix avant le retour du mari.

Le mari : Alors, ... femme ? .... perdrix sont-elles cuites ?
La femme : .... perdrix, ... cher mari ? C'est un grand malheur car .... chat les a mangées.
Le mari *(très en colère, menaçant de la frapper)* : Quoi ?
La femme : Mais non, mais non, je plaisantais.
Le mari : Allons, sortez .... plus belle nappe blanche, ... bon hanap à boire, ... assiettes de fête et apportez-les sur-le-champ.

D'après « Le dit des perdrix » Fabliau anonyme

2 **Recopie le texte ci-dessous en remplaçant « ses lunettes » par :**
- son lorgnon. • ses lorgnons. • sa loupe.

→ N'oublie pas de modifier le pronom possessif souligné.

> « Chacun voit avec **ses lunettes**, disait un serpent à sonnettes, moi, j'ai <u>les miennes</u> sur la tête... »

3 **Réécris ce texte en remplaçant « le chat » par :**
- la chatte. • les chats. • les chattes.

> **LE CHAT**
> Le mien ne mange pas de souris ; il n'aime pas ça. Et le tien, que mange-t-il ?

4 **À la manière de Raymond Queneau dans** *Le chien à la mandoline*, **complète ce poème à ta façon.**

Je me suis fait un petit trou
pour y cacher mes perles
mes lapsus, mes gourderies
mes maladresses, mes gaucheries

Je me suis fait un petit trou
pour y cacher ...

Tu t'es fait...

Ils se sont fait...

Les écrits de dialogue

Comment trouver le sens d'un mot ?

J'observe puis je lis.

Document 1

1. Barbe-Bleue ! D'entendre ce nom, j'ai le cœur qui **bat**.
2. Elle **bat** les cartes et retourne le roi de pique.
3. Les deux frères criaient : « **Battons**-nous ; nous verrons qui est le plus fort ! »
4. La pluie **battait** le toit de la pauvre chaumière.
5. Voyant que le pauvre petit oiseau **battait** de l'aile, la jeune princesse se pencha pour tenter de le sauver.
6. Les chasseurs ont **battu** la campagne toute la journée à la recherche de cette pauvre bête !
7. Hier j'ai **battu** Louise aux échecs.
8. Peau d'Âne **battit** les œufs, la farine et le beurre.
9. Vaincue, l'armée du roi des lutins a **battu** en retraite.
10. Dans ce royaume, le plus ancien des seigneurs avait coutume de **battre** monnaie dans la forge de son château ; on le disait alchimiste.
11. Inlassablement, le jeune prince **battait** le pavé sous les fenêtres de sa belle.

Je découvre.

1 **a)** Lis les phrases du document 1, qui contiennent toutes le verbe « battre ».

b) Ce verbe a-t-il le même sens dans toutes les phrases ? Justifie ta réponse.

2 **a)** Complète le tableau ci-dessous en observant comment est composé le groupe du verbe « battre ».

CLASSEUR TABLEAU 46

Le verbe « battre » est :	dans la phrase :
suivi d'un GN sous la forme D + N	n°
suivi d'un nom tout seul	n°
employé avec le pronom « se »	n°
suivi de la préposition « en »	n°
suivi de la préposition « de »	n°
n'a pas de complément	n°

b) Cherche par quel verbe du tableau ci-dessous on peut remplacer le verbe « battre » dans chacune des onze phrases du document 1.

Pour chaque proposition, indique le (ou les) numéro(s) des phrases correspondantes.

CLASSEUR TAB. 47

donner des coups	vaincre	heurter avec violence	explorer	reculer	fabriquer	aller et venir	mélanger, mêler	être agité d'un mouvement régulier
n°	n°	n°	n°	n°	n°	n°	n°	n°

c) Note toutes tes remarques en te servant des deux tableaux ci-dessus.

Tu peux maintenant répondre à la question du titre de la leçon.

94 Les écrits de dialogue

Je compare mes découvertes avec...

...la proposition page 180.

J'utilise mes découvertes.

1 a) Lis ces phrases contenant le mot « heure ».

À l'heure qu'il est, nos pauvres enfants doivent être morts de faim et de froid.
Le roi convoqua ses ministres sur l'heure.
La jolie princesse parla de bonne heure au grand ravissement de ses parents.
Le loup frappa à la porte à l'heure dite.
Le héron de la fable aimait lui aussi manger à ses heures.
Vous risquez de passer un vilain quart d'heure si vous continuez vos bêtises.
À la bonne heure, vous voici enfin !
Ne sois pas si impatiente, chaque chose vient à son heure.

SYNONYMES
- moment précis
- bravo
- très jeune
- très tôt
- mauvais moment
- aussitôt
- en ce moment

b) Pour chacune de ces phrases, fais d'abord des hypothèses de sens en utilisant les synonymes donnés puis vérifie en cherchant le mot « heure » dans un dictionnaire de langue et enfin, réécris chaque phrase avec le synonyme qui convient.

2 a) En te servant de ce tableau et d'un dictionnaire de langue, écris des phrases dans lesquelles tu emploieras le verbe « parler » avec le plus possible de sens différents.

Exemple : *Paul parle de son nouveau travail.*

Lorsque le verbe « parler » est :	il signifie :
suivi de « de »,	donner des informations.
suivi de « par »,	s'exprimer.
suivi de « à »,	communiquer.
employé seul,	avouer.
suivi d'un GN sans préposition,	s'exprimer dans une langue.
employé avec « tu »,	marquer le doute.

b) Écris des couples-phrases, avec un GN contenant l'adjectif « doux » et son contraire, selon l'exemple suivant.

- doux ≠ *dur* : Sa voix n'était pas dure, elle était au contraire très douce.
- doux ≠ *acide*
- doux ≠ *amer*
- doux ≠ *violent*
- doux ≠ *sévère*

Trouve d'autres emplois de « doux » en cherchant dans ton dictionnaire.

Les écrits de dialogue

Est-ce qu'on peut remplacer n'importe quel mot par un synonyme ?

J'observe puis je lis.

Document 1

*Gustave (appelé Trognon)
et sa compagne Bobéchotte
parlent de leur sortie au restaurant.*

BOBÉCHOTTE : J'ai bien aimé la côte de cochon avec la sauce aux champignons.

GUSTAVE : On ne dit pas «côte de cochon» mais «côte de porc» ! Je ne suis pas d'accord avec toi, la viande était trop dure !

BOBÉCHOTTE : Allez, mon Trognon, ne fais pas ta tête de porc, ce n'est pas gai !

GUSTAVE : On ne dit pas «tête de porc» mais «tête de cochon», Bobéchotte, et je ne fais pas ma tête de cochon, je dis les choses.

d'après G. Courteline - Le gora

Document 2

1) • Vous aurez sûrement une <u>bonne</u> note.
   • Ce gâteau au chocolat est <u>délicieux</u>.

2) • L'aînée des filles était aussi belle que <u>bonne</u>.
   • Tom était le plus <u>généreux</u> des sept frères.

3) • Ce matin, il m'est arrivé une drôle d'<u>histoire</u>.
   • Cet <u>évènement</u> a fait la « une » du journal.

4) • Ne me raconte pas d'<u>histoires</u>, j'ai du mal à te croire !
   • J'ai beaucoup aimé le <u>récit</u> des aventures de Buffalo Bill.

5) • Allez, approche-toi, je ne vais pas te <u>manger</u>.
   • Je vais <u>grignoter</u> une biscotte au fromage.

6) • Le magicien sort toutes sortes de foulards de son <u>chapeau</u>.
   • Boubouroche se promène toujours un <u>béret</u> sur la tête.

Je découvre.

1 **a)** Dans le doc. 1, quels mots Bobéchotte emploie-t-elle, l'un à la place de l'autre ?

b) Quel est l'effet produit par cet échange ?

2 **a)** Réécris chaque paire de phrases du doc. 2, en remplaçant les mots soulignés l'un par l'autre.

b) Pour quelle(s) paire(s) de phrases l'échange pose-t-il un problème ?
Coche les bonnes cases dans le tableau ci-dessous en t'aidant des remarques précédentes.

CLASSEUR TABLEAU 48	On peut changer le mot par un synonyme.	On ne peut pas changer le mot par un synonyme.
Le mot est employé dans une expression qui a un seul sens très précis.		
Le mot a un certain sens selon le contexte et la situation.		
Le mot est employé sans intention particulière.		

Tu peux maintenant répondre à la question du titre de la leçon.

Les écrits de dialogue

Je compare mes découvertes avec...

...la proposition page 180.

J'utilise mes découvertes.

1 **Choisis le synonyme qui te paraît convenir le mieux à chaque situation.**

parler, bavarder, jacasser, babiller, caqueter

Auguste pense que Bobéchotte .... beaucoup.

Marie-Jeanne .... sans cesse. Il ne faut pas .... pour ne rien dire.

pauvre, misérable, insuffisant, médiocre

Cette émission de télé est très .... ; je ne la regarde plus. Les bûcherons des contes de Charles Perrault sont bien .... pour être ainsi obligés d'abandonner leurs enfants.

voir, regarder, observer, dévisager

C'est toujours intéressant de (d') .... un insecte à la loupe.

Bobéchotte, arrête de (d') .... tous les gens que l'on croise. C'est gênant !

réunion, meeting, regroupement, rencontre

Ce soir, maman va à (au) .... des parents d'élèves.

Tous les élèves de l'école doivent assister à la (au) .... sportive au stade Jean-Pierre-Rives.

2 **Complète ce texte en ajoutant des synonymes de « manger » que tu trouveras dans ton dictionnaire de langue.**

« Ogre, pourquoi es-tu si méchant ? demanda le Petit Poucet.

– Parce que je suis un ogre ! Je suis méchant, c'est comme ça ! Je vais te manger, te dévorer…»

3 **a)** **Lis ce poème dans lequel Georges PEREC joue avec les synonymes.**

Espèces d'espaces

Déménager
Quitter un appartement. Vider les lieux.
Décamper. Faire place nette. Débarrasser le plancher.
Inventorier ranger classer trier
Éliminer jeter fourguer
Casser
Brûler
Descendre desceller déclouer décoller dévisser décrocher
Débrancher détacher couper tirer démonter plier couper
Rouler
Empaqueter emballer sangler nouer empiler rassembler
entasser ficeler envelopper protéger recouvrir entourer serrer
Enlever porter soulever
Balayer
Fermer
Partir

b) **À ton tour, écris un poème à partir du scénario suivant que tu complèteras avec des listes de synonymes des mots soulignés.**

Aller dans un jardin,
dans un…
Marcher
…
Regarder
…
Avoir peur
…
Partir.

Les écrits de dialogue

Comment s'écrivent les formes des verbes être, avoir, aller et chanter aux temps de l'indicatif ?

J'observe puis je lis.

Document 1

ÊTRE							
	FORMES DU DIALOGUE					**FORMES DU RÉCIT**	
Temps du verbe	**JE, J'**	**TU**	**NOUS**	**ON**	**VOUS**	**GN sing. IL, ELLE, ON, ÇA**	**GN pluriel ILS, ELLES**
présent	suis	es	sommes	est	êtes	est	sont
passé composé	ai été	as été	avons été	a été	avez été	a été	ont été
imparfait	étais	étais	étions	était	étiez	était	étaient
plus-que-parfait	avais été	avais été	avions été	avait été	aviez été	avait été	avaient été
passé simple	fus	fus	fûmes	fut	fûtes	fut	furent
futur simple	serai	seras	serons	sera	serez	sera	seront
futur antérieur	aurai été	auras été	aurons été	aura été	aurez été	aura été	auront été

Document 2

AVOIR							
	FORMES DU DIALOGUE					**FORMES DU RÉCIT**	
Temps du verbe	**JE, J'**	**TU**	**NOUS**	**ON**	**VOUS**	**GN sing. IL, ELLE, ON, ÇA**	**GN pluriel ILS, ELLES**
présent	ai	as	avons	a	avez	a	ont
passé composé	ai eu	as eu	avons eu	a eu	avez eu	a eu	ont eu
imparfait	avais	avais	avions	avait	aviez	avait	avaient
plus-que-parfait	avais eu	avais eu	avions eu	avait eu	aviez eu	avait eu	avaient eu
passé simple	eus	eus	eûmes	eut	eûtes	eut	eurent
futur simple	aurai	auras	aurons	aura	aurez	aura	auront
futur antérieur	aurai eu	auras eu	aurons eu	aura eu	aurez eu	aura eu	auront eu

Je découvre.

1 Écris le nom des temps pour lesquels le verbe est en deux morceaux.

2 Pour chacun de ces quatre verbes, cherche combien de radicaux écrits (RE), ces verbes comportent à l'indicatif, et écris, dans le tableau ci-contre, une forme verbale de chaque RE.

J'observe puis je lis.

Document 3

ALLER							
FORMES DU DIALOGUE						**FORMES DU RÉCIT**	
Temps du verbe	**JE, J'**	**TU**	**NOUS**	**ON**	**VOUS**	**GN sing. IL, ELLE, ON, ÇA**	**GN pluriel ILS, ELLES**
présent	vais	vas	allons	va	allez	va	vont
passé composé	suis allé(e)	es allé(e)	sommes allé(e)s	est allé(e)(s)	êtes allé(e)(s)	est allé(e)(s)	sont allé(e)s
imparfait	allais	allais	allions	allait	alliez	allait	allaient
plus-que-parfait	étais allé(e)	étais allé(e)	étions allé(e)s	était allé(e)(s)	étiez allé(e)(s)	était allé(e)(s)	étaient allé(e)s
passé simple	allai	allas	allâmes	alla	allâtes	alla	allèrent
futur simple	irai	iras	irons	ira	irez	ira	iront
futur antérieur	serai allé(e)	seras allé(e)	serons allé(e)s	sera allé(e)(s)	serez allé(e)(s)	sera allé(e)(s)	seront allé(e)s

Document 4

CHANTER							
FORMES DU DIALOGUE						**FORMES DU RÉCIT**	
Temps du verbe	**JE, J'**	**TU**	**NOUS**	**ON**	**VOUS**	**GN sing. IL, ELLE, ON, ÇA**	**GN pluriel ILS, ELLES**
présent	chante	chantes	chantons	chante	chantez	chante	chantent
passé composé	ai chanté	as chanté	avons chanté	a chanté	avez chanté	a chanté	ont chanté
imparfait	chantais	chantais	chantions	chantait	chantiez	chantait	chantaient
plus-que-parfait	avais chanté	avais chanté	avions chanté	avait chanté	aviez chanté	avait chanté	avaient chanté
passé simple	chantai	chantas	chantâmes	chanta	chantâtes	chanta	chantèrent
futur simple	chanterai	chanteras	chanterons	chantera	chanterez	chantera	chanteront
futur antérieur	aurai chanté	auras chanté	aurons chanté	aura chanté	aurez chanté	aura chanté	auront chanté

CLASSEUR TABLEAU 49

VERBES	être	avoir	aller	chanter
Radicaux écrits				

Tu peux maintenant répondre à la question du titre de la leçon.

Je sais me servir de ce que j'ai appris en orthographe.

1 **Voici un extrait d'un texte sur lequel tu as travaillé dans ce module.**

On va te dicter ce texte et tu devras écrire toi-même, la finale des mots, ou les mots qui sont ici remplacés par un petit carré.

Une femme avait trois filles. Un après-midi, elle leur dit :

— Je vais all☐ chez votre grand-mère. Comme elle habite loin, je rentrer☐ tard ce soir. Vous préparer☐ seules votre dîner et vous mangerez sans m'attendre. Surtout, n'ouvrez la porte à personne.

La mère embrassa ses filles et part☐.

Dès que la nuit f☐ tombée, le Loup, déguisé en vieille femme, frappa à la porte.

— Qui ☐ là ? demandèr☐ les trois filles.

— Votre grand-mère ! répondit le Loup.

— Mais maman est justement allée chez toi ! Tu ne l'☐ pas vue ?

— Non ! Elle ☐ dû prendre un chemin différent et je ne l'☐ pas rencontrée.

— Pourquoi arriv☐-tu si tard, grand-mère ?

— Je suis vieille ☐ mes jambes se fatiguent vite. Le chemin ét☐ long et j'ai dû m'arrêt☐ plusieurs fois pour me reposer. Voilà pourquoi je n'☐ pu arriver avant la nuit.

Ouvr☐-moi !

Les trois filles trouv☐ que leur grand-mère avait une voix étrange.

— Grand-mère, lança l'aînée, pourquoi est-ce que ta voix est si différente ?

— J'ai mal à la gorge, déclara le Loup. Mais il fait froid, laissez donc entrer votre grand-mère qui ☐ si fatiguée.

L'aînée des filles refusa, car elle avait un doute. Mais ses jeunes sœurs étaient crédules et elles ouvrirent. Le Loup entra et souffla la lampe.

— Pourquoi éteins-tu, grand-mère ? s'étonnèrent les trois filles.

— J'ai mal aux yeux ☐ la lumière m'aveugle, répondit le Loup.

— Assieds-toi, proposa l'aînée.

— Non ! dit le Loup. Il est tard et je préfère aller me coucher.

— Tu ne v☐ pas manger ?

— Non ! Je suis trop fatiguée.

Je sais lire et produire des écrits de dialogue.

Quartier libre

J'ai mis mon képi dans la cage
et je suis sorti avec l'oiseau sur la tête
Alors
on ne salue plus
a demandé le commandant
Non
on ne salue plus
a répondu l'oiseau
Ah bon
excusez-moi je croyais qu'on saluait
a dit le commandant
Vous êtes tout excusé tout le monde
peut se tromper a dit l'oiseau

Jacques Prévert

1 → Dans ce poème, Jacques Prévert n'a mis aucun signe de ponctuation.

Pour t'aider dans ta lecture, réalise les activités ci-dessous.

- Recherche les personnages qui parlent.
  - Choisis une couleur pour chacun de ces personnages et sur une copie du poème, surligne les paroles qu'il prononce.

- Cherche les verbes qui annoncent les paroles des personnages.
  Quelles indications te donnent-ils ?

- Recherche les signes de ponctuation qui pourraient t'aider dans ta lecture.

2 **Transforme ce poème en saynète et pour cela, réalise les activités et réponds aux questions ci-dessous.**

- Recherche la partie du poème qui correspond aux informations de début de scène.
  - Réécris-la en tenant compte des conseils donnés à la page 74 à propos des didascalies.

- Dans la suite du poème, que vas-tu garder ?
- Comment va-t-on savoir qui parle ?
  - Comment va-t-on faire pour connaître les tours de paroles ?

- Ajouter une petite information, à la fin de la saynète, pour dire ce que font les personnages.

Les écrits de dialogue

Les écrits de presse

Je vais apprendre à répondre aux questions suivantes.

A **En grammaire des textes :**

Comment se présentent les écrits dans un journal ? . . . . page **103**

Qu'est-ce qu'un article de journal ? . . . . page **106**

À quoi servent les titres des articles de journaux ? . . . . page **108**

Comment sont faits les titres des articles de journaux ? . . . . page **110**

Comment sont organisées les informations dans un article de presse ? . . . . page **112**

À quoi servent les temps composés du passé ? . . . . page **114**

B **En grammaire des phrases :**

Une phrase à la forme passive, qu'est-ce que ça veut dire ? . . . . page **116**

Comment fonctionnent les phrases qui contiennent
une proposition subordonnée commençant par « si » ? . . . . page **118**

Comment un adjectif peut-il être relié au nom qu'il qualifie ? . . . . page **122**

C **En vocabulaire :**

Comment trouver le sens d'un mot ? . . . . page **124**

D **En orthographe :**

Comment savoir écrire les mots qui ont la même prononciation
mais pas le même sens ? . . . . page **120**

Comment s'écrivent les participes passés des verbes employés
avec l'auxiliaire « avoir » et « être » ? . . . . page **126**

Comment s'écrivent les formes des verbes dans les phrases passives ? . . . . page **128**

Comment s'écrivent les verbes au passé composé
et au plus-que-parfait ? . . . . page **130**

Et je vérifierai si je sais...

...me servir de ce que j'ai appris en orthographe. page **132**

...lire et produire des écrits de presse. . . . . page **133**

Comment se présentent les écrits dans un journal ?

J'observe puis je lis.

Document 1

1. titre du journal
2. date de parution
3. photo principale de la « UNE »
4. titre de l'article principal
5. résumé de l'article principal
6. surtitre
7. titre
8. résumé des articles
9. numéro de la page où se trouve l'article

Document 2

Les écrits de presse

Document 3

Je découvre.

1 a) Lis le document 1. → C'est la première page, la « Une », d'un journal pour enfants dont on a numéroté les différentes parties.

b) Dessine la maquette du document 2.
Numérote chaque partie en utilisant les informations données par le document 1.

2 a) Observe la première page du journal *Mon quotidien*.
Que vois-tu en premier ? Pourquoi ?

b) Combien d'articles différents sont présentés sur cette première page ?

c) Quels sont ceux que tu vas retrouver à l'intérieur du journal ?

3 a) Lis la page intérieure du journal (doc. 3). Quel(s) article(s) de la « Une » retrouves-tu ?

b) L'article *Les requins sont en danger* était-il annoncé sur la première page ?

4 Qu'est-ce qui te permet de repérer l'article principal dans une page de journal ?

Tu peux maintenant répondre à la question du titre de la leçon.

Les écrits de presse

Je compare mes découvertes avec...

...la proposition page 181.

J'utilise mes découvertes.

1 a) Observe la « Une » des journaux ci-dessous, puis recopie le titre de chaque journal.

b) Parmi les informations présentées à la « Une », quelles sont celles qui ont été choisies comme les plus importantes par la rédaction de chaque journal ?
Recopie les titres des articles qui annoncent ces informations.

2 Recherche et entoure, dans les journaux présents dans la classe, les différents éléments que tu reconnais dans leur « Une ».

3 a) Lis les articles ci-dessous présentés dans *Mon Quotidien* en mars 2001.

> ☛ **ARTICLE PRINCIPAL**
>
> Il ne reste plus que mille pandas en liberté. À cause de la réduction de la taille des forêts en Chine, les pandas sont menacés de disparition. Et ils ne se reproduisent pas bien en captivité.
>
> ☛ **AUTRES ARTICLES**
> - Neige dans l'Ardèche, des élèves ont dû passer la nuit au collège car de fortes chutes de neige ont bloqué les routes.
> - *Cannibales* : En Angleterre, il y a 2000 ans, selon des savants, des tribus mangeaient des hommes.
> - 39 % des parents parlent parfois de politique avec leurs enfants.

b) Dessine la maquette de la « Une » de ce numéro de *Mon Quotidien*.

c) Place les titres, les sous-titres et les résumés des articles en utilisant la présentation du document 2, page 103.

Les écrits de presse — 105

Qu'est-ce qu'un article de journal ?

J'observe puis je lis.

Document 1

Un volcan est entré en éruption

Aux Philippines (Asie), le volcan Mayon est entré en éruption dimanche. Plus de 11 000 personnes qui habitaient près du volcan ont pris la fuite. Elles ont eu peur des coulées de lave et de pierres brûlantes. Le volcan a projeté des cendres et des pierres jusqu'à 15 kilomètres au-dessus de lui.

Le Petit Quotidien - Mercredi 27 juin 2001

Document 2

Un volcan pourrait entrer en éruption au Japon

Le volcan le plus célèbre du Japon, le Mont Fuji, inquiète les japonais. 300 ans après sa dernière éruption, des secousses sont enregistrées depuis plusieurs mois. Elles ont lieu de 10 à 20 km sous la montagne. Cela signifie que la lave (le magma) bouge à l'intérieur. Si ce volcan entrait en éruption, cela pourrait être grave. Car la ville de Tokyo est à moins de 100 kilomètres.

Sud-Ouest - Oct. 2002

Document 3

En Amérique centrale, un volcan est en éruption

Le Popocatepetl, au Mexique, est entré en éruption lundi. Des dizaines de milliers de personnes qui vivaient près du volcan ont dû quitter leurs maisons.

Le Petit Quotidien - Mercredi 22 décembre 2001

Document 4

volcan n.m. Montagne qui émet ou a émis des matières en fusion. (Géog. – Géol.) Orifice de l'écorce terrestre qui met en communication les régions internes (magma) et la surface, et donne généralement naissance à un édifice naturel (cône, montagne).

Je découvre.

1 a) Lis les documents ci-dessus puis complète le tableau.

CLASSEUR TABLEAU 52

	De quoi parle-t-on ?	De qui parle-t-on ?	Quand cela se passe-t-il ?	Où cela se passe-t-il ?	Comment cela se passe-t-il ?
document 1					
document 2					
document 3					
document 4					

b) À partir des réponses du tableau, cherche quelles sont les différences entre un récit de documentation et un article de presse ?

2 Observe la photographie du document 2.
- Que vois-tu ?
- Quelles informations apporte cette image ?

3 Lis les titres des articles.
- Quelles informations apportent-ils ?
- À quelles questions répondent-ils ?

Tu peux maintenant répondre à la question du titre de la leçon.

Les écrits de presse

Je compare mes découvertes avec...

...la proposition page 181.

J'utilise mes découvertes.

1 a) Observe la photographie et le titre de l'article ci-dessous.

Qu'apprends-tu ? (→ À quelles questions répondent-ils ?)

Le navire Erika était rouillé et en mauvais état

En décembre 1999, le pétrolier Erika coulait. Il provoquait une marée noire sur les bords de mer en France. Un an plus tard, les personnes qui ont enquêté sur ce bateau viennent d'expliquer pourquoi il a coulé. L'Erika était rouillé et mal entretenu. Il était en trop mauvais état pour naviguer.

Le Journal des Enfants - 22 déc. 2000

b) Qu'apprends-tu de nouveau en lisant le texte de l'article.

c) Le pétrolier a coulé en décembre 1999. Pourquoi en parle-t-on dans le journal du 22 décembre 2002 ?

2 a) Parmi les écrits ci-dessous, retrouve les articles de journaux.

b) Quel écrit n'est pas un article ? Justifie ta réponse en écrivant deux ou trois phrases qui montrent que ce n'est pas un article.

Le Pérou, un pays d'Amérique du Sud, a été touché samedi par un terrible tremblement de terre. Il a tué au moins 47 personnes et blessé 550 autres. De nombreuses maisons ont été détruites. Le Pérou est un pays régulièrement frappé par des tremblements de terre.

DINOSAURE
Réunion sur les reptiles ailés à Toulouse
Des spécialistes de Ptérosaures, des « cousins » volants des dinos qui vivaient il y a 200 millions d'années, sont réunis à Toulouse (Haute-Garonne) jusqu'à demain, pour discuter de leurs recherches sur ces animaux.

---

raz de marée nom m. Vague immense et toujours isolée, pouvant atteindre 30 m de hauteur. Elle est provoquée par un tremblement de terre ou une éruption volcanique sous-marine. Lorsqu'un raz de marée atteint une côte, il détruit tout sur son passage.

Dimanche, en Indonésie (Asie), le volcan Merapi menaçait d'exploser. Des centaines de personnes vivant à proximité ont été évacuées.

---

3 Choisis un évènement qui s'est produit dans ton école ou dans ton quartier.

Écris un article, destiné au journal de l'école, qui informera les élèves des autres classes.

4 a) Relis l'article de la page *Un volcan pourrait entrer en éruption au Japon*, **page 106**.

b) Réécris cet article en modifiant des informations pour qu'il présente un évènement imaginaire.

Les écrits de presse — 107

À quoi servent les titres des articles de journaux ?

J'observe puis je lis.

Document 1

Le navire *Erika* était en mauvais état

En décembre 1999, le pétrolier Erilka coulait. Il provoquait une marée noire sur les bords de mer en France. Un an plus tard, les personnes qui ont enquêté sur ce bateau viennent d'expliquer pourquoi il a coulé. L'Erika était rouillé et mal entretenu. Il était en trop mauvais état pour naviguer.

le Journal des Enfants - 22 déc. 2000

Loup, où es-tu…?

«Promenons-nous dans les bois pendant que le loup n'y est pas…» peuvent chanter les habitants du plateau du Larzac (dans l'Aveyron). Depuis plusieurs semaines, un loup se promène dans la région, croquant quelques moutons au passage pour ses repas.
Cela fâche beaucoup les éleveurs de moutons de la région. Des gendarmes, des militaires et des habitants du Larzac ont organisé une chasse au loup. Mais pour l'instant, il court toujours…

le Journal des Enfants

BARBASTRE

Drôle de visiteur

La sirène a retenti à Barbastre, hier aux environs de 11 heures, pour alerter les pompiers qui ont dû procéder à la chasse au serpent. Un de ces splendides reptiles s'était en effet introduit dans la maison neuve de Mme C. G., rue Giono, et occupée actuellement par ses enfants. Après de longs moments de recherches infructueuses, les pompiers se sont résignés à abandonner la chasse et… le serpent vit toujours !

Sud-Ouest - 22 août 2001

Document 2

Titres d'articles de journaux

- Un français va voler avec des oies sauvages
- Özi, la momie de 53 000 ans décongelée
- Le navire Erika était rouillé et en mauvais état
- Hamburger = cerveau ramollo ?
- Peur bleue en mer rouge

- Un grand lac caché sous le pôle sud !
- La Pologne sous les eaux
- Lire, écrire et conter
- Un pont géant sur le Tarn
- Guyane : des animaux sauvés de la noyade
- Chinoise dans un an

- Bleus, gris et tristes
- Sida : le profit contre la santé
- La banane antillaise veut sauver sa peau
- Par ici la musique !
- L'éruption d'un volcan
- Mots tus… maux dits

Je découvre.

1 **a)** Observe le document 1.

  b) Que vois-tu en premier pour chacun des articles ? Pourquoi ?

2 **a)** Observe le document 2 et classe les titres en deux colonnes :
   - ceux où tu comprends de quel évènement on va parler,
   - ceux où tu n'es pas sûr de comprendre.

  b) Pourquoi a-t-on du mal à comprendre certains titres ?

  c) Quels titres t'amusent ou te surprennent ? Explique pourquoi.

3 Recherche puis recopie les titres qui contiennent un verbe conjugué (GNS + GV). Que remarques-tu ?

4 *Hamburger = cerveau ramollo ?*
   À quoi sert le point d'interrogation à la fin de ce titre ?

Tu peux maintenant répondre à la question du titre de la leçon.

108   Les écrits de presse

Je compare mes découvertes avec...

...la proposition page 181.

J'utilise mes découvertes.

1 **a)** **Lis le titre de cet article. Quel évènement est annoncé ?**

b) **Par quel signe se termine ce titre ? Que comprends-tu ?**

Un robot britannique sur Mars ?

Beagle 2.
C'est le nom du robot britannique qui doit être envoyé sur la planète Mars en juin 2003.

Des scientifiques anglais l'ont annoncé jeudi. Ce robot devra rechercher des traces de vie sur la planète.
Il fouillera et inspectera le sol avec des caméras et des appareils téléguidés. Auparavant,

Beagle 2 devra réussir son atterrissage sur la planète rouge. Il sera lancé depuis un engin en orbite autour de Mars. Son bouclier et son parachute tenteront de ralentir sa chute.

D'après The Times

---

c) **Lis maintenant le texte. Explique pourquoi le titre est sous forme de question.**

2 **a)** **Lis tous les titres d'articles de journaux ci-dessous.**

- L'ancêtre de l'éléphant était vraiment « minus »
- Le plus vieil ancêtre de l'homme jamais trouvé ?
- Les bons et mauvais bruits
- La guitare éclectique s'éclate

- On a retrouvé la trace du plus grand reptile volant
- Des dessins animés à la télé pour apprendre l'euro
- Le tabac et ses conséquences
- Une briseuse d'énergie

b) **Recopie les deux titres qui ont été choisis pour amuser. Qu'est-ce qui les rend amusants ?**

c) **Recherche puis recopie le titre mystérieux.**

3 **a)** **Recherche des articles dans les journaux de la classe.**

b) **À partir de leurs titres, dis quels évènements ils présentent.**
→ Vérifie en lisant le contenu de l'article.

4 **a)** **Propose un titre pour chacun des articles ci-dessous.**

Une équipe de chercheurs français a découvert, au nord du Kenya (Afrique de l'Est), les plus vieux outils humains. Le site date de 2,34 millions d'années. Les outils en pierre devaient être utilisés à la découpe de la viande. On a en effet retrouvé des ossements d'animaux sur place.

La Montagne - Mai 1999

En Somalie, 800 000 personnes ont dû abandonner leurs villages, victimes de graves inondations. Car des pluies anormales font déborder les fleuves du pays. Des routes sont coupées, la plupart du bétail est mort noyé. Les habitants manquent de nourriture et sont menacés par des maladies. Une aide internationale se met en place. Mais il est très difficile d'accéder aux endroits inondés.

Ouest-France - Déc 1999

« Vingt-mille barils sous les mers » c'était le thème des discussions scientifiques réunis ce week-end à Brest (Finistère). Pour faire le bilan de la pollution dans l'océan Atlantique, près des côtes françaises. Selon eux, en plus de celle de l'Erika, des milliers d'épaves polluent l'océan. En libérant petit à petit les produits toxiques contenus dans leurs cuves. Ces produits remontent ensuite à la surface et menacent les poissons.

Mon Petit Quotidien - Octobre 2000

---

b) **Compare avec les titres proposés par tes camarades.**

Les écrits de presse

Comment sont faits les titres des articles de journaux ?

J'observe puis je lis.

Document 1

Une tour ancienne risque de s'écrouler

Une tour du Xᵉ (10ᵉ) siècle risque de s'écrouler à Montbazon (Indre et Loire), car il a beaucoup plu ces derniers mois. Une quarantaine d'habitants ont dû quitter leur maison.

Mon Petit Quotidien

Naissance rare d'un ourson dans les Pyrénées

L'hiver dernier, un ourson est né dans le Béarn, dans l'Est du département des Pyrénées-Atlantiques. On vient seulement de le savoir. C'est la première fois, en deux ans, qu'un ours est né en liberté dans les montagnes des Pyrénées.

Mon Petit Quotidien

Blocage contre l'essence chère

Des conducteurs de camion, des chauffeurs de taxi, des agriculteurs et des ambulanciers ont bloqué, lundi, l'accès à une cinquantaine de raffineries et de dépôts de carburant, partout en France, pour protester contre la hausse du prix de l'essence car ces personnes en utilisent beaucoup dans leurs métiers. Pour éviter d'en manquer, de nombreux français ont donc fait la queue dans les stations-service, dès dimanche.

Mon Petit Quotidien

Document 2

1- Famine en Asie après le passage du cyclone

2- Découverte du secret des biscuits

3- Des pandas en liberté : mille et c'est tout !

4- Recherche d'une lionne

5- Pollution d'un des grands lacs africains

6- L'hiver en octobre

Je découvre.

1 **a)** **Lis les articles de journaux du document 1.**

b) **Classe ces titres dans le tableau suivant.**

CLASSEUR TABLEAU 53	Titres composés d'une phrase (GN + GV).	Titres composés d'un GN suivi d'un qualifiant (GN ou adjectif).
		→ *Ces titres sont obtenus par une transformation nominale du verbe.*

c) **Recopie ces titres et recherche, dans le contenu des articles, la phrase qui correspond au titre.**

Quelles sont les différences entre la formulation du titre et celle de l'article ? À quoi sont dues ces différences ?

2 **a)** **Lis les titres d'articles contenus dans le document 2.**

→ Ils présentent tous une transformation nominale.

b) **Transforme ces titres en une phrase.**

c) **Pour chaque phrase, dis quel mot a été transformé, et comment.**

Tu peux maintenant répondre à la question du titre de la leçon.

Je compare mes découvertes avec…

…la proposition page 182.

J'utilise mes découvertes.

1 a) Lis les articles de journaux ci-dessous.

Cet été, Thalassa, le célèbre magazine de la mer, a choisi de nous faire découvrir les coups de cœur de ses journalistes.

Ce soir, l'équipe de Georges Pernoud fait tout d'abord escale à Venise, une ville née de la mer et qui a toujours rayonné grâce à elle.

Le documentaire a eu la bonne idée d'oublier les images de cartes postales, pour nous emmener dans le quotidien des habitants qui ont appris depuis toujours à cohabiter avec les caprices de l'eau.

Le succès du **Grand Bleu**, le film de Luc Besson a été pour Jean-Marc Barr, le comédien, à la fois une bénédiction et une calamité.
• Une bénédiction, parce que le film a enfin fait connaître ce comédien, très jeune à l'époque et qui était pratiquement inconnu.
• Une calamité, parce que, comme tous les rôles forts, celui du plongeur Jacques Mayol a fini par dépasser l'acteur : Jean-Marc Barr est devenu pour beaucoup à la fois Jacques Mayol, et même **Le Grand Bleu**.
Il est aujourd'hui obligé de se battre pour faire admettre qu'il est un acteur capable de jouer bien d'autres rôles.

b) Donne un titre à chacun de ces articles.

2 Écris le début des articles suivants en te servant du titre qui est donné et de la fin de l'article.

Importantes chutes de neige en Angleterre

………………………
………………………
………………………

Heureusement pour ces moutons, leur manteau de laine les a protégés.

Le Petit Quotidien - Fév. 2001

Invasion de coccinelles

………………………
………………………
………………………

La plage était recouverte de ces insectes qui heureusement ne sont pas nuisibles pour l'homme. Les conditions climatiques expliqueraient cette arrivée massive.

le Journal des Enfants - sept. 2002

Libération d'un otage

………………………
………………………
………………………

Il avait été enlevé par les rebelles musulmans le 1er août dans l'île de Jolo (Philippines).
Les rebelles retiennent encore vingt-sept otages dont cinq français.

L'Actu - Août 2000

Les écrits de presse

Comment sont organisées les informations dans un article de presse ?

J'observe puis je lis.

Document 1

Marée noire sur l'Atlantique

Depuis le 1ᵉʳ janvier, des galettes de pétrole arrivent sur les plages françaises.

ON LE CRAIGNAIT, elle est arrivée. La marée noire déclenchée par le pétrolier Prestige au large de l'Espagne touche maintenant les côtes du Sud-Ouest.
Le 19 novembre 2002, le pétrolier Prestige fait naufrage au large de la Galice, au nord-ouest de l'Espagne. Une terrible marée noire souille [salit] les côtes espagnoles. Des nappes de pétrole s'échappent des cales du Prestige qui transportait 60 000 tonnes de fioul. Malgré les bateaux envoyés pour pomper ces nappes, le pétrole continue de fuir. De plus, la météo est mauvaise. Les courants et les vents forts, soufflant à plus de 100 km/heure, ont peu à peu poussé le pétrole vers les côtes françaises.

Il faut être bien protégé pour ramasser les galettes de pétrole sur les plages.

■ **Des milliers de galettes**
Le plan Polmar (un plan contre la pollution maritime) est déclenché dès décembre dans les Pyrénées-Atlantiques et les Landes, puis le 1ᵉʳ janvier en Gironde. Tout est mis en place pour lutter contre une grosse marée noire. Mais voilà qu'elle se présente sous la forme de milliers de galettes difficiles à ramasser avec des machines. De l'île de Ré à Mimizan (voir infographie), les plages en sont recouvertes. Cette pollution risque de durer plusieurs mois. Car les marées, les vents et les courants peuvent ramener sans cesse de nouvelles galettes noires.

■ **Bénévoles attention !**
Les maires demandent aux bénévoles de ne pas se précipiter sur les plages pour ramasser les galettes. Ce pétrole est dangereux. Il peut provoquer des maladies graves comme des cancers si on le respire [inhale] longtemps ou s'il touche la peau.
Le gouvernement a porté plainte contre les propriétaires du Prestige, à l'origine de cette catastrophe. ■

Web www.polmar.com

NOUVEL ACCIDENT EN MER DU NORD
Le 1ᵉʳ janvier, le Vicky, un pétrolier turc s'est encastré (enfoncé) dans l'épave du Tricolor. Ce bateau norvégien, qui transportait des voitures, a fait naufrage au large de Dunkerque le 14 décembre 2002. Il se trouve dans un passage où circulent des centaines de bateaux chaque jour. On se demande comment le Vicky a fait pour rentrer dans le Tricolor. Il est signalé par des balises [des bornes].
De plus, les bateaux reçoivent la position exacte de l'épave du Tricolor. Il est urgent d'enlever [renflouer] le Tricolor, mais cela prendra des mois.

▶ **La dérive des nappes du "Prestige"... et le balisage de l'épave du "Tricolor"**

Le Journal des Enfants — Jeudi 9 janvier 2003

Je découvre.

1 a) De quel évènement parle-t-on dans l'article ci-dessus ?

b) En combien de colonnes est-il présenté ?

c) Dessine la silhouette de cet article puis, repère et nomme les différentes parties qui le composent : texte, photo, carte, légende, sous-titre, paragraphe.

d) Quelles informations apporte chacune de ces parties ?

Tu peux maintenant répondre à la question du titre de la leçon.

Je compare mes découvertes avec…

…la proposition page 182.

J'utilise mes découvertes.

1 a) Lis l'article ci-dessous.

Le GYPAÈTE BARBU vit à nouveau en paix dans les Alpes.

**Après 30 années de protection, le gypaète barbu semble, aujourd'hui, hors de danger.
Longtemps menacé de disparition dans les Alpes, ce grand rapace y niche et s'y reproduit à nouveau.**

Le plus grand rapace d'Europe a bien failli disparaître. Il y a un siècle, on ne comptait plus que quelques couples de gypaètes barbus dans les Alpes. En 1972, l'Association ASTERS (Agir pour la Sauvegarde des Territoires et des Espèces Remarquables ou Sensibles) décide de protéger l'espèce. Depuis 1987, et avec l'aide de la Ligue de Protection des Oiseaux (LPO), l'ASTERS a élevé, puis remis en liberté 106 rapaces.

Victime des légendes

« Le gypaetus barbaeus, c'est son nom latin, a été victime des légendes populaires. On trouvait que c'était un animal inquiétant. Avec ses grandes ailes, (pas moins de 3 m d'envergure), il était accusé d'attaquer les enfants. Les habitants du massif alpin l'ont alors empoisonné ou tué à coups de fusil », explique Antoine Rouillon, responsable du programme de l'ASTERS. De plus, le gypaète vole très bas et assez lentement pour repérer les animaux morts, sa nourriture. « Les contes disaient qu'ils se baignaient dans le sang, ce qui donnait cette couleur rouge aux plumes de son ventre », poursuit le spécialiste. En effet, le rapace naît avec des plumes blanches, mais les colore en rouge en se baignant… dans la boue !

Un oiseau étonnant

Le gypaète barbu réserve des surprises. Il se reproduit en plein hiver, parfois à 2 000 mètres d'altitude. Il couve deux œufs mais n'élève qu'un petit, par -15°C. Nourri par ses parents pendant quatre mois, celui-ci doit ensuite quitter le nid. Mais pas d'inquiétude : il se débrouille très vite seul. Il est maintenant interdit de le chasser.

Nathalie Perrigot
Mon Quotidien

Des gypaètes barbus vivent aussi en Corse et dans les Pyrénées. Mais l'espèce n'y a jamais été aussi menacée.

b) De quel évènement parle cet article ?

c) Quelles sont les connaissances apportées par les différentes parties de l'article ?

2 a) Recherche, dans les journaux de la classe, un article qui présente un évènement.

b) Relève les informations apportées par le journaliste qui permettent de mieux comprendre cet évènement.

3 a) Écris un article de journal qui présente un évènement dans ton école ou dans le lieu où tu vis.

→ Aménagement de la bibliothèque, informatique, visite… N'oublie pas le rôle du titre.

b) Apporte toutes les informations possibles pour permettre aux lecteurs de bien comprendre cet évènement.

Les écrits de presse

À quoi servent les temps composés du passé ?

J'observe puis je lis.

Document 1

Un dauphin sur la plage

On <u>a retrouvé</u> hier un dauphin sur une plage de l'île de Ré, en Charente-Maritime. Il <u>avait été relâché</u> en mer, la semaine dernière. On <u>avait trouvé</u> ce dauphin blessé en Hollande, il y a plus de sept mois.

On <u>l'avait soigné</u> et <u>emmené</u> en France pour lui rendre sa liberté. Un nouvel essai <u>sera fait</u> quand la mer <u>sera</u> plus calme.

Document 2

Deux Français en finale du tournoi d'Australie

Soixante quatorze ans après Jean Borotra et Jacques Brugnon, qui <u>l'avaient</u> alors <u>emporté</u>, **Fabrice Santoro** et **Michael Llodra** <u>disputeront</u> samedi la finale du double messieurs des Internationaux de tennis d'Australie.

Les deux Français <u>ont battu</u> jeudi après-midi leurs amis Arnaud Clément et Julien Boutter, après une demi-finale acharnée qui a duré presque deux heures.

Quant aux dames, la finale <u>opposera</u> dimanche **Martina Hingis** et **Jennifer Capriati** : la demi-finale, en effet, <u>avait vu</u> mercredi la victoire de celle-ci sur Kim Clijsters ; tandis que Martina Hingis <u>avait vaincu</u> Monica Seles, jeudi matin, en trois sets.

Je découvre.

1 a) **Lis l'article *Un dauphin sur la plage*.**

b) Lis ci-dessous les différents moments de l'histoire dans l'ordre où ils sont racontés dans l'article.

- a) Découverte du dauphin de l'île de Ré.
- b) Remise à l'eau du dauphin.
- c) Découverte du dauphin blessé en Hollande.
- d) Soins apportés au dauphin.
- e) Transfert du dauphin en France.
- f) Deuxième remise à l'eau du dauphin.

c) Classe, dans le tableau ci-dessous, ces évènements dans l'ordre où ils se sont réellement produits. Précise le verbe, son temps, et sa forme verbale.

CLASSEUR TABLEAU 54

1	2	3	4	5	6
c) avait trouvé *(plus-que-parfait)*				L'évènement paraît dans le journal.	

2 Fais le même travail pour l'article *Deux français en finale du tournoi d'Australie*.
→ Commence par écrire les évènements dans l'ordre où ils sont racontés dans l'article.

3 Que remarques-tu sur le rôle des temps composés du passé ?

Tu peux maintenant répondre à la question du titre de la leçon.

114 — Les écrits de presse

Je compare mes découvertes avec...

...la proposition page 182.

J'utilise mes découvertes.

1 a) Lis les deux articles ci-dessous.

Article 1

Des dizaines d'agriculteurs du Sud-Ouest ont déversé des milliers de tomates devant la Préfecture. Ils avaient sollicité, sans succès, une rencontre avec le Préfet, pour exposer leurs difficultés.

Article 2

Des dizaines d'agriculteurs du Sud-Ouest ont déversé des milliers de tomates devant la Préfecture. Ils espèrent obtenir une rencontre avec le Préfet, pour exposer leurs difficultés.

b) Ces deux articles racontent-ils la même suite d'évènements ?

→ Complète les phrases ci-dessous pour justifier ta réponse.

- Article 1 : Les agriculteurs ont commencé par... . Ensuite, ils...
- Article 2 : Les agriculteurs ont commencé par... . Ensuite, ils...

2 a) Lis l'article ci-dessous.

Drôle de visiteur

La sirène (*retentir*) à Barbaste, hier aux environ de 11 heures, pour alerter les pompiers qui (*devoir*) procéder à la chasse au serpent. Un de ces splendides reptiles (*s'introduire*) en effet, dans la maison neuve de Mme C.G.

Après de longs moments de recherches infructueuses, les pompiers (*se résigner*) à abandonner la chasse et... le serpent vit toujours !

b) Réécris cet article en utilisant, pour les verbes entre parenthèses, la forme verbale qui convient : passé composé ou plus-que-parfait.

3 À partir des informations ci-dessous, écris un article qui présentera l'évènement, pour un journal.

Un vautour s'enfuit le 8 juillet d'une école de fauconnerie en Angleterre. Dix jours plus tard, on le capture en Normandie et on le soigne car il a des blessures. Quelques semaines plus tard, il est guéri et, avec l'aide de plusieurs responsables de l'école appelés en renfort, l'oiseau est ramené à la fauconnerie où il subit de nouveaux examens vétérinaires.

Les écrits de presse

115

Une phrase à la forme passive, qu'est-ce que ça veut dire ?

J'observe puis je lis.

Document 1

Texte 1

Un dauphin sur une plage

On a retrouvé un dauphin, en Charente-Maritime, échoué sur une plage. On l'avait relâché en mer. On avait trouvé ce dauphin blessé en Hollande. On l'avait soigné et emmené en France.

Texte 2

Un dauphin sur une plage

Un dauphin a été retrouvé , en Charente-Maritime, échoué sur une plage. Il avait été relâché en mer. Ce dauphin avait été trouvé blessé en Hollande. Il avait été soigné et emmené en France où on a pu lui rendre sa liberté.

Document 2

Deux sœurs, de huit et quatorze ans sont tombées dans un trou très profond hier après-midi, en faisant de la luge.
Le père des fillettes raconte :
«En suivant les traces de la luge, je me suis rendu compte qu'elles étaient tombées dans un trou.»
Les pompiers, appelés aussitôt, sont arrivés rapidement. C'est la cadette qui a été secourue en premier. Sa grande sœur qui se trouvait à 30 mètres de profondeur, n'a été remontée que plus tard, grâce aux efforts des pompiers.

Je découvre.

1 **a)** **Lis les deux textes du document 1.**

b) **Observe la place et la fonction du GN contenant le mot « dauphin » (ou des pronoms qui le remplacent) dans les phrases du texte 1, puis dans les phrases du texte 2. En quoi cette place a-t-elle changé dans chaque phrase ?**

2 **a)** **Observe le tableau ci-dessous.**

phrases du texte 1	phrases du texte 2
On a retrouvé un dauphin... On l'avait relâché... On avait trouvé ce dauphin... On l'avait soigné...	Un dauphin a été retrouvé... Il avait été relâché... Ce dauphin avait été trouvé... Il avait été soigné...
→ *Les phrases sont à la forme active.*	→ *Les phrases sont à la forme passive.*

b) **Quels sont les changements pour la forme du verbe, suivant que la phrase est à la forme active ou qu'elle est à la forme passive ?**

3 **a)** **Lis le document 2.**

→ Les formes verbales soulignées ressemblent à des verbes de phrases passives, mais elles ne le sont pas toutes.

b) **Trouve les verbes des phrases passives en les transformant à la forme active.**

Tu peux maintenant répondre à la question du titre de la leçon.

Je compare mes découvertes avec…

…la proposition page 183.

J'utilise mes découvertes.

1 **Lis les articles ci-dessous puis relève les phrases à la forme passive.**

→ Justifie tes réponses en les écrivant à la forme active.

Libération d'un otage

Un otage philippin de 20 ans a été libéré mercredi.

Il avait été enlevé par des rebelles musulmans le 1er août dans l'île de Jolo (Philippines).

Les rebelles retiennent encore vingt-sept otages dont cinq français.

Tremblement de terre

Le Pérou, un pays d'Amérique du Sud, a été touché par un terrible tremblement de terre qui a tué au moins 47 personnes et blessé 50 autres. De nombreuses maisons ont été détruites.

Le Pérou est régulièrement frappé par des tremblements de terre.

2 **Recherche dans les journaux de la classe un ou deux articles qui contiennent des phrases à la forme passive.**

3 **Dans chaque groupe de phrases, retrouve celle qui n'est pas à la forme passive.**

- L'animal a été conduit chez un vétérinaire.

- L'animal est parti chez un vétérinaire.

- L'animal a été ramené à son propriétaire.

- Des centaines de personnes ont été évacuées.

- Des centaines de personnes avaient été intoxiquées.

- Des centaines de personnes étaient sorties par crainte d'une explosion.

4 **Parmi les phrases suivantes, recherche celles que tu peux écrire à la forme passive.**

- On a abattu les arbres le long de la route.

- Le maire a reçu les élèves.

- Les élèves sont entrés par la cour d'honneur.

- On a réintroduit les gypaètes barbus, les plus grands rapaces d'Europe, dans les Alpes.

- L'américain Steve Fossett est parti faire le tour du monde en ballon.

Comment fonctionnent les phrases qui contiennent une proposition subordonnée commençant par " si " ?

J'observe puis je lis.

Document 1

Que faire de nos déchets ?

Après les traditionnels vœux, la première réunion « Préfet-Maires » s'ouvre sur le problème du tri des déchets. Le Préfet demande aux maires si la population a répondu à l'enquête publique. (P1)

Suite aux débats organisés dans les communes concernées, les conclusions suivantes peuvent être avancées.
- Si les déchets ménagers étaient triés, notre environnement serait mieux protégé. (P2)
- De plus, il serait facile de trier les déchets, si les consommateurs, dans leur ensemble, étaient un peu plus disciplinés. (P3)
- Mais ces consommateurs seraient peut-être plus disciplinés, si on leur avait un peu mieux expliqué les problèmes. (P4)

Les maires demandent au Préfet si l'État compte financer une campagne d'information et de sensibilisation au tri des déchets. (P5)

La réunion se poursuit par un échange autour de la nouvelle loi d'urbanisation.

Je découvre.

1 → Dans le document 1, les phrases en rouge contiennent toutes des propositions subordonnées commençant par « si ».

a) **Essaie de transformer ces propositions commençant par « si » :**
  - en une question commençant par « Est-ce que... » ;
    Exemple : *Est-ce que la population a répondu à l'enquête ? demande le Préfet.*
  - en une proposition commençant par « À condition de... ».
    Exemple : *À condition que les déchets ménagers soient triés, notre environnement serait mieux protégé.*

b) **Place une croix dans le tableau ci-dessous quand la transformation est possible.**

CLASSEUR TAB. 55

	phrase 1	phrase 2	phrase 3	phrase 4	phrase 5
Est-ce que...					
À condition de...					

c) **Lis les verbes des phrases qui peuvent recevoir la transformation « À condition de... ».**
  - Quel est le temps des verbes après « si » ?
  - Quel est le temps du verbe de l'autre proposition ?

Tu peux maintenant répondre à la question du titre de la leçon.

118 — Les écrits de presse

Je compare mes découvertes avec...

...la proposition page 183.

J'utilise mes découvertes.

1 a) **Recherche puis recopie les phrases qui contiennent une condition.**

b) **Entoure les verbes de ces phrases.**

→ En rouge les verbes à l'imparfait et en orange les verbes au conditionnel.

Elle demande si elle peut manger.
Si le volcan entrait en éruption, cela pourrait être très grave.
Elles demandèrent si elle ne l'avait pas vue.
Pierre demanda à son ami s'il venait.
Il y aurait eu des milliers de morts si l'on n'avait pas évacué la population.
Le pétrolier l'Erika n'aurait pas coulé s'il avait été bien entretenu.

2 **Réécris les phrases écrites au présent et au futur dans les encadrés, en utilisant l'imparfait et le conditionnel.**

Le gypaète barbu vit à nouveau en paix dans les Alpes

Si on ne protège pas l'espèce, le plus grand rapace d'Europe disparaîtra.

Il y a un siècle, on ne comptait plus que quelques couples de gypaètes barbus.
Aujourd'hui, grâce à l'action d'associations de protection et de sauvegarde, l'espèce semble hors de danger.

Le climat de la terre sous surveillance
Le réchauffement de la planète est à l'ordre du jour.

Si le réchauffement se poursuit, les températures augmenteront de 1° C à 5° C.

Il faut donc commencer par réduire la production de gaz à effet de serres.
C'est l'engagement que devraient prendre les états qui se réunissent à Tokyo.

Les pêcheurs de l'Atlantique en colère
Les pêcheurs s'opposent à de nouvelles lois européennes (réduction de la pêche de certaines espèces, maillage plus large des filets…).

Si ces mesures sont appliquées, ils ne gagneront plus leur vie.

3 **Lis le poème ci-dessous et écris ce que tu ferais si tu étais... ce dont tu rêves.**

Si j'étais un oiseau

Je me laisserais porter par les nuages

Si j'étais le vent

Je chanterais pour les enfants

Si j'étais la lune

Je câlinerais Pierrot et sa douce Colombine

Si j'étais…

Je…

Les écrits de presse   119

Comment savoir écrire les mots qui ont la même prononciation mais pas le même sens ?

J'observe puis je lis.

Document 1

Un drôle de visiteur

C'est aux environs de onze heures, hier, que la sirène a retenti à Barbaste, pour alerter les pompiers qui ont dû procéder à la chasse au serpent. Un de ces splendides reptiles s'est échappé de son enclos ; il s'est introduit dans la maison neuve de Mme C.G, habitée actuellement par ses enfants. Les pompiers et le gardien ont fouillé dans les moindres recoins. Après de longues recherches, le gardien s'est résigné à abandonner la chasse.
C'est un pêcheur de carpe qui a réussi à le piéger grâce à ses filets ! On tient cependant à vous annoncer qu'à ce jour, le reptile a retrouvé ses habitudes. Le gardien ne sait pas comment le reptile s'est échappé, mais c'est sûr, à Barbaste, on n'est pas près d'oublier ces moments de frayeur !

Le Petit Bleu

Document 2

« La petite Cosette » est dans les kiosques !

« Notre école s'appelle Victor Hugo… »
Ces élèves-là ont préparé une exposition-spectacle peu banale sur la vie du célèbre écrivain et quelques-unes de ses créations. C'est un travail de qualité qui s'est ainsi révélé : dialogues, chansons, arts plastiques… Certaines de ces oeuvres ont même été dansées. L'expression corporelle change de la récitation traditionnelle, c'est plus vivant ! À Tonneins, maintenant, tout le monde sait qui est Victor Hugo…

Le Petit Bleu

Je découvre.

1 a) **Lis et recopie les deux articles ci-dessus.**

b) **Souligne les différents mots d'une seule syllabe qui se prononcent [se].**

2 a) **Écris les phrases soulignées du doc. 1 en mettant au pluriel le GN sujet du verbe.**

b) **Que deviennent alors les mots qui se prononcent [se].**

3 **Recherche dans les documents 1 et 2, les groupes nominaux pluriels qui correspondent aux groupes nominaux singulier suivant.**

Exemple : *cet élève-là* ⇨ *ces élèves-là*   ce moment de frayeur ⇨ …
　　　　　son filet ⇨ …   sa création ⇨ …
　　　　　son enfant ⇨ …   cet écrit ⇨ …
　　　　　ce splendide reptile ⇨ …   cette œuvre ⇨ …

4 a) **Note tes remarques à propos de ces homophones** (→ mots ayant la même prononciation) **en complétant chacune des phrases ci-dessous.**

[se] s'écrit :　- « ses » quand…　　　　　- « c'est » quand…
　　　　　　　- « ces » quand…　　　　　- « s'est » quand…
　　　　　　　- « sait » quand…

b) **Compare tes réponses avec celles de tes camarades.**

Tu peux maintenant répondre à la question du titre de la leçon.

120　　　　　Les écrits de presse

Je compare mes découvertes avec...

...la proposition page 184.

J'utilise mes découvertes.

1 **Recopie et complète les articles suivants (extraits de journaux locaux) avec les différentes écritures de [se].**

> L'orchestre de l'école de musique de Clairac .... produit à la salle Tivoli.
> .... un jeune violoniste qui a interprété le premier concerto. .... camarades lui ont succédé avec brio.
> Nous félicitons le directeur de l'école de musique et .... élèves.
> Nous retrouverons tous .... jeunes et brillants musiciens à l'occasion du festival.

> La classe de CM1 de l'école Victor Hugo expose au centre culturel, une quinzaine de tableaux géants sur le thème : «Tonneins, ... ma ville». Ils racontent leur propre vision de la ville avec .... monuments, ... quais, ... petits espaces verts. .... dans le cadre d'un PAC (Projet d'Action Culturelle) que .... élèves ont fait un travail remarquable. La classe .... investie totalement dans ce beau projet. À voir et à visiter en famille.

2 → Dans les deux articles de la page précédente, on trouve d'autres homophones.

a) **Recherche les différents mots qui se prononcent [on].**

b) **Recopie les extraits dans lesquels ils sont employés, souligne-les et écris tes remarques :**
- On écrit «on» quand...
- On écrit «ont» quand...

c) **Tu peux comparer tes réponses avec celles de tes camarades.**

d) **Recopie et complète l'article de journal suivant avec «on» ou «ont».**

> Les petits .... retrouvé leurs occupations habituelles : jeux en salle et à l'extérieur. .... se félicitera des nouveaux achats de matériel (trottinettes, échasses, petites voitures à pédales et tricycles). Les plus grands des classes élémentaires .... à leur disposition des ordinateurs multimédias. Ils .... aussi la possibilité de suivre une petite initiation au judo. Les animateurs .... mis en place un programme sympa pour tous ! Au centre de loisirs de Dijon, ... a beaucoup de chance!

3 → Dans tes lectures et dans l'écriture de tes textes, tu rencontres souvent ces homophones grammaticaux qui se prononcent [a], [ou], [e], [son].

a) **Cherche, dans d'autres articles de journaux, des phrases dans lesquelles ils sont employés et écris-les sur ton cahier.**

b) **Avec tes camarades, essaie de comprendre leur emploi.**

Les écrits de presse

Comment un adjectif peut-il être relié au nom qu'il qualifie ?

J'observe puis je lis.

Document 1

a. La lave bouillonnante s'écoulait rapidement.

b. L'éruption s'annonce dangereuse.

c. Longtemps, les pierres restaient brûlantes.

d. Des pierres brûlantes étaient projetées par le volcan.

e. Après les pluies du printemps, la tour ancienne risquait de s'écrouler.

f. La tour était ancienne.

g. D'inoffensifs insectes ont envahi les plages.

h. Ces insectes semblent inoffensifs.

i. Le pêcheur est habile.

j. Le pêcheur habile a capturé le reptile dans ses filets.

k. Le reptile fugueur a retrouvé sa cage.

l. Ce spectacle a l'air original.

m. Un spectacle original a été créé par les élèves de V. Hugo.

Je découvre.

1 **a)** **Lis les phrases du document 1.**

→ Dans les trois premières phrases, on a souligné :

- de deux traits : l'adjectif.

- d'un trait : le GN auquel l'adjectif est relié.

b) **Recopie les autres phrases et continue ce travail.**

2 **a)** **Remplace chaque GN par un pronom.**

→ Tu effectueras une pronominalisation.

Exemples : *La lave bouillonnante s'écoulait rapidement.* ⇨ *Elle s'écoulait rapidement.*

L'éruption s'annonce dangereuse. ⇨ *Elle s'annonce dangereuse.*

b) **À partir de tes observations et de tes remarques, classe les phrases dans le tableau ci-dessous.**

	Après la pronominalisation...	
CLASSEUR TABLEAU 56	**... l'adjectif disparaît en même temps que le nom qu'il qualifie.**	**... le nom disparaît mais l'adjectif reste.**
	a -	b -
	→ *L'adjectif est « épithète » du nom.*	→ *L'adjectif est « attribut » du nom.*

c) **Quelles remarques peux-tu faire quant à la place de l'adjectif par rapport au nom ?**

→ Réponds en complétant les phrases ci-dessous.

- Si l'adjectif est « épithète », ...

- Si l'adjectif est « attribut », ...

d) **Quelles remarques peux-tu faire quant aux marques de genre et de nombre de l'adjectif, dans chacun des deux cas ?**

Tu peux maintenant répondre à la question du titre de la leçon.

122   Les écrits de presse

Je compare mes découvertes avec...

...la proposition page 184.

J'utilise mes découvertes.

 1 a) Recopie les phrases ci-dessous (extraites d'un article sur la pollution à l'ozone) et souligne les adjectifs de deux traits et les GN auxquels ils sont reliés de un trait.

1. Les fortes chaleurs amènent le retour de la pollution.
2. Les rayons solaires provoquent des réactions chimiques.
3. Les réactions sont chimiques.
4. Les poumons deviennent vite sensibles à ces gaz.
5. Les personnes fragiles évitent de sortir.
6. Les gaz polluants apparaissent avec le rayonnement du soleil.
7. Les voitures sont coupables de cette pollution.
8. Longtemps, les conséquences restent graves.

b) Recopie et complète les observations ci-dessous.

Dans les phrases n° ……………………………, les adjectifs sont « épithètes ».
Dans les phrases n° ……………………………, les adjectifs sont « attributs ».

2 Réécris ces phrases en veillant aux marques de genre et de nombre du nom auquel il est relié. Marque cette relation d'une flèche. Précise si l'adjectif est épithète ou attribut.

Exemple : *Les archéologues doivent être (patient).* ⇨ *Les archéologues doivent être patients (attribut).*

Les fouilles sont (minutieux).
On peut parfois trouver des trésors (intéressant).
Une amphore (romain) a été trouvée.
Des bijoux (ancien) datant de la conquête de la Gaule ont ainsi été découverts.
Des mosaïques ont été découvertes (intact).
Le métier d'archéologue fait partie des métiers (passionnant).

3 a) Lis les quatre premiers vers de ce poème que Blaise Cendrars a écrit lors de l'un de ses voyages autour du monde.

La terre est rouge

Le ciel est bleu

La végétation est d'un vert foncé

Le paysage est cruel dur triste malgré la variété infinie des formes végétatives...

b) À partir d'une photo de magazine représentant un paysage qui te plaît, écris un texte poétique en jouant avec les adjectifs comme dans le poème de Blaise Cendrars.

Les écrits de presse

Comment trouver le sens d'un mot ?

J'observe puis je lis.

Document 1

Le tour du monde en ballon

Le milliardaire américain Steve Fossett tente, pour la 6e fois, le 1er tour du monde en ballon en solitaire.

Parti il y a 8 jours de **Northam** (Australie), **l'aérostier** avait déjà parcouru 11 000 km lundi.

Si la météo le lui permet, il espère bien pouvoir terminer son tour du monde d'ici 15 à 25 jours. C'est une question de vent et de temps.

Document 2

Pub choc
ANTITABAC _____

La dernière publicité de **prévention** du **tabagisme** a créé la panique dimanche soir. Un **spot** télévisé dévoilait la **composition** d'un produit très dangereux pour la santé.

Pour savoir qu'il s'agissait de la cigarette, il fallait composer un numéro de téléphone.

L'**objectif** de cette pub? Réduire le nombre de fumeurs et donc de décès (60 000 par an).

Mon quotidien - Juin 2002

Je découvre.

1 **a)** **Lis le document 1.**

b) **Dans chacun des groupes de phrases ci-dessous, recopie celle qui est exacte.**

- Northam est le nom de la personne qui est partie en ballon.
- Northam est le nom d'une ville d'Australie.
- Northam est le nom du ballon.

- L'aérostier est le nom du ballon.
- L'aérostier est le pilote de ballon.
- L'aérostier est une distance.

Comment as-tu trouvé les réponses ?

2 **a)** **Lis le document 2 et classe les mots en caractères gras en deux groupes :**

- ceux qui peuvent aller avec le mot « pub »,
- ceux qui peuvent aller avec le mot « antitabac ».
→ Tu dois pouvoir dire ce qui t'a permis de classer ces mots.

b) *Prévention du tabagisme*

- Quelle hypothèse peux-tu formuler sur le sens de cette expression ?
- Comment as-tu fait pour formuler cette hypothèse ?
- Vérifie ton hypothèse dans le dictionnaire.

Tu peux maintenant répondre à la question du titre de la leçon.

Je compare mes découvertes avec...

...la proposition page 184.

J'utilise mes découvertes.

1 **a)** **Lis l'article suivant.**

TENNIS

Qualification de quatre françaises au tournoi de Wimbledon.

Sandrine Testud et Mary Pierce se sont qualifiées lundi, au premier tour de Wimbledon et s'affronteront au prochain match. Leurs compatriotes Nathalie Dechy et Amélie Mauresmo accèdent aussi au second tour.

b) **Classe les mots soulignés dans le tableau ci-dessous.**

	Je peux comprendre le mot en me servant du contexte (les mots qui sont autour).	Je ne suis pas sûr(e) d'avoir compris avec le contexte : je cherche le mot dans le dictionnaire et je vérifie quelle est la définition qui convient.
CLASSEUR **TABLEAU 57**		

2 **a)** **Lis les articles ci-dessous.**

• **Les déserts avancent**

Le feu, qu'il soit naturel ou provoqué par l'homme, détruit d'immenses régions **boisées**.

Cette **déforestation** occasionne un changement **progressif** du climat car le sol, nu, ne peut plus retenir l'humidité.

• **Pour nourrir plus de bouches, l'homme défriche...**

La population mondiale augmente **sans cesse**. Alors les hommes **défrichent**, **déboisent**, cultivent de plus en plus de terres fragiles, même dans les régions chaudes.

Longtemps cultivé, le sol s'appauvrit, **s'assèche**, puis le vent et les orages en emportent les éléments les plus riches. Après quelques années, la terre devient **stérile**.

b) **Quel sens donnes-tu aux mots :**

- boisées ?   - déforestation ?   - progressif ?

- sans cesse ?   - défrichent ?   - déboisent ?

- s'assèche ?   - stérile ?

c) **Pour chaque mot, dis ce qui t'a permis de répondre.**

→ Vérifie à l'aide d'un dictionnaire.

Les écrits de presse

Comment s'écrivent les participes passés des verbes employés avec les auxiliaires "avoir" et "être" ?

J'observe puis je lis.

Document 1

Désinences du participe passé.		Sans transformation du radical écrit (l'infinitif est souligné).				Avec transformation du radical écrit (l'infinitif est souligné).				
é ée	ée ées	chanter appeler	chanté appelé	manger aller	mangé allé	1a	être naître	été né			1b
eu						2a	avoir	eu			2b
i ies	is ie	finir servir suivre	fini servi suivi	mentir partir rire	menti parti ri	3a					3b
is ises	ise					4a	asseoir prendre	assis pris			4b
u ue	us ues	tenir venir falloir	tenu venu fallu	courir vouloir tendre	couru voulu tendu	5a	coudre pouvoir recevoir	cousu pu reçu	savoir devoir voir	su dû vu	5b
t te	ts tes	écrire faire	écrit fait			6a	mourir ouvrir	mort ouvert			6b

Document 2

1- Deux volcans de ce pays d'Amérique latine sont entrés en activité hier au soir. Plus de 11 000 personnes ont pu s'échapper à temps. Presque en même temps, deux séismes ont eu lieu dans le pays voisin.

2- Une voiture est entrée en collision avec un camion. La conductrice est restée coincée dans la voiture. Les pompiers ont désincarcéré la victime. Les gendarmes ont procédé aux constats d'usage.

3- Les classes de CM1 sont allées visiter le zoo. Les enfants ont vu deux petites girafes qui étaient nées la semaine précédente. Ils les ont photographiées.

Je découvre.

1 a) Lis les phrases du document 2 et dis dans quelles cases du document 1, tu classes les participes passés soulignés. Exemple : *entrés* ⇨ *1a* ; *pu* ⇨ *5b*

b) Dans quelle phrase, le complément du verbe est-il remplacé par un pronom ?

c) Classe les participes passés dans le tableau ci-contre.

	Le participe passé...		
	... prend les marques de genre et de nombre du groupe sujet du verbe GNS.	... prend les marques de genre et de nombre du complément de verbe.	... reste au masculin singulier.
auxiliaire « avoir »			*pu*
auxiliaire « être »	*entrés*		

CLASSEUR TABLEAU 58

d) Que se passe-t-il, lorsque le complément d'un verbe employé avec l'auxiliaire « avoir » est remplacé par un pronom ?

Tu peux maintenant répondre à la question du titre de la leçon.

Je compare mes découvertes avec...

...la proposition page 185.

J'utilise mes découvertes.

1 a) Lis les phrases suivantes dans lesquelles les participes passés ont été soulignés.

- Depuis l'an dernier, 29 villes ont <u>amélioré</u> la qualité de leur eau de baignade.
- 3 200 motards de Rennes ont <u>remis</u> un chèque de 28 000 € aux Restos du Cœur.
- Le responsable affirme : «Nous avons <u>travaillé</u> tous ensemble.»
- Les auteurs ont <u>colorisé</u> le film d'animation entièrement à la main.
- Les animaux, dont on parle dans cet article, ont tous <u>existé</u>.
- La hausse des températures est <u>liée</u> à l'activité humaine, qui pollue l'environnement.
- Les responsables ont <u>vu</u> débarquer une dizaine de gamins.
- Mes gants, je crois que je les ai <u>laissés</u> dans mon tiroir.
- Mes camarades de sport m'ont <u>offert</u> un tee-shirt.
- Les ballons sont <u>montés</u> très haut dans le ciel.

b) Classe les participes passés soulignés dans le tableau ci-dessous.

CLASSEUR TABLEAU 59	Participes passés employés avec « être ».	Participes passés employés avec « avoir ».	
	Le participe passé a les marques de genre et de nombre du GNS.	Le participe passé a les marques de genre et de nombre du complément de verbe.	Le participe passé garde les marques du masculin singulier.

c) Que peux-tu dire du complément de verbe dans les exemples de la deuxième colonne ?

2 Réécris chacune des phrases ci-dessous en utilisant le nouveau groupe sujet.

L'enfant a fui vers les marécages. ⇨ Les enfants...

Un hélicoptère a ratissé la campagne. ⇨ Des hélicoptères...

La chienne est revenue s'allonger sur le canapé. ⇨ Le chien...

Le jeune garçon s'est endormi. ⇨ Les jeunes garçons...

On a fouillé tous les terrains. ⇨ Pompiers et gendarmes...

3 Rédige un article pour le journal de la classe, relatant un évènement qui s'est produit il y a quelque temps dans l'école.

→ Tu utiliseras le passé composé, l'imparfait et le plus-que-parfait.

Pense aux compléments de verbe remplacés par des pronoms et à ce qui arrive à l'orthographe du participe passé.

Les écrits de presse

Comment s'écrivent les formes des verbes dans les phrases passives ?

J'observe puis je lis.

Document 1

Texte 1
On a retrouvé un dauphin.
On l'avait relâché en mer.
On avait trouvé ce dauphin en Hollande.
On le reconduira à la mer.

Texte 2
Un dauphin a été retrouvé.
Il avait été relâché en mer.
Ce dauphin avait été trouvé en Hollande.
Il sera reconduit à la mer.

Texte 3
Un terrible tremblement de terre a touché le Pérou.
Des tremblements de terre frappent régulièrement ce pays.

Texte 4
Le Pérou a été touché par un terrible tremblement de terre.
Ce pays est régulièrement frappé par des tremblements de terre.

Document 2

	Formes du dialogue					Formes du récit	
	JE, J'	TU	NOUS	ON	VOUS	GN sing IL, ELLE, ON, ÇA	GN pluriel ILS, ELLES,
présent	suis aimé(e)	es aimé(e)	sommes aimé(e)s	est aimé(e)s	êtes aimé(e)(s)	est aimé(e)(s)	sont aimé(e)s
passé composé	ai été aimé(e)	as été aimé(e)	avons été aimé(e)s	a été aimé(e)s	avez été aimé(e)(s)	a été aimé(e)(s)	ont été aimé(e)s
imparfait	étais aimé(e)	étais aimé(e)	étions aimé(e)s	était aimé(e)s	étiez aimé(e)(s)	était aimé(e)(s)	étaient aimé(e)s
passé simple	fus aimé(e)	fus aimé(e)	fûmes aimé(e)s	fut aimé(e)s	fûtes aimé(e)(s)	fut aimé(e)(s)	furent aimé(e)s
passé antérieur	eus été aimé(e)	eus été aimé(e)	eûmes été aimé(e)s	eut été aimé(e)s	eûtes été aimé(e)(s)	eut été aimé(e)(s)	eurent été aimé(e)s
plus-que-parfait	avais été aimé(e)	avais été aimé(e)	avions été aimé(e)s	avait été aimé(e)s	aviez été aimé(e)(s)	avait été aimé(e)(s)	avaient été aimé(e)s
futur simple	serai aimé(e)	seras aimé(e)	serons aimé(e)s	sera aimé(e)s	serez aimé(e)(s)	sera aimé(e)(s)	seront aimé(e)s
futur avec aller	vais être aimé(e)	va être aimé(e)	allons être aimé(e)s	va être aimé(e)s	allez être aimé(e)(s)	va être aimé(e)(s)	vont être aimé(e)s
futur antérieur	aurai été aimé(e)	auras été aimé(e)	aurons été aimé(e)s	aura été aimé(e)s	aurez été aimé(e)(s)	aura été aimé(e)(s)	auront été aimé(e)s

Je découvre.

1 a) **Lis les quatre textes du document 1 et retrouve les verbes conjugués.**

b) **Recopie ces verbes puis compare leur écriture à la forme active et à la forme passive.** Exemple : *a retrouvé ⇨ a été retrouvé*
Que remarques-tu ?

c) **À l'aide du tableau (doc. 2), dis à quels temps sont conjugués chacun des verbes des phrases passives du document 1.**

2 a) **Observe le tableau (doc. 2) des formes du verbe « aimer » dans les phrases passives.**

b) **Regarde comment sont écrites les formes verbales dans les lignes, selon les temps et dans les colonnes, selon les personnes.**

c) **Quelles remarques peux-tu faire sur l'écriture des formes du verbe « aimer » ?**

d) **Quelle est la partie du verbe qui change de formes selon les personnes ou les temps ?**

e) **Observe maintenant les formes verbales soulignées dans le tableau.
Réécris ces formes verbales en remplaçant le verbe « aimer » par le verbe « surprendre » puis par le verbe « entendre ».**

Tu peux maintenant répondre à la question du titre de la leçon.

Les écrits de presse

Je compare mes découvertes avec...

...la proposition page 185.

J'utilise mes découvertes.

1 **a)** **Retrouve dans chaque phrase le GN sujet et le verbe conjugué qui correspond.**

1. Malgré les efforts des sauveteurs, le dauphin n'a pas été sauvé.
2. À Brasilia, les enfants sont pourchassés par «les escadrons de la mort».
3. Régulièrement, les déchets sont retirés des eaux.
4. Comme tous les ans, les personnes les plus fragiles seront vaccinées contre la grippe.
5. Jeudi, les élèves ont été intoxiqués par la fumée.
6. En 2005, l'autoroute sera terminée.
7. Tous les animaux capturés ont été vendus aux enchères.
8. À sa sortie du tribunal, la mère de l'enfant a été protégée par la police.
9. Il sera respecté par tous.
10. Mardi, les élèves seront reçus à l'hôtel de ville.

b) **Souligne la forme verbale de l'auxiliaire « être ».**

c) **Classe ensuite les formes du verbe de chaque phrase selon leur temps, dans le tableau ci-dessous, en te servant du numéro de chaque phrase.**

CLASSEUR TAB. 60	passé composé	présent	futur	plus-que-parfait

2 **Transforme les phrases à la forme passive ci-dessous, en phrases à la forme active.**

- L'incendie a été maîtrisé tard dans la nuit.
- L'animal aurait été aperçu à la lisière du bois.
- J'ai été surpris par la violence du vent.

3 **Réécris ce texte en remplaçant « le dauphin » par :**

- les dauphins.
- une jeune baleine.

Un dauphin a été retrouvé en Charente-Maritime. Il avait été relâché en mer.

Ce dauphin avait été trouvé en Hollande. Il avait été soigné et emmené en France.

4 **À partir des séries de mots suivantes, écris un article sur une tempête en utilisant des phrases passives chaque fois que tu peux.**

→ Tu peux aussi ajouter d'autres verbes et d'autres GN sujets.

- les forêts - menacer
- les arbres - couper
- les toits - arracher

- les manifestations sportives - annuler
- les bateaux - détruire - sombrer
- les blessés - rapatrier par hélicoptère

Les écrits de presse

129

Comment s'écrivent les verbes au passé composé et au plus-que-parfait ?

J'observe puis je lis.

Document 1

	INDICATIF PASSÉ COMPOSÉ						
	FORMES DU DIALOGUE					FORMES DU RÉCIT	
Infinitif du verbe	JE, J'	TU	NOUS	ON	VOUS	GN sing. IL, ELLE, ON, ÇA	GN pluriel ILS, ELLES
acheter	ai acheté	as acheté	avons acheté	a acheté	avez acheté	a acheté	ont acheté
parler	ai parlé	as parlé	avons parlé	a parlé	avez parlé	a parlé	ont parlé
aller	suis allé(e)	es allé(e)	sommes allé(e)s	est allé(e)(s)	êtes allé(e)(s)	est allé(e)(s)	sont allé(e)s
finir	ai fini	as fini	avons fini	a fini	avez fini	a fini	ont fini
venir	suis venu(e)	es venu(e)	sommes venu(e)s	est venu(e)(s)	êtes venu(e)(s)	est venu(e)(s)	sont venu(e)s
partir	suis parti(e)	es parti(e)	sommes parti(e)s	est parti(e)(s)	êtes parti(e)(s)	est parti(e)(s)	sont parti(e)s
attendre	ai attendu	as attendu	avons attendu	a attendu	avez attendu	a attendu	ont attendu
voir	ai vu	as vu	avons vu	a vu	avez vu	a vu	ont vu
avoir	ai eu	as eu	avons eu	a eu	avez eu	a eu	ont eu
faire	ai fait	as fait	avons fait	a fait	avez fait	a fait	ont fait
être	ai été	as été	avons été	a été	avez été	a été	ont été

Document 2

	INDICATIF PLUS-QUE-PARFAIT						
	FORMES DU DIALOGUE					FORMES DU RÉCIT	
Infinitif du verbe	JE, J'	TU	NOUS	ON	VOUS	GN sing. IL, ELLE, ON, ÇA	GN pluriel ILS, ELLES
acheter	avais acheté	avais acheté	avions acheté	avait acheté	aviez acheté	avait acheté	avaient acheté
parler	avais parlé	avais parlé	avions parlé	avait parlé	aviez parlé	avait parlé	avaient parlé
aller	étais allé(e)	étais allé(e)	étions allé(e)(s)	était allé(e)(s)	étiez allé(e)(s)	était allé(e)(s)	étaient allé(e)(s)
finir	avais fini	avais fini	avions fini	avait fini	aviez fini	avait fini	avaient fini
venir	étais venu(e)	étais venu(e)	étions venu(e)(s)	était venu(e)(s)	étiez venu(e)(s)	était venu(e)(s)	étaient venu(e)(s)
partir	étais parti(e)	étais parti(e)	étions parti(e)(s)	était parti(e)(s)	étiez parti(e)(s)	était parti(e)(s)	étaient parti(e)(s)
attendre	avais attendu	avais attendu	avions attendu	avait attendu	aviez attendu	avait attendu	avaient attendu
voir	avais vu	avais vu	avions vu	avait vu	aviez vu	avait vu	avaient vu
avoir	avais eu	avais eu	avions eu	avait eu	aviez eu	avait eu	avaient eu
faire	avais fait	avais fait	avions fait	avait fait	aviez fait	avait fait	avaient fait
être	avais été	avais été	avions été	avait été	aviez été	avait été	avaient été

Les écrits de presse

Je découvre.

1 **a)** **Observe attentivement chacun des tableaux de la page précédente.**

b) **Regarde comment sont écrits les verbes :**

- dans les lignes (selon les verbes),   - dans les colonnes (selon les personnes).

c) **Quelles remarques peux-tu faire sur les formes des verbes ?**

- Recherche ce qui est commun au passé composé et au plus-que-parfait.

- Recherche ensuite ce qui est différent.

2 **a)** **Complète le tableau ci-dessous avec les formes suivantes des verbes au passé composé.**

t'es enfuis - est venu - avez habité - s'est enfui - ont habité - sommes venus - suis venu

CLASSEUR TABLEAU 61		je	tu	nous	on	vous	GN sing.	GN plur.
	s'enfuir	me suis enfui		nous sommes enfuis		vous êtes enfuis		se sont enfuis
	habiter	ai habité	as habité	avons habité	a habité		a habité	
	venir		es venu			êtes venus		sont venus

b) **Qu'est-ce qui t'a permis de choisir les cases ?**

c) **Pour écrire le verbe « porter », quel est le verbe du tableau que tu choisirais comme modèle ? Explique ton choix.**

Et pour le verbe « sortir » ?

3 **Complète le tableau ci-dessous avec les formes verbales du plus-que-parfait qui conviennent.**

CLASSEUR TABLEAU 62		je	tu	nous	on	vous	GN sing.	GN plur.
	s'enfuir	m'étais enfui		nous étions enfuis		vous étiez enfuis		s'étaient enfuis
	habiter	avais habité	avais habité	aviez habité	avait habité		avait habité	
	venir		étais venu			étiez venus		étaient venus

Tu peux maintenant répondre à la question du titre de la leçon.

Les écrits de presse

Je sais me servir de ce que j'ai appris en orthographe.

1 **On va te dicter les textes de ces deux articles, et tu devras écrire ce qui manque dans les petits carrés.**

→ Tu écris le mot comme tu penses qu'il doit être écrit.

Tu dois être capable de justifier tes choix.

À tou☐ moments, des petit☐ boîtes renifl☐ l'air de Paris. Placées ☐ différents endroit☐ de la ville, ces capteurs mesur☐ la pollution. Le 10 octobre et le 8 novembre dernier☐, la pollution de l'air à Paris ☐ atteint un niveau record. L'air de Paris ☐ alors devenu irrespirabl☐, car, sans vent, les gaz☐ d'échappement des voitures, la fum☐ des usines et les vapeurs dues au chauffage s'accumul☐ au-dessus de la ville. La pollution de l'air gên☐ tous les habitant☐. Quand elle est importante, il faut évit☐ de sortir et de faire du sport. Les bébés, les personnes âgé☐ et ceux qui souffr☐ de maladie☐ respiratoires son☐ particulièrement touchés.

Extrait d'un article des Clés de l'Actualité Junior.

Le parlement de Bretagne, ☐ Rennes, ☐ été détruit par le feu dans la nuit du 4 au 5 février. Le sinistre, qui ☐ déclaré vers 0h30, a ravag☐ les deux-tiers de l'édifice historique. Ce samedi matin, les sapeurs-pompiers continu☐ ☐ se battr☐, contre les flammes. (…) Le feu ☐ parti des combles. L'ensemble de la toiture, sur tout☐ les ailes du grand bâti-ment, vomi☐ les flammes. À 0h31, les pompiers s☐ sur place. Ils déploi☐ trois grand☐ échelles, et préservent les maisons voisines, d'où s'échapp☐ les habitants terrorisés. (…)

Toutes les précautions sont prises : un poste médical avanc☐ est établi avec quatre véhi-cul☐ radio-médicalisés, cinq médecin☐, le SAMU etc. (…) À 3h du matin, le Parlement ne dresse plus que de hauts mur☐ de pierre au milieu des flammes. On craint le pire pour ☐ salles historiques, ses archives, ses bibliothèques : sera-t-il possible de les sauv☐ ?

Extrait d'un article du journal Ouest France.

Je sais lire et produire des écrits de presse.

1 **a)** Qu'apprends-tu en lisant le titre de l'article ci-dessous ?

b) Lis l'article puis raconte, en quelques phrases, les évènements qui y sont présentés.

L'enfant et sa chienne disparus quinze heures

C'est l'histoire d'un enfant et d'une chienne. Il s'appelle Melvin. Il a 4 ans et n'est pas plus haut que trois pommes. L'animal s'appelle Câline. Melvin et Câline ont disparu mardi soir, à Labarde, vers 18 heures. Quittant la maison de sa grand-mère, l'enfant a fui vers les marécages qui bordent la Garonne. Toute la nuit, gendarmes, pompiers et bénévoles ont fouillé les terrains autour de la commune. En vain. L'enfant et sa chienne sont demeurés introuvables. À 6 heures, hier matin, les recherches ont repris. Plus intenses. Un hélicoptère, des équipes cynophiles et plus d'une centaine de personnes ont ratissé la campagne.

Réconfort

Trois heures plus tard, et alors que l'inquiétude grandissait, des gendarmes entendaient enfin les aboiements de Câline et découvraient le petit blondinet blotti contre l'animal. Un peu affamé, mais pas du tout traumatisé, Melvin a même eu droit à un retour en hélicoptère, tandis que la chienne quittait enfin les marécages, jugeant sa «mission» terminée, et que toute la commune poussait un immense soupir de soulagement.

«Sans le réconfort de cette chienne, l'enfant se serait sans doute affolé», soulignait hier le capitaine Petit, commandant la compagnie de gendarmerie de Lesparre et responsable des opérations sur le terrain.

L'officier n'était d'ailleurs pas le seul à souligner le rôle de l'animal. À aucun moment, en effet, Câline n'a quitté son jeune maître. Et c'est contre la chienne de 6 ans que Melvin s'est endormi malgré la température plutôt fraîche de la nuit (11°C).

Câline. Rarement sans doute ce nom aura été aussi bien porté. Fidèle et presque maternelle, la chienne a en effet agi avec ce petit bambin comme s'il s'agissait de l'un des siens. Alors qu'elle pouvait sans peine retrouver le chemin de la maison, elle n'a pas quitté un seul instant ce petit homme perdu au milieu des marais, entre les trous d'eaux, les digues et le fleuve.

Hier matin, alors que l'enfant était chez sa grand-mère depuis longtemps, entouré de toute l'affection des siens, Câline est revenue toute seule s'allonger sur le canapé de la salle de séjour. Fatiguée mais remuant la queue en signe de joie. Alors Melvin a quitté son vélo et s'est précipité sur la chienne pour l'enlacer tendrement.

Sud Ouest - 27 février 2002

c) Retrouve tous les différents noms utilisés par le journaliste pour parler :

- du petit garçon. - de la chienne.

d) Explique qui est « l'officier ».

e) Recherche et recopie tous les indicateurs de temps.

f) Place ensuite tous les différents évènements sur une ligne du temps : du jour de la disparition au jour de l'écriture de l'article. → Place la date d'aujourd'hui.

g) Depuis combien de temps cet article a-t-il été écrit ?

2 Utilise les informations ci-dessous, pour écrire un fait divers imaginaire qui présentera les caractéristiques d'un article de journal. → N'oublie pas le titre.

dragon enlève princesse - roi demande chevaliers pour sauver princesse - trois chevaliers attaquent dragon - premier chevalier carbonisé - deuxième écrabouillé - troisième avalé tout cru - roi désespéré - facteur idée - envoie lettre piégée dragon - dragon explose - princesse épouse facteur - heureux - famille nombreuse - réduction SNCF - fin

Les écrits de presse

Les écrits de documentation scientifique

Je vais apprendre à répondre aux questions suivantes.

A **En grammaire des textes :**

Qu'est-ce qui permet de reconnaître un écrit
de documentation scientifique ou technique ? . . . . page **135**

Dans un écrit scientifique, comment les informations
sont-elles organisées. ? . . . . page **138**

Quel est le rôle des illustrations dans un écrit scientifique ? . . . . page **140**

Quelles sont les formes habituelles des verbes
dans les écrits scientifiques ? . . . . page **144**

De quoi dépend le choix des mots, des phrases et des illustrations
dans un écrit de documentation scientifique ? . . . . page **146**

Décrire pour expliquer et décrire pour raconter, est-ce la même chose ? . . . page **148**

B **En grammaire des phrases :**

Qu'est-ce qu'une phrase à la forme impersonnelle ? . . . . page **150**

Un déterminant défini ou indéfini, qu'est-ce que ça veut dire
et comment ça fonctionne ? . . . . page **154**

Avec quels types de mots peut-on
accrocher les groupes de mots les uns aux autres ? . . . . page **156**

Est-ce que tous les verbes peuvent avoir un complément ? . . . . page **158**

C **En vocabulaire :**

Quels mots faut-il choisir quand on produit un écrit scientifique ? . . . . . . page **142**

Comment ne pas se tromper sur le sens des mots ? . . . . page **152**

D **En orthographe :**

Comment les marques de genre et de nombre
s'organisent-elles tout au long d'un texte ? . . . . page **160**

Comment s'écrivent les verbes pouvoir, savoir, vouloir
et devoir aux temps de l'indicatif ? . . . . page **162**

Et je vérifierai si je sais...

... me servir de ce que j'ai appris en orthographe. page **166**

...lire et produire des écrits de documentation scientifique. . . . . page **167**

Qu'est-ce qui permet de reconnaître un écrit de documentation scientifique ou technique ?

J'observe puis je lis.

Document 1

Régime alimentaire de l'ours brun

L'ours est :	PELOUSES / PÂTURAGES	FORÊTS
• cueilleur ⇨	conopodes (muguettes), luzules, herbe, myrtilles	glands, faînes, bourgeons, chatons, nèfles, myrtilles, framboises, noisettes, sorbes, mûres, fougères
• chasseur ⇨	fourmis, insectes, grenouilles, campagnols, brebis	fourmis, gros animaux sauvages
• charognard ⇨	animaux domestiques morts	animaux sauvages morts

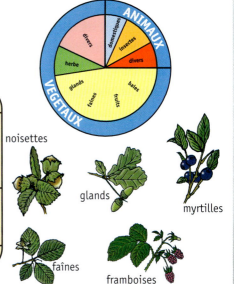

noisettes, glands, myrtilles, faînes, framboises

Document 2

Le secret de l'ours

Deux amis, un jour, traversaient la forêt.

Soudain, un ours sortit des broussailles. L'un des hommes, plus rapide, prit la fuite et se réfugia au sommet d'un arbre. L'autre, plus lent, n'eut que la ressource de se jeter à plat ventre et de faire le mort. L'ours s'approcha de lui et se mit à le renifler. Le malheureux, à moitié mort de peur, retenait son haleine. L'ours lui lécha le visage, resta un moment immobile et repartit dans la forêt.

Quand l'ours eut disparu, le deuxième homme descendit de son arbre et s'approcha en riant de son ami.

« Alors, lui dit-il, quel est donc ce secret que l'ours te murmurait à l'oreille ?

– Il me disait que ceux qui abandonnent leurs compagnons dans le danger sont de bien méchantes gens. »

D'après les contes de l'oncle Vania

Document 3

OREILLES D'OURS

- 1 œuf
- 1 verre de sucre fin
- 1 verre de farine
- 50 g de beurre

○ Mélanger longuement l'œuf et le sucre.

○ Ajouter la farine.

○ Faites fondre le beurre dans une poêle. Versez-y la pâte et laissez cuire à feu doux.

○ Faites griller 2 minutes au four.

Les écrits de documentation scientifique — 135

Document 4

Les oursons restent-ils longtemps avec leur mère ?

En hiver, l'ourse met au monde de un à quatre oursons. Les petits grandissent à ses côtés, jusqu'à l'âge d'un an et demi. Ainsi, la reproduction chez les ours n'a lieu que tous les deux ans, vers mars-avril.

À la naissance
En venant au monde, les oursons ne sont encore que des petits fœtus pas terminés. D'instinct, ils se cramponnent à l'une des mamelles de leur mère et, au chaud contre sa fourrure, têtent en permanence.
Leur mère est encore plongée dans le sommeil de l'hibernation, mais elle reste consciente de la présence de ses petits.

Première sortie
Quand ils sortent de la tanière, leur mère leur apprend à se nourrir, à chasser. Puis, ils hibernent avec elle au retour des premiers froids. Au printemps suivant, devenus presque adultes, ils partent chacun de leur côté, solitaires.

Document 5

OURS BRUN
(Ursus arctos)

L'ours brun est le plus gros carnassier européen. Il peut peser jusqu'à 350 kg. Il vit dans l'épaisseur des forêts de montagne et du pied des montagnes. Sa tanière est une grande cavité sous un arbre abattu ou dans une caverne. C'est là que la femelle donne naissance, habituellement en janvier, à 2 ou 3 petits, parfois même 5, qui ouvrent les yeux, quatre à cinq semaines après.

La mère s'en occupe attentivement. Elle ne quitte pas la tanière pendant plusieurs semaines et vit de sa graisse sous-cutanée. Elle sort les oursons pour la première fois au bout de quatre mois. L'ours brun est un omnivore. Il se nourrit de fruits de la forêt, de racines, d'invertébrés, d'œufs d'oiseaux, de mammifères, d'oiseaux, de reptiles et souvent de charognes.

Il attrape adroitement les poissons, mais sa friandise préférée est le miel des abeilles.

Je découvre.

1 a) Lis tous les documents des pages 135 et 136.

   b) Quels textes ne t'apportent aucune information sur l'ours ? À quoi servent-ils ?

2 a) Quels écrits servent à se documenter sur l'ours ?

   b) Note quels sont les éléments qui t'ont permis de reconnaître ces écrits ?

   c) Quels sont les éléments que tu as repérés en premier ?

3 Lis les titres des documents 1, 4 et 5.
   Que vas-tu apprendre sur l'ours en lisant chacun de ces textes ?

Tu peux maintenant répondre à la question du titre de la leçon.

Je compare mes découvertes avec…

…la proposition page 186.

J'utilise mes découvertes.

1 **a)** Observe rapidement cet écrit.

TATOU À NEUF BANDES
(Dasypus novemcinctus)

- **Répartition :** du sud des États-Unis au Pérou et à l'Argentine.
- **Taille et poids :** corps de 45 à 50 cm, queue de 40 à 52 cm, environ 6 kg.
- **Mode de vie :** présent dans les zones semi-désertiques et les prairies sèches. Le tatou demeure, le jour dans un terrier qu'il a lui même creusé, et en sort la nuit. Il vit habituellement seul ou en couple, mais rarement en groupe.

Plus qu'une carapace : une armure !

- **Reproduction :** la femelle met au monde une portée de 4 petits de même sexe, qu'elle allaite pendant deux mois.
- **Nourriture :** il se nourrit, uniquement la nuit de petits vertébrés, de végétaux, de charognes et d'œufs.
- **Physique :** neuf lames cornées forment la carapace qui recouvre son dos. Sa tête est également composée d'une cuirasse de plaques osseuses. Ses pattes antérieures, munies de griffes, sont extrêmement puissantes. Ses dents croissent tout au long de sa vie.

b) Note sur ton cahier les éléments que tu as remarqués en premier.

c) S'agit-il d'un écrit scientifique ? Pourquoi ?

d) Dessine la silhouette de ce texte et écris dans chaque partie le nom qui convient : titre, sous-titre, photographie, dessin, légende.

2 → Le document géographique ci-dessous est en désordre.
Recopie-le en utilisant une présentation correspondant à un écrit de documentation.

CLASSEUR TABLEAU 64

Les « hautes montagnes » ou « montagnes jeunes » comme les Alpes et les Pyrénées ont des pics dépassant souvent 3 000 m d'altitude.

LES MASSIFS MONTAGNARDS EN FRANCE.

Les montagnes moyennes, plus anciennes comme le Massif Central, le Jura et les Vosges ont des sommets arrondis, souvent inférieurs à 2 000 m d'altitude.

Les écrits de documentation scientifique — **137**

Dans un écrit scientifique, comment les informations sont-elles organisées ?

J'observe puis je lis.

Document 1

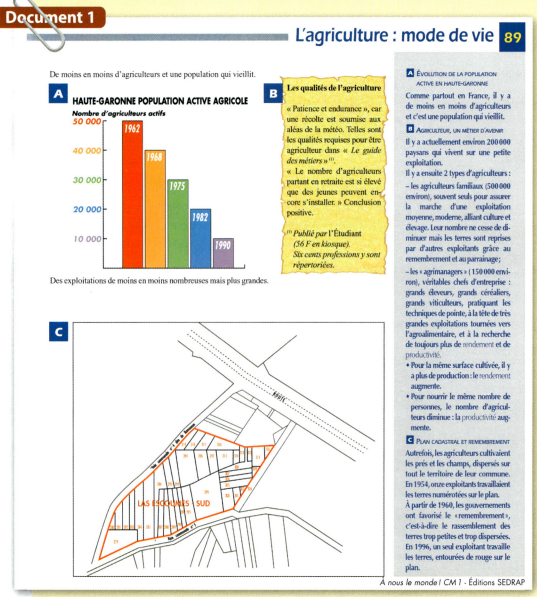

Je découvre.

1 **Dessine la silhouette de cette page d'un manuel de géographie et note ce que contient chaque partie :** le titre, la légende…

2 **Lis le texte qui donne des informations sur le doc. B, puis réponds aux questions.**
- Quel est le titre de ce texte ?   - Comment est-il organisé ?
- À quoi correspondent les deux paragraphes annoncés par un tiret en début de ligne ?
- À quoi correspondent les deux paragraphes annoncés par un gros point ?

3 **Lis le texte C et relève les mots qui indiquent la chronologie des informations.**

Tu peux maintenant répondre à la question du titre de la leçon.

138 Les écrits de documentation scientifique

Je compare mes découvertes avec...

...la proposition page 186.

J'utilise mes découvertes.

1 **a) Lis les deux textes ci-dessous.**

Que deviennent les fleurs de pommier ?
1- Les bourgeons éclosent, les fleurs s'épanouissent. 2- Les fleurs se fanent. Une petite boule verte reste au bout du rameau. 3- Cette boule verte grossit. 4- Le rameau porte une pomme.

Que deviennent les fleurs de pommier ?
D'abord la fleur du pommier est enfermée dans un bourgeon qui grossit puis s'entrouvre. Des pétales s'épanouissent.
Puis les différentes parties de la fleur se fanent et tombent. Une petite boule verte reste au bout du rameau. Peu à peu, cette boule verte grossit. Au bout de quelques semaines, le rameau porte une pomme.

b) Comment sont organisées les informations dans ces deux textes ?

Recherche les éléments qui marquent les étapes dans chacun de ces textes ?

2 **Réécris le texte de la naissance du haricot en remplaçant les mots soulignés par des indications de temps précises.** (→ Aide toi du schéma pour relever ces indications.)

LA NAISSANCE DU HARICOT

<u>Tout d'abord</u>, dans la terre, la graine se gonfle d'eau ; sa peau se fend. Une petite pointe apparaît : *la racine*.
<u>Peu après</u>, la tige pousse : elle porte deux cotylédons, deux petites feuilles vertes et se termine par un bourgeon.
<u>Petit à petit</u>, les cotylédons se flétrissent puis le plant de haricot continue à grandir en se nourrissant par ses racines. C'est une nouvelle plante.

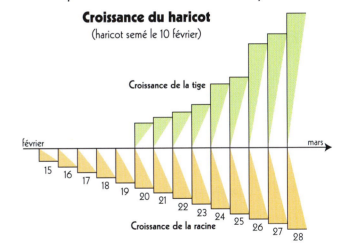

Croissance du haricot
(haricot semé le 10 février)

3 **Organise le texte ci-dessous en paragraphes.**

→ Chaque paragraphe doit correspondre à un thème (répondre à une question).

L'ours brun est le plus gros carnassier européen. Il peut peser jusqu'à 350 kg. Il vit dans l'épaisseur des forêts de montagne et du pied des montagnes. Sa tanière est une grande cavité sous un arbre abattu ou dans une caverne. C'est là que la femelle donne naissance, habituellement en janvier, à 2 ou 3 petits, parfois même 5, qui ouvrent les yeux quatre à cinq semaines après. La mère s'en occupe attentivement. Elle ne quitte pas la tanière pendant plusieurs semaines et vit de sa graisse sous-cutanée. Elle sort les oursons pour la première fois au bout de quatre mois. L'ours brun est un omnivore Il se nourrit de fruits de la forêt, de racines, d'invertébrés, d'œufs d'oiseaux, de mammifères, d'oiseaux, de reptiles et souvent de charognes. Il attrape adroitement les poissons, mais sa friandise préférée est le miel des abeilles.

Les écrits de documentation scientifique

Quel est le rôle des illustrations dans un écrit scientifique ?

J'observe puis je lis.

Document 1

Quelques végétaux jouent un rôle essentiel dans l'alimentation de l'ours. Il s'agit du conopode au printemps, de la myrtille à l'automne, des <u>faînes</u> et glands.

Les parties souterraines des conopodes sont stockées par les campagnols dans des greniers proches de leurs nids. Ces aliments sont très riches en matière énergétique dont l'ours a besoin à la sortie de sa léthargie hivernale.

Les baies de myrtilles sont la nourriture automnale équivalente aux conopodes printaniers. La récolte des <u>faînes</u> se fait aussi au printemps ; la couche de neige hivernale ayant conservé ces fruits secs. Il est à noter que, dans les deux cas, l'ours utilise sa patte comme un instrument qui lui permet d'enlever la couche de neige. Il peut ainsi attraper les fruits, comme avec un « peigne à myrtilles ».

Régime alimentaire de l'ours brun

L'ours est :	PELOUSES / PÂTURAGES	FORÊTS
• cueilleur ⇨	conopodes (muguettes), luzules, herbe, myrtilles	glands, <u>faînes</u>, bourgeons, chatons, nèfles, myrtilles, framboises, noisettes, sorbes, mûres, fougères
• chasseur ⇨	fourmis, insectes, grenouilles, campagnols, brebis	fourmis, gros animaux sauvages
• charognard ⇨	animaux domestiques morts	animaux sauvages morts

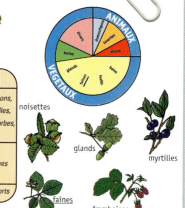

Je découvre.

1 Recherche le titre de cet écrit scientifique et dis ce que tu vas apprendre en le lisant.

2 Combien de parties différentes trouves-tu dans ce document ?

3 → Le mot « faîne » a été souligné plusieurs fois dans le texte.

  a) Repère où se trouve ce mot, puis réponds aux questions ci-dessous.
  - Les faînes sont des arbres, des herbes, des fruits ?
  - Comment as-tu trouvé la réponse ?

  b) Qu'apprends-tu de nouveau sur les faînes et l'alimentation de l'ours grâce au tableau ?

4 a) Qu'apprends-tu sur l'alimentation de l'ours en lisant le diagramme ?

  b) À quoi sert la bande bleue autour du cercle ?

  c) Quel titre pourrais-tu donner à ce diagramme ?

5 Réponds aux questions du tableau ci-dessous, et complète-le.

CLASSEUR TABLEAU 65	La réponse se trouve dans le :			
	texte.	diagramme.	tableau.	dessin.
L'ours mange-t-il plus de végétaux que d'animaux ?				
Comment l'ours se procure-t-il sa nourriture ?				
Pourquoi l'ours trouve-t-il encore des faînes au printemps ?				

Tu peux maintenant répondre à la question du titre de la leçon.

Les écrits de documentation scientifique

Je compare mes découvertes avec...

...la proposition page 186.

J'utilise mes découvertes.

1 a) Lis le document scientifique ci-dessous.

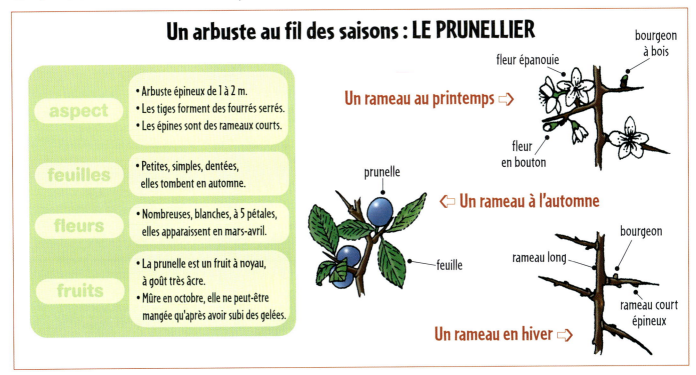

Un arbuste au fil des saisons : LE PRUNELLIER

- **aspect**
  - Arbuste épineux de 1 à 2 m.
  - Les tiges forment des fourrés serrés.
  - Les épines sont des rameaux courts.
- **feuilles**
  - Petites, simples, dentées, elles tombent en automne.
- **fleurs**
  - Nombreuses, blanches, à 5 pétales, elles apparaissent en mars-avril.
- **fruits**
  - La prunelle est un fruit à noyau, à goût très âcre.
  - Mûre en octobre, elle ne peut-être mangée qu'après avoir subi des gelées.

b) Relis le titre de ce document. Qu'apprends-tu, par rapport au titre, en observant ce dessin en 3 parties ? À quoi correspond chacune des parties de ce dessin ?

c) Recherche puis écris deux informations apportées :
  - seulement par le texte. - seulement par le dessin. - à la fois par le texte et le dessin.

d) Écris un texte en deux paragraphes :
  - Comment reconnaître le prunellier ?   - Que devient le prunellier du printemps à l'hiver ?

2 a) Recherche, dans un manuel de sciences, dans un livre sur les plantes ou bien sur internet, des informations sur ces quatre fruits rouges.

Le tamier

La bryone

Le chèvrefeuille

Le gratte-cul de l'églantier

b) Présente le « fruit » de tes recherches, à l'aide d'un tableau et de courts textes qui montreront les points communs et les différences entre ces quatre fruits rouges. Explique aussi pourquoi il ne faut pas les manger.
Trouve un titre qui correspond le mieux à tout ce que tu as voulu expliquer.

Les écrits de documentation scientifique   **141**

Quels mots faut-il choisir quand on produit un écrit scientifique ?

J'observe puis je lis.

Document 1

Comment se nourrissent les animaux ?
- *Certains animaux mangent des plantes : l'écureuil mange des noisettes et des fruits.*
- *D'autres mangent des animaux : le hibou se nourrit de souris, mulots et de musaraignes.*
- *D'autres animaux mangent à la fois des plantes et des animaux : le merle mange des fruits et des insectes, des limaces, des vers.*

Pierre - CM1

Document 2

Lexique

Régime alimentaire : Un animal ne mange pas n'importe quel être vivant. L'ensemble des aliments qu'il consomme constitue son régime alimentaire.

Végétarien (= phytophage) : régime alimentaire d'un animal qui se nourrit surtout de végétaux.

Carnivore (= zoophage) : régime alimentaire d'un animal qui se nourrit surtout d'aliments d'origine animale (animaux entiers ou morceaux d'animaux).

Omnivore : régime alimentaire d'un animal qui se nourrit en permanence d'aliments d'origine animale et d'aliments d'origine végétale.

Les besoins nutritifs des animaux

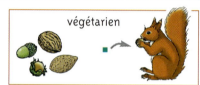
végétarien

carnivore

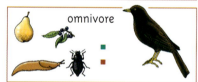
omnivore

■ matière végétale   ■ matière animale

(Les animaux ont tous besoin d'eau.)

- Les animaux ont des régimes alimentaires très divers :
  - certains sont **carnivores** (zoophages), ils se nourrissent surtout d'aliments d'origine animale.
  - d'autres sont **végétariens** (phytophages), ils se nourrissent surtout de végétaux.
  - d'autres enfin sont **omnivores**, ils se nourrissent d'aliments d'origine animale et d'aliments d'origine végétale.
- Quel que soit leur régime alimentaire, les animaux ont besoin pour se nourrir de **matière minérale** (eau et sels minéraux) et d'aliments qui proviennent d'autres êtres vivants (animaux ou végétaux).

D'après *À nous le monde !* - Éditions SEDRAP - CM1

Je découvre.

1 **a)** **Lis les documents 1 et 2.**

   b) **Retrouve dans le document 2, les mots ou groupes de mots, qui correspondent aux informations données dans le document 1, par Pierre.**
   Exemple : - *des plantes* ⇨ *des végétaux*
   - *certains animaux mangent des plantes* ⇨ ....

2 **a)** → Dans le document 2, on trouve un lexique. **Que trouves-tu dans ce lexique ?**

   b) **À quoi sert-il dans le manuel ?**

3 **Qu'est-ce qui change entre le texte de l'élève et les textes du manuel ?**

4 **Réécris avec tes mots le titre du schéma (document 2).**

Tu peux maintenant répondre à la question du titre de la leçon.

Les écrits de documentation scientifique

Je compare mes découvertes avec...

...la proposition page 187.

J'utilise mes découvertes.

1 a) Observe le schéma puis les deux textes ci-dessous.

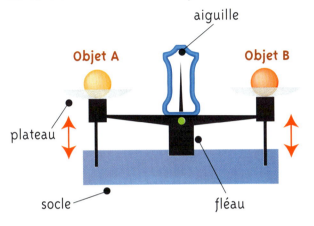

① L'aiguille est droite, les deux plateaux sont à la même hauteur : ils sont en équilibre. Les deux objets ont la même masse.

② La barre au milieu est bien droite. C'est pareil des deux côtés. Les objets ont le même poids.

b) Quel est celui qui a été écrit par un élève ?
Quel est celui qui est extrait d'un manuel de sciences ?

c) Recopie le texte de sciences puis entoure les mots scientifiques.

d) Explique, avec tes mots, l'information apportée par les flèches rouges.

2 a) Lis le texte ci-dessous.

La grenouille verte

À la différence de la salade, la grenouille verte est verte toute l'année. Elle n'a pas de plumes ni de poils ; sa peau est nue, toujours humide et gluante.

La tête de la grenouille

Elle comporte des mâchoires avec de petites dents sur la mâchoire supérieure, une longue langue, fixée à l'avant de la bouche, qui lui permet d'attraper les insectes en vol, un petit museau avec deux narines, et enfin deux yeux jaunes qui, la nuit, la font ressembler à une Twingo en codes.

Les membres de la grenouille

Les membres antérieurs, sortes de petits bras, terminés chacun par une main, ne servent pas à grand-chose, sinon à tricoter une layette en attendant une naissance.

J.-L. Fournier, *Sciences naturelles et impertinentes*

b) Ce texte a-t-il l'organisation d'un écrit scientifique ? Justifie ta réponse.

c) Observe les mots et expressions utilisés. Classe-les en deux familles :
- ceux qui correspondent à un écrit scientifique,
- ceux qui ont une autre fonction.

d) Comment peux-tu caractériser cet écrit ?

3 Écris un texte pour rire sur le hérisson, l'éléphant ou un autre animal de ton choix, à la façon de J.-L. Fournier.

Les écrits de documentation scientifique — 143

Quelles sont les formes habituelles des verbes dans un écrit scientifique ?

J'observe puis je lis.

Document 1
Histoire

Les Gaulois <u>savaient</u> fabriquer des outils divers, et des armes. Ils <u>étaient</u> capables de dépecer les bêtes qu'ils <u>avaient tuées</u> avec de véritables coutelas.

Document 2
Géographie

1- Montagnes et vallées

Les montagnes <u>sont</u> les éléments du relief les plus élevées. Elles <u>se caractérisent</u> par leur altitude. Les torrents de montagne <u>dévalent</u> les pentes avant de grossir les cours d'eau au fond des vallées.

2- Plaines, plateaux

Les plaines et les plateaux <u>sont</u> des espaces plats. Dans les plaines, les vallées sont larges et planes. Sur les plateaux qui <u>sont surélevés</u>, les cours d'eau <u>ont creusé</u> des vallées étroites et profondes.

Document 3
Sciences

Comment les animaux <u>passent</u>-ils l'hiver ?

À l'approche de l'hiver, les animaux <u>ont</u> des comportements différents :
• certains <u>migrent</u> vers des régions aux conditions plus favorables, par exemple l'hirondelle ;
• d'autres <u>s'endorment</u> dans un abri : ils <u>hibernent</u> comme le hérisson ;
• d'autres <u>changent</u> de forme : par exemple la libellule <u>passe</u> l'hiver à l'état de larve enfouie dans la vase. Elle <u>se transformera</u> en adulte au printemps.

Document 4
Histoire

ENFANTS CHEZ LE DRUIDE

Le druide <u>est</u> le prêtre : il <u>célèbre</u> les fêtes en l'honneur des dieux.
Le druide est le médecin : il <u>connaît</u> tous les secrets des plantes.
Le druide est le juge.
Le druide est le maître d'école : il <u>enseigne</u> oralement car les Gaulois n'<u>écrivent</u> pas.
Le druide connaît sûrement l'écriture car il <u>fréquente</u> les Grecs et les Romains qui, eux, écrivent et <u>lisent</u>.

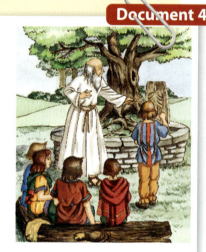

Je découvre.

1 a) Lis les quatre documents ci-dessus.

b) Écris, dans les cases qui conviennent du tableau ci-dessous, toutes les formes verbales soulignées de ces quatre documents.

CLASSEUR TABLEAU 66

	présent	passé simple	imparfait	futur	passé composé	plus-que-parfait
document 1						
document 2						
document 3						
document 4						

c) Quels sont les temps les plus utilisés ?
Quels sont ceux que l'on ne trouve pas ?

Tu peux maintenant répondre à la question du titre de la leçon.

Les écrits de documentation scientifique

Je compare mes découvertes avec...

...la proposition page 187.

J'utilise mes découvertes.

1 a) **Lis ces deux textes.**

Le dytique

Ce coléoptère qui vit essentiellement dans les mares et les étangs possède deux ailes et peut donc voler. Il vit dans l'eau. Ses pattes arrières sont un peu plus larges et plus plates que des pattes normales : ce sont des rames. Le dytique doit pouvoir nager vite car c'est un prédateur. En effet, il attrape d'autres animaux qui vivent dans l'eau et s'en nourrit.

Drôle d'animal

...C'est ce jour-là que j'aperçus mon premier dytique. Il était dans la mare où il vit habituellement. Ses pattes arrières étaient larges, et plus plates que celles des autres animaux : on aurait dit de vraies rames ! Je compris alors pourquoi : comme c'est un prédateur, il doit pouvoir nager vite. De fait, sous mes yeux, il attrapa un minuscule insecte et l'engloutit.

b) De ces deux textes, quel est celui qui appartient à un écrit scientifique ?
À quel type d'écrit peut appartenir l'autre document ?
Dis ce qui t'a permis de répondre.

2 a) Lis les informations ci-dessous sur l'ours blanc et sers-toi de ces renseignements pour rédiger une fiche de documentation scientifique destinée à des élèves de CE 2.
→ Attention aux verbes : pense à utiliser les tableaux de verbes qui sont dans le livre.

L'ours blanc

- Vie aquatique.
- *Poids* : 600 kg.
- *Hauteur* : 2,70 mètres (dressé).
- Régions du littoral arctique.
- *Mœurs* : plutôt solitaire, et parfois en petits groupes.
- *Nourriture* : graisse et intestins de phoques, charognes, poissons.
- *Reproduction* : accouplement, entre fin mars et début juin.
- *Gestation* : 7 à 8 mois.
- *Portée* : en général, 2 oursons (parfois 1 seulement, quelquefois 3 rarement davantage).

b) Imagine ensuite que l'ours blanc raconte comment il a rencontré des scientifiques qui menaient des recherches dans l'océan Arctique, et les problèmes que cette rencontre a provoqués dans sa vie de famille. Écris ce récit.

Les écrits de documentation scientifique — 145

De quoi dépend le choix des mots, des phrases et des illustrations dans un écrit de documentation scientifique ?

J'observe puis je lis.

Document 1

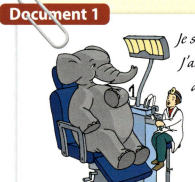

Je suis un éléphant. J'ai une grande trompe et de tout petits yeux. Mes défenses sont mes dents. Avec la baleine, je suis un des plus gros animaux de la terre. Je me nourris d'herbe et de feuilles.

Document 2

L'éléphant d'Afrique
Le plus gros !

L'éléphant d'Afrique est le plus gros de tous les animaux terrestres : un bébé pèse plus de 100 kg et un adulte presque six tonnes ! Il a deux grandes défenses en ivoire qui sont ses dents extérieures.

Ses grandes oreilles lui servent de ventilateur contre la chaleur. Les éléphants vivent en groupe.

Un éléphant, ça mange énormément

L'éléphant a un appétit d'ogre : il mange chaque jour, environ 300 kg de racines, fruits, herbes fraîches...

Document 3

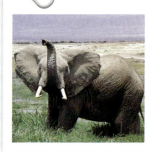

éléphant nom m. Gros mammifère qui vit en Afrique et en Asie. Sa taille atteint 3 à 4 m et il peut peser jusqu'à sept tonnes. Son nez est très développé (la *trompe*), ainsi que ses incisives supérieures (les *défenses*). La femelle n'a qu'un petit (*l'éléphanteau*) à la fois, après une gestation qui dure 20 mois.

Je découvre.

1 **a)** Lis les trois textes ci-dessus consacrés à l'éléphant.

b) Écris les réponses aux questions suivantes dans le tableau ci-dessous.
- Quelle forme a chacun de ces textes : texte en « je » ou texte en « il » ?
- Ces textes utilisent-ils des mots scientifiques ?
- À quel type de lecteurs sont-ils destinés ?

CLASSEUR TABLEAU 67

	Forme de texte en « je ».	Forme de texte en « il ».	Mots scientifiques : oui ? non ?	Quel type de lecteurs ?
texte 1				
texte 2				
texte 3				

2 **Dans le texte 1, qui est « je » ?**
Comment as-tu fait pour répondre ?

Tu peux maintenant répondre à la question du titre de la leçon.

Les écrits de documentation scientifique

Je compare mes découvertes avec...

...la proposition page 187.

J'utilise mes découvertes.

1 **a)** Lis les deux réponses proposées à la question ci-dessous.

POURQUOI LA MER EST-ELLE SALÉE ?

☞ **Réponse du Docteur Zarbi**

☞ **Réponse du Docteur Logik**

b) Laquelle, de ces deux réponses, te paraît une réponse scientifique ? Pourquoi ?

c) Pourquoi l'auteur a-t-il choisi de donner ces deux réponses ?

d) Dans quel type d'écrits penses-tu que ces réponses se trouvent ?

e) Écris la réponse scientifique comme elle devrait être rédigée dans un manuel de sciences.
→ Pense à la mise en page et aux problèmes d'organisation des textes sur lesquels tu as déjà travaillés.

Les écrits de documentation scientifique

Décrire pour expliquer et décrire pour raconter est-ce la même chose ?

J'observe puis je lis.

Document 1

La végétation en montagne

À la montagne, plus on s'élève en altitude, plus les températures sont basses (la température baisse de 1°C quand on s'élève de 200 m).

La végétation est adaptée à ces changements. Les feuillus (arbres qui perdent leurs feuilles en automne : châtaigniers, hêtres, charmes…) sont plus fragiles et se trouvent au pied des versants.

Au-dessus apparaissent les forêts de conifères (arbres porteurs d'aiguilles : pins, sapins, épicéas) plus résistants au froid.

Les prairies (appelées quelquefois alpages) dominent ces forêts. Elles sont recouvertes d'une herbe épaisse l'été et accueillent les troupeaux.

C'est enfin, au-dessus, les sommets avec, pour les montagnes de haute altitude, roches nues, neiges éternelles et glaciers. Le paysage montagnard est donc organisé en étages : on parle d'étagement de la végétation.

Document 2

Quand la chèvre blanche arriva dans la montagne, ce fut un ravissement général. Jamais les vieux sapins n'avaient rien vu d'aussi joli. On la reçut comme une petite reine. Les châtaigniers se baissaient jusqu'à terre pour la caresser du bout de leurs branches. Les genêts d'or s'ouvraient sur son passage, et sentaient bon tant qu'ils pouvaient. Tu penses Grégoire, si notre chèvre était heureuse ! Plus de corde, plus de pieu… Rien qui ne l'empêchât de brouter à sa guise… C'est là qu'il y avait de l'herbe ! Jusque par-dessus les cornes mon cher ! Et quelle herbe ! Savoureuse, fine, dentelée, faite de mille plantes. C'est bien autre chose que le gazon du clos. Et les fleurs donc ! De grandes campanules bleues, des digitales de pourpre à longs calices, toute une forêt de fleurs sauvages débordant de sucs capiteux.

A. Daudet, *La Chèvre de Monsieur Seguin*

Je découvre.

1 a) Lis les deux textes ci-dessus qui décrivent la végétation en montagne.

b) → L'un est un écrit scientifique (doc. 1) et l'autre un écrit littéraire (doc. 2). Qu'est-ce qui te permet de le savoir ?

c) Que comprends-tu de la végétation en lisant le document 1 ?

d) Que comprends-tu de la végétation en lisant le document 2 ?

2 Compare la description des arbres et de l'herbe dans le document 1 et dans le document 2, puis réponds aux questions ci-dessous.

- Qu'est-ce qui change ?

- Est-ce que les détails sont les mêmes ?

- Est-ce que les mots choisis sont les mêmes ?

- Pourquoi ?

Tu peux maintenant répondre à la question du titre de la leçon.

Je compare mes découvertes avec…

…la proposition page 188.

J'utilise mes découvertes.

1 a) Lis les trois textes suivants.

Texte 1

Les membres de la grenouille

Les membres antérieurs, sortes de petits bras terminés chacun par une main, ne servent pas à grand-chose, sinon à tricoter de la layette en attendant une naissance.

Les membres postérieurs sont composés du pied, de la jambe et surtout de la délicieuse cuisse, qu'on déguste avec de l'ail et du persil. Avant cuisson, ses cuisses permettent à la grenouille de faire des sauts de 1,50 mètre, soit 20 fois sa taille.

J.-L. Fournier, *Sciences naturelles et impertinentes*

Texte 2

LES GRENOUILLES

Par brusques détentes, elles exercent leurs ressorts.
Elles sautent dans l'herbe comme de lourdes gouttes d'huile frite.
Elles se posent, presse-papiers de bronze, sur les larges feuilles du nénuphar.
L'une se gorge d'air. On mettrait un sou, par sa bouche, dans la tirelire de son ventre.
Elles montent, comme des soupirs, de la vase.
Immobiles, elles semblent, les gros yeux à fleur d'eau, les tumeurs de la mare plate.
Assises en tailleur, stupéfiées, elles bâillent au soleil couchant.
Puis, comme les camelots assourdissants des rues, elles crient les dernières nouvelles du jour.
Il y aura réception chez elles ce soir; les entendez-vous rincer leurs verres?
Parfois, elles happent un insecte.
Et d'autres ne s'occupent que d'amour.

J. Renard, *Histoires naturelles*

Les grenouilles

- Grande grenouille verte
- Grenouille et crapaud

Grenouille : amphibien de l'ordre des anoures, au corps ramassé et dépourvu de queue. Les grenouilles ont des pattes arrières plus longues et plus musclées que celles des crapauds, ce qui leur permet de faire des grands

Texte 3

Au moment de la reproduction, les mâles peuvent être assez bruyants. Le chant, qui leur permet d'attirer les femelles, est différent selon les espèces : c'est un moyen de les différencier. Les mâles de certaines espèces possèdent des sacs vocaux, qui se gonflent et permettent de produire des sons plus puissants.

sauts. Elles sont également bien adaptées à la vie aquatique : la peau des grenouilles, contrairement à celle des crapauds, est lisse et sans verrues. Leurs grands yeux globuleux leur permettent de voir dans toutes les directions.

b) Complète les phrases ci-dessous.

- Le texte 1 décrit la grenouille pour…
- Le texte 2 décrit la grenouille pour…
- Le texte 3 décrit la grenouille pour…

Relève, dans chaque texte, des phrases ou expressions qui justifient tes réponses.

2 a) Recherche des informations sur les reptiles.

b) Fais ensuite la description d'un (ou de plusieurs) reptile(s) qui serai(en)t les héros d'une nouvelle destinée à amuser le lecteur (→ relis le texte de J.-L. Fournier sur la grenouille).

Les écrits de documentation scientifique **149**

Qu'est-ce qu'une phrase à la forme impersonnelle ?

J'observe puis je lis.

Document 1

**L'OURS :
Le régime alimentaire**

Quelques végétaux jouent un rôle essentiel dans l'alimentation de l'ours : <u>il s'agit du conopode</u>, de la myrtille à l'automne, des faînes et glands aussi. […]
<u>Il se trouve</u>, dans certains pâturages pyrénéens, jusqu'à 80 kg de conopodes prêt à consommer. C'est un aliment très riche en matière énergétique pour l'ours. <u>Il en a besoin</u> à la sortie de sa léthargie hivernale. Les baies de myrtilles sont la nourriture automnale un peu équivalente aux conopodes printaniers.
<u>Il est à noter que</u>, dans les deux cas, l'ours utilise sa patte comme un instrument qui lui permet d'enlever la couche de neige. <u>Il peut ainsi attraper les fruits</u>, comme avec un « peigne à myrtilles ». <u>Il est possible de conserver ces fruits sous la neige</u> jusqu'au printemps.
<u>Il ne faut pas oublier</u> l'importance des formations de clairières et leur diversité écologique dans l'alimentation de l'ours.

Je découvre.

1 a) Lis le document ci-dessus.

b) → On a souligné dans cet extrait plusieurs débuts de phrases commençant par « il ».
Recopie ces débuts de phrases dans le tableau suivant, en précisant pour la première colonne le GN qui est remplacé.

« IL » remplace un GN.	« IL » ne remplace aucun GN.
Il en a besoin… (il = l'ours)	
→ Ces phrases sont à *la forme personnelle*.	→ Ces phrases sont à *la forme impersonnelle*.

CLASSEUR TABLEAU 68

2 a) Lis les phrases ci-dessous que l'on a réécrites à la forme personnelle et dont on a surligné en jaune le GN sujet du verbe.
- ==80 kg de conopodes== peuvent être trouvés dans certains pâturages pyrénéens.
- ==Que l'ours utilise sa patte comme un instrument== est à noter.
- ==Conserver ces fruits sous la neige== est possible.

b) Compare ces réécritures avec les phrases correspondantes du texte.
Que remarques-tu ?

c) → On n'a pas réécrit les deux autres phrases qui commencent par :
Il s'agit de…   Il ne faut pas …
À ton avis, pourquoi ?

Tu peux maintenant répondre à la question du titre de la leçon.

Les écrits de documentation scientifique

Je compare mes découvertes avec…

…la proposition page 188.

J'utilise mes découvertes.

1 **Lis les phrases ci-dessous et recopie les phrases impersonnelles.**
- On trouve des icebergs au pôle Nord et au pôle Sud.
- Les icebergs sont des morceaux de glaciers.
- Il ne faut pas les confondre avec la banquise qui est de l'eau de mer gelée.
- Les bateaux qui naviguent près du pôle Nord doivent les éviter.
- Il faut être particulièrement vigilant pour ne pas les heurter.
- Il est possible que ces icebergs viennent du Groënland.
- Il est demandé aux capitaines de cargo de redoubler de vigilance.
- Tous les marins savent que les icebergs sont dangereux.
- Il leur est rappelé que le Titanic a fait naufrage en heurtant un de ces monstrueux blocs de glace.
- Il importe d'être prudents.

2 a) Lis les phrases suivantes.
1. Il s'agit du hérisson.
2. Il se nourrit de vers, mais aussi de végétaux et d'insectes.
3. Il est omnivore.
4. Il ne faut pas le capturer.
5. Il est impossible qu'il mange des œufs de poule, trop gros pour lui !
6. Il se lèche souvent.
7. Il est probable que des puces le dérangent.
8. Il semble avoir parfois les attitudes d'un chat.
9. Il est très agile.
10. Il lui est possible de grimper grâce à ses griffes.

b) Classe les phrases dans le tableau ci-dessous.

CLASSEUR TABLEAU 69	« IL » remplace « le hérisson ».	« IL » se trouve au début d'une phrase impersonnelle.	« IL » accompagne un verbe impersonnel.
n° des phrases			

c) Transforme les phrases impersonnelles en phrases à la forme personnelle quand c'est possible.

3 a) Lis le début de cette célèbre comptine.

Il pleut, il pleut, il mouille
C'est la fête à la grenouille…

b) Cherche d'autres verbes et d'autres expressions impersonnelles sur le thème de la météo ; écris un petit texte plein de fantaisie.

Les écrits de documentation scientifique — 151

Comment ne pas se tromper sur le sens des mots ?

J'observe puis je lis.

Document 1

Texte A

L'EXODE DANS LE MILIEU RURAL

À la fin du XIXe siècle, l'industrie s'est développée. De nombreuses usines ont été créées. Pour faire fonctionner leurs machines, elles ont eu besoin d'un grand nombre de personnes. Beaucoup d'agriculteurs quittent leur campagne pour grossir la main-d'œuvre ouvrière. L'exode rural commence, les villages se dépeuplent, l'école et les commerces disparaissent, des maisons sont fermées.

Texte B

JEU

Les joueurs forment un cercle. Au **milieu** de ce cercle se trouve le ballon.
Le but du jeu est de faire sortir le ballon.

Texte C

Trace un segment [AB] d'une longueur de 6 cm.

Marque le **milieu** de ce segment.

milieu, n.m.
1. Centre d'un lieu, d'une chose.
2. Point qui est également distant des extrémités.
3. Lieu où un être vivant a son existence.

Document 2

Texte A

Le four solaire

1- Colle du papier aluminium sur tous les morceaux de carton pour en faire des miroirs.

2- Pose le récipient plein d'eau au soleil.

3- Place les miroirs de façon à ce que chacun d'eux renvoie le reflet du soleil sur le récipient. Les .... du soleil vont bientôt faire chauffer l'eau.

Texte B

Sur une feuille blanche, tracc, à l'aide de ton compas, deux cercles de quatre centimètres de ....

Je découvre.

1 a) Lis les trois textes et l'extrait de dictionnaire du document 1.

b) Pour chaque texte, dis quel est le sens du mot « milieu ».

2 a) Lis les deux textes du document 2.

b) Le même mot manque dans chacun de ces textes. Lequel ? Comment as-tu fait pour le trouver ?

Tu peux maintenant répondre à la question du titre de la leçon.

Les écrits de documentation scientifique

Je compare mes découvertes avec…

…la proposition page 188.

J'utilise mes découvertes.

1 **a) Parmi les phrases ci-dessous, recopie celles que tu peux trouver dans ton livre de mathématiques.**

1. Le pêcheur a mis sa ligne à l'eau.
2. Pour présenter un compte-rendu, il est préférable de laisser une ligne entre chaque paragraphe !
3. Les joueurs se déplacent en ligne droite d'un bord à l'autre du terrain.
4. Les deux lignes droites qui se coupent forment un angle droit.
5. Ce texte a vingt lignes.
6. Les élèves se rangent sur une même ligne, sous le préau.
7. Avec ta règle, trace les traits rouges et continue à joindre les nœuds.
8. Règle du jeu : le chiffre de la carte placée le plus à gauche n'est jamais un zéro. Un chiffre est caché dans chaque nombre.
9. En règle générale, celui qui travaille et s'entraîne souvent réussit les épreuves sportives du brevet.

B : Mots écrits les uns à côté des autres.
C :
E : Comment il faut jouer.
F : Ce qui se passe habituellement.

b) À quelles phrases correspondent les illustrations ou extraits de dictionnaire ci-dessus ?
Exemple : A ⇨ 6

B : ……….   C : ……….   D : ……….   E : ……….   F : ……….

2 **a) Lis les 5 phrases ci-dessous ainsi que tous les sens que peut prendre le mot « figure ».**

- Julien fait figure de héros depuis sa victoire.
- Dessine une figure à quatre côtés.
- La patineuse dessinait sur la glace des figures compliquées.
- Peins sur la figure de ta poupée de jolis yeux noirs.
- Vercingétorix est une figure de notre histoire.

figure, n.f.
- Sens 1 ⇨ Visage humain.
- Sens 2 ⇨ Être considéré.
- Sens 3 ⇨ Pas et gestes qui forment une danse.
- Sens 4 ⇨ Forme dessinée comme le carré.
- Sens 5 ⇨ Personnalité marquante.

b) Recopie chaque phrase en précisant à côté du mot « figure » quel est son sens ?

3 **Écris des phrases dans lesquelles tu emploieras les mots « carte », « légende », « plan », dans des contextes et avec des sens différents.**
→ Consulte ton dictionnaire de langue.

Les écrits de documentation scientifique — 153

Un déterminant défini ou indéfini, qu'est-ce que ça veut dire et comment ça fonctionne ?

J'observe puis je lis.

Document 1

1. La Terre reçoit <u>des rayons ultraviolets</u>.
2. La pollution détruit <u>son bouclier protecteur</u>.
3. Nous devons préserver <u>cette couche d'ozone</u>.
4. L'homme modifie <u>la composition des bombes aérosols</u>.
5. Il faut aussi installer <u>des filtres</u>.
6. Ces filtres limitent <u>la production de gaz polluants</u>.
7. Les fumées d'usine contiennent parfois <u>un gaz dangereux pour la couche d'ozone</u>.
8. Elles polluent <u>notre atmosphère</u>.
9. Elles augmentent <u>la quantité de gaz carbonique de l'air</u>.
10. Les hommes absorbent <u>de l'oxygène en grande quantité</u>.
11. Les plantes absorbent <u>du gaz carbonique</u>.
12. Elles rejettent <u>de l'oxygène</u>.

Document 2

Il faut installer <u>des filtres</u>.
⇨ Il ne faut pas installer <u>de filtres</u>.
Il faut installer <u>un filtre</u>.
⇨ Il ne faut pas installer <u>de filtre</u>.
Ces filtres limitent <u>les gaz polluants</u>.
⇨ Ces filtres ne limitent pas <u>les gaz polluants</u>.
Les fumées d'usine contiennent <u>des gaz dangereux</u>.
⇨ Les fumées d'usine ne contiennent pas <u>de gaz dangereux</u>.
Elles polluent <u>notre atmosphère</u>.
⇨ Elles ne polluent pas <u>notre atmosphère</u>.

Je découvre.

1 a) **Lis les phrases du document 1.**

b) **Transforme les GN soulignés en pronoms.**

Exemples : 1- *La Terre reçoit <u>des rayons ultraviolets</u>.* ⇨ *La Terre en reçoit.*
2- *La pollution détruit <u>son bouclier protecteur</u>.* ⇨ *La pollution le détruit.*

c) **Observe le résultat des pronominalisations, puis range les phrases dans le tableau suivant.**

	La pronominalisation du GN souligné se fait avec le mot :	
	en.	**le / la / les / l'.**
n° des phrases	1 -	2 -
	→ Le déterminant du GN est appelé « indéfini ».	→ Le déterminant du GN est appelé « défini ».

CLASSEUR TAB. 70

d) **Fais la liste des déterminants indéfinis que tu as trouvés dans ces GN soulignés. Fais la liste des déterminants définis que tu as trouvés dans ces GN soulignés.**

2 a) **Dans le document 2, observe ce que deviennent les déterminants lorsqu'on met les phrases à la forme négative.**

b) **Complète, avec tes remarques, les affirmations suivantes :**
- À la forme négative, tous les déterminants définis prennent la forme...
- À la forme négative, le déterminant indéfini **« des »** prend la forme...
- À la forme négative, le déterminant indéfini **« un »** prend la forme...

Tu peux maintenant répondre à la question du titre de la leçon.

Je compare mes découvertes avec...

...la proposition page 188.

J'utilise mes découvertes.

1 **a)** **Lis attentivement chaque phrase.**

b) **Cherche la pronominalisation qui convient, barre celle qui ne convient pas.**

c) **Souligne le GN qui a été pronominalisé.**

Léo observe <u>les tortues</u>. ⇨ *Léo les observe. / ~~Léo en observe.~~*

Léo observe ces tortues. ⇨ *Léo les observe. / Léo en observe.*
La tortue pond des milliers d'œufs. ⇨ *La tortue en pond des milliers. / La tortue les pond.*
Léo note ses observations. ⇨ *Léo en note. / Léo les note.*
Il mesure cette carapace de tortue. ⇨ *Il en mesure. / Il la mesure.*
Il prend des morceaux de corail. ⇨ *Il en prend. / Il les prend.*
Il a ramassé ce joli coquillage. ⇨ *Il en a ramassé. / Il l'a ramassé.*
Il surveille l'oiseau blessé. ⇨ *Il le surveille. / Il en surveille.*
Il collectionne des plumes d'oiseaux. ⇨ *Il en collectionne. / Il les collectionne.*
Il a questionné des scientifiques. ⇨ *Il les a questionnés. / Il en a questionné.*
Il aime son travail. ⇨ *Il en aime. / Il l'aime.*

d) **Recopie en les classant :**

• les GN avec déterminant défini ; • les GN avec déterminant indéfini.

2 **a)** **Complète chaque GN avec un déterminant qui convient, en les faisant varier lorsque c'est possible.**

• .... schémas ? Je les complète.
• .... tableaux ? J'en fais moi-même.
• .... cartes ? J'en reproduis.
• .... illustration ? Je l'apprécie.

• .... photo ? Je la choisis pour mon exposé.
• .... dessin réaliste ? J'en ai déjà vu de mieux !
• .... documents ? Je les trouve très intéressants.
• .... reproduction de tableau ? Je vais la scanner.

b) **Reconstitue les phrases précédentes, puis écris-les à la forme négative. Souligne les GN.**

Exemple : *Je complète mes schémas. Je ne complète pas mes schémas.*

3 **À la manière de Jean Tardieu dans son poème *Conversation*, écris un petit texte en variant les déterminants dans les GN.**

« Comment ça va sur la Terre ?

– Ça va bien, ça va bien.

– Tes volcans ?

– Je les surveille... »

Les écrits de documentation scientifique | **155**

Avec quels types de mots peut-on accrocher les groupes de mots les uns aux autres ?

J'observe puis je lis.

Document 1

- L'hirondelle et le martinet nichent sur des falaises.
- L'hirondelle de cheminée niche sur des falaises.

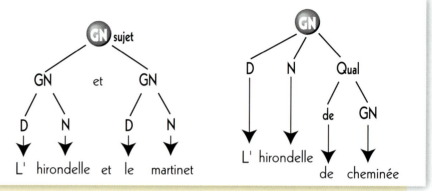

Je découvre.

1 **Quelle différence vois-tu entre la position du groupe « de cheminée » et du groupe « et le martinet » dans le schéma-arbre ?**

2 **Effectue les manipulations suivantes :**
- Réécris ces phrases en intervertissant les 2 GN. Que remarques-tu ?
- Réécris les 2 phrases en enlevant les mots « et », « de » et en les remplaçant par une virgule. Que remarques-tu ?

3 → Voici une série de phrases avec des GN que nous avons soulignés.

Tu vas refaire les manipulations de l'exercice 2 et pour chaque phrase, tu écriras si ces manipulations sont possibles, comme dans l'exemple suivant :

Exemple : _Le martinet_ et _l'engoulevent_ ont des becs similaires ⇨ a et b sont possibles.
1. _Ce rapace_ à _plumes en écailles_ a un bec très court.
2. _La femelle_ du _faucon_ pond de trois à cinq œufs.
3. _Cette famille_ de _rapaces_ niche à même le sol.
4. _Hirondelle_ ou _martinet_ sont des proies faciles pour ces rapaces.
5. _Ni l'hirondelle_ ni _le martinet_ ne sont des proies faciles.

4 **Fais le bilan de tes remarques, à l'aide du tableau que te distribuera ta maîtresse ou ton maître.**

5 **Écris la liste des autres mots que tu as rencontrés qui jouent le même rôle que :**
- « de ». → Ces mots **subordonnent**. On les appelle des **prépositions**.
- « et ». → Ces mots **coordonnent**. On les appelle des **conjonctions de coordination**.

Tu peux maintenant répondre à la question du titre de la leçon.

Je compare mes découvertes avec...

...la proposition page 189.

J'utilise mes découvertes.

1 **a)** **Recopie ces phrases en choisissant l'écriture du verbe qui convient.**

Explique ce qui a guidé ton choix.

1- La femelle de l'aigle *(couve/couvent)* seule les œufs.

2- Le mulot ou le campagnol *(sert/servent)* de nourriture au bébé busard.

3- Le busard à masque facial *(passe/passent)* l'hiver en Aquitaine.

4- Un couple de chevreuils *(s'est installé/se sont installés)* dans le bosquet.

5- Ni la couleuvre ni le crapaud ne *(peut/peuvent)* échapper à la buse variable.

6- La chouette chevêche et la chouette effraie *(vit/vivent)* souvent près des hommes.

7- La cigogne avec ses longues pattes *(mesure/mesurent)* un mètre vingt de haut.

8- L'aigle au serpent *(est/sont)* un rapace des garrigues.

b) **Dans quelles phrases as-tu reconnu un GN avec une conjonction de coordination ?**

2 **a)** **Complète les GN soit par une préposition, soit par une conjonction de coordination.**

Cette tortue ⸺ eau douce est très méfiante.

La cistude ⸺ la tortue marine ne se ressemblent pas.

La cistude vit dans les marais ⸺ dans les étangs.

La femelle ⸺ la cistude creuse un trou pour pondre.

b) **Écris ces phrases à la forme négative.**

3 **a)** **Lis le début du poème *Cortège* de Jacques Prévert et découvre la manière dont il est construit.**

Un vieillard en or avec une montre en deuil

Une reine de peine avec un homme d'Angleterre

Des travailleurs de la paix avec des gardiens de la mer

Un serpent à café avec un moulin à lunettes

....

b) **Imagine une suite.**

→ Tu peux continuer sur le thème de la faune sauvage.

Les écrits de documentation scientifique **157**

Est-ce que tous les verbes peuvent avoir un complément ?

J'observe puis je lis.

Document 1

1. Le lièvre variable <u>appartient à la famille des léporidés</u>.
2. Il <u>fréquente la haute montagne</u>.
3. Durant l'année, le lièvre <u>mue</u>.
4. Le lièvre <u>joue de ce mimétisme</u> pour échapper aux regards.
5. Trop loin de son gîte, le lièvre <u>joue sa vie</u>.
6. Il <u>mange des écorces et des lichens</u>.
7. Avant de regagner son gîte, il <u>brouille sa trace</u>.
8. L'observateur <u>joue à cache-cache</u> avec ces animaux peureux.
9. A la fin d'une belle journée de juin, les hannetons <u>sortent</u>.
10. Le chat <u>sort ses griffes</u>.
11. Les chatons <u>jouent</u>.
12. Immobiles à la surface de l'eau, les crocodiles <u>dorment</u>.
13. Tous les êtres vivants <u>respirent</u>.
14. Le plongeur sous-marin <u>respire un air agréable</u>.

Mon carnet de nature
Louise - CM 1

Je découvre.

1 a) Classe les GV soulignés des phrases du document 1 dans le tableau suivant.

	Il n'y a pas de GN à la droite du verbe.	Il y a un GN à la droite du verbe.	
CLASSEUR TABLEAU 71		C'est un GN sans préposition.	C'est un GN avec préposition.
	→ Ces verbes sont appelés verbes intransitifs.	→ Ces verbes sont appelés transitifs directs.	→ Ces verbes sont appelés transitifs indirects.

b) Dans quelles colonnes as-tu placé les GV des phrases 4 ; 5 ; 8 ; 11 ?
Le verbe « jouer » a-t-il le même sens dans chacune de ces phrases ?

c) Observe les GV des phrases 9 et 10. Quelles remarques peux-tu faire ?
Cherche d'autres verbes que l'on peut ainsi placer dans plusieurs colonnes.

2 a) Observe les GV des deux phrases ci-dessous.
- Le naturaliste récolte de <u>tout petits animaux</u>.
- Le naturaliste parle de <u>ses découvertes</u>.

b) Pour savoir si « de » est une préposition ou le pluriel de « un », mets les deux GN soulignés au singulier, puis complète les deux réponses ci-dessous.
- Dans la phrase ...., « de » est .... ; le verbe « récolter » est ....
- Dans la phrase ...., « de » est .... ; le verbe « parler » est ....

Tu peux maintenant répondre à la question du titre de la leçon.

158 — Les écrits de documentation scientifique

Je compare mes découvertes avec…

…la proposition page 189.

J'utilise mes découvertes.

1 **a) Lis ces phrases construites avec le verbe « parler ».**

1. Ce perroquet parle le javanais.
2. Le naturaliste parle de ses découvertes.
3. Le naturaliste parle aux élèves.
4. Depuis plusieurs jours, mon perroquet parle.
5. Il parle à notre professeur.
6. Jacques parle de ses découvertes à son professeur.

b) Classe ces phrases dans le tableau ci-dessous.

CLASSEUR TAB. 72	Le verbe « parler » est intransitif.	Le verbe « parler » est transitif direct.	Le verbe « parler » est transitif indirect.
n° des phrases			

Le GN est relié au verbe avec…

c) Les phrases de a) ont été pronominalisées. Retrouve-les et rend-leur leur numéro.

Exemple : *Il parle.* ➪ 4

Il lui parle.

Il lui en parle.

Il le parle.

Il en parle.

Il leur parle.

2 Pour chacune des phrases ci-dessous, précise si « de » est un déterminant ou une préposition ?

→ Réécris les phrases en mettant le GN complément au singulier.

1. L'archéologue rêve de trésors enfouis.
2. Le lièvre mange de jeunes pousses.
3. L'écureuil grignote de belles noisettes.
4. Certains animaux souffrent de mauvais traitements.
5. La fouine cherche de petits œufs à gober.

3 → Les verbes chasser, pondre, compter, travailler, dessiner peuvent tantôt fonctionner seuls, tantôt avec un GN complément.

Emploie chacun de ces verbes, comme dans les phrases 9 et 10 de la page précédente.

4 a) Lis ce début de poème qui joue avec les différents emplois du verbe « rêver ».

J'ai rêvé d'un oiseau

Ma voisine a rêvé d'une cage

J'ai rêvé ces mots

Tu as rêvé ces pages.

b) Dans les pages 158 et 159, choisis les verbes qui te permettront d'écrire un texte poétique, semblable à celui ci-dessus.

Les écrits de documentation scientifique **159**

Comment les marques de genre et de nombre s'organisent-elles tout au long d'un texte ?

J'observe puis je lis.

Document 1

Texte A

Le Celte d'Europe centrale et occidentale vivait en tribu. Ce fermier qui habitait des maisons enduites de torchis, de bois et de pierres était également un farouche guerrier.
Le Celte édifiait des villages fortifiés au sommet des collines. Il commençait par construire un fossé, parfois même deux ou trois. Avec la terre ainsi dégagée, il élevait un remblai auquel il ajoutait de la terre extraite plus haute sur la pente. Au sommet, il dressait un rempart de terre, d'argile, de calcaire surmonté d'une clôture de branchages ou d'épines.

Texte B

Les Celtes d'Europe centrale et occidentale vivaient en tribu. Ces fermiers qui habitaient des maisons enduites de torchis, de bois et de pierres étaient également de farouches guerriers.
Les Celtes édifiaient des villages fortifiés au sommet des collines. Ils commençaient par construire un fossé, parfois même deux ou trois. Avec la terre ainsi dégagée, ils élevaient un remblai auquel ils ajoutaient de la terre extraite plus haute sur la pente. Au sommet, ils dressaient un rempart de terre, d'argile, de calcaire surmonté d'une clôture de branchages ou d'épines.

Document 2

Texte C

Sur les falaises où elles élisent domicile, les mouettes accrochent aux rochers leurs nids faits d'algues.
Pour se nourrir, elles suivent souvent les bateaux de pêche.
Criardes, elles escortent les pêcheurs jusqu'au port. Portées par leurs ailes, elles peuvent aussi glisser au ras de l'eau pour capturer les poissons.

Texte D

Sur les falaises où ils élisent domicile, les goélands accrochent aux rochers leurs nids faits d'algues.
Pour se nourrir, ils suivent souvent les bateaux de pêche.
Criards, ils escortent les pêcheurs jusqu'au port. Portés par leurs ailes, ils peuvent aussi glisser au ras de l'eau pour capturer les poissons.

Je découvre.

1 a) Lis les deux textes du document 1.

b) → Dans le texte B, on a changé « Le Celte » par « Les Celtes ».
Repère tout ce qui a changé.

c) Recherche dans chaque phrase des textes A et B, le groupe sujet et le verbe qui correspond. Que remarques-tu ?

d) Complète le tableau.

TABLEAU 73		**Classe du mot** (déterminant, nom, adjectif, verbe, pronom).	**Pourquoi a-t-il pris la marque du pluriel ?**
	ces		
	farouches		
	Ils (commençaient)		
	(ils) dressaient		

2 a) Lis les deux textes du document 2.

b) Explique pourquoi le mot « elles » a été remplacé par « ils » dans le texte D.

c) Recherche puis recopie les autres mots qui ont changé entre les textes C et D.

d) Quelles classes de mots ont pris la marque du masculin dans le texte D ?

Tu peux maintenant répondre à la question du titre de la leçon.

160   Les écrits de documentation scientifique

Je compare mes découvertes avec…

…la proposition page 189.

J'utilise mes découvertes.

1 a) Lis les deux textes ci-dessous.

LES ÉTOILES

Les étoiles sont des boules de gaz plus ou moins chaudes, aux couleurs différentes qui naissent, évoluent et meurent.
Elles sont regroupées en galaxie et sont si lointaines que l'on ne peut pas déterminer à quelle distance exactement, en kilomètres, elles se trouvent.
Souvent la lumière émise par une étoile date de plusieurs milliers d'années ! Plus une étoile brille, plus elle est chaude, et sa couleur détermine sa température.

Les astres

Les astres sont des boules de gaz plus ou moins chaudes, aux couleurs différentes qui naissent, évoluent et meurent.
Ils sont regroupés en galaxie et sont si lointains que l'on ne peut pas déterminer à quelle distance exactement, en kilomètres, ils se trouvent.
Souvent la lumière émise par un astre date de plusieurs milliers d'années ! Plus un astre brille, plus il est chaud, et sa couleur détermine sa température.

b) → Le mot « étoiles » est féminin pluriel.

Dans le texte *Les étoiles*, retrouve puis recopie tous les mots qui sont en relation avec le mot « étoiles » et qui portent la marque du féminin.

Dans le texte *Les étoiles*, retrouve puis recopie tous les mots qui sont en relation avec le mot « étoiles » et qui portent la marque du pluriel.

c) → Le mot « astres » est masculin pluriel.

Dans le texte *Les astres*, retrouve puis recopie tous les mots qui sont en relation avec le mot « astres » et qui portent la marque du masculin.

Dans le texte *Les astres*, retrouve puis recopie tous les mots qui sont en relation avec le mot « astres » et qui portent la marque du pluriel.

d) Explique pourquoi les mots « chaudes » et « sa couleur » n'ont pas changé dans les deux textes.

2 a) Lis le texte ci-dessous.

De bonnes jumelles doivent grossir au moins sept fois et posséder des lentilles larges d'au moins 30 mm de façon à profiter d'une bonne luminosité. Des bonnes jumelles sont le meilleur instrument pour observer le ciel comme la nature. Mais il ne faut pas les prendre trop grosses car plus elles sont puissantes plus elles sont lourdes.

b) Recopie-le en remplaçant le mot « jumelles » par « lunette astronomique ».
→ Fais toutes les transformations nécessaires.

Les écrits de documentation scientifique

Comment s'écrivent les verbes pouvoir, devoir, savoir et vouloir aux temps de l'indicatif ?

J'observe puis je lis.

Document 1

POUVOIR

Ce verbe appartient (avec le verbe « croître » et ses dérivés) à la 3ᵉ classe de verbes, ceux qui ont six radicaux écrits (RE).

Les six radicaux écrits de ce verbe sont :

- les formes en *peu-* et *peuv-*,   - les formes en *pui-*,
- les formes en *pouv-* et *pour-*,   - les formes en *pu-*.

Forme nominale du verbe		Forme adjective du verbe	
infinitif présent : pouvoir	*infinitif passé :* avoir pu	*participe présent :* pouvant	*participe passé :* pu

INDICATIF						
FORMES DU DIALOGUE					**FORMES DU RÉCIT**	
Temps	**JE, J'**	**TU**	**NOUS**	**ON**	**VOUS**	**GN sing. IL, ELLE, ON, ÇA**	**GN pluriel ILS, ELLES**
présent	peux (ou puis)	peux	pouvons	peut	pouvez	peut	peuvent
passé composé	ai pu	as pu	avons pu	a pu	avez pu	a pu	ont pu
imparfait	pouvais	pouvais	pouvions	pouvait	pouviez	pouvait	pouvaient
passé simple	pus	pus	pûmes	put	pûtes	put	purent
passé antérieur	eus pu	eus pu	eûmes pu	eut pu	eûtes pu	eut pu	eurent pu
plus-que-parfait	avais pu	avais pu	avions pu	avait pu	aviez pu	avait pu	avaient pu
passé surcomposé	ai eu pu	as eu pu	avons eu pu	a eu pu	avez eu pu	a eu pu	ont eu pu
futur simple	pourrai	pourras	pourrons	pourra	pourrez	pourra	pourront
futur avec aller	vais pouvoir	vas pouvoir	allons pouvoir	va pouvoir	allez pouvoir	va pouvoir	vont pouvoir
futur antérieur	aurai pu	auras pu	aurons pu	aura pu	aurez pu	aura pu	auront pu

Je découvre.

1 Quel est l'auxiliaire utilisé aux temps composés ?

2 Combien de RE sont utilisés à l'indicatif ? Lesquels ?

3 Quels sont les RE des deux formes nominales et des deux formes adjectives de ce verbe ?

Tu peux maintenant répondre à la question du titre de la leçon.

162 Les écrits de documentation scientifique

J'observe puis je lis.

Document 2

DEVOIR

Ce verbe appartient à la 4e classe de verbes, ceux qui ont cinq radicaux écrits.

Les cinq radicaux écrits de ce verbe sont :
- les formes en *doi-* et *doiv-* ;   - les formes en *du-* ;
- les formes en *dev-* ;   - les formes en *dû-*.

Forme nominale du verbe		*Forme adjective du verbe*	
infinitif présent : devoir	*infinitif passé :* avoir dû	*participe présent :* devant	*participe passé :* dû

INDICATIF						
FORMES DU DIALOGUE					**FORMES DU RÉCIT**	
Temps	**JE, J'**	**TU**	**NOUS**	**ON**	**VOUS**	**GN sing.** **IL, ELLE, ON, ÇA**	**GN pluriel** **ILS, ELLES**
présent	dois	dois	devons	doit	devez	doit	doivent
passé composé	ai dû	as dû	avons dû	a dû	avez dû	a dû	ont dû
imparfait	devais	devais	devions	devait	deviez	devait	devaient
passé simple	dus	dus	dûmes	dut	dûtes	dut	durent
passé antérieur	eus dû	eus dû	eûmes dû	eut dû	eûtes dû	eut dû	eurent dû
plus-que-parfait	avais dû	avais dû	avions dû	avait dû	aviez dû	avait dû	avaient dû
passé surcomposé	ai eu dû	as eu dû	avons eu dû	a eu dû	avez eu dû	a eu dû	ont eu dû
futur simple	devrai	devras	devrons	devra	devrez	devra	devront
futur avec aller	vais devoir	vas devoir	allons devoir	va devoir	allez devoir	va devoir	vont devoir
futur antérieur	aurai dû	auras dû	aurons dû	aura dû	aurez dû	aura dû	auront dû

Je découvre.

1 Quel est l'auxiliaire utilisé aux temps composés ?

2 Combien de RE sont utilisés à l'indicatif ? Lesquels ?

3 Quels sont les RE des deux formes nominales et des deux formes adjectives de ce verbe ?

Tu peux maintenant répondre à la question du titre de la leçon.

Les écrits de documentation scientifique 163

Comment s'écrivent les verbes pouvoir, devoir, savoir et vouloir aux temps de l'indicatif ?

J'observe puis je lis.

Document 3

SAVOIR

Ce verbe appartient à la 4ᵉ classe de verbes, ceux qui ont cinq radicaux écrits (RE).

Les cinq radicaux écrits de ce verbe sont :

- *les formes en sa- ;*
- *les formes en sau- ;*
- *les formes en sach- ;*
- *les formes en sav- ;*
- *les formes en su-.*

Forme nominale du verbe		Forme adjective du verbe	
infinitif présent : savoir	*infinitif passé :* avoir su	*participe présent :* sachant	*participe passé :* su

INDICATIF						
FORMES DU DIALOGUE					**FORMES DU RÉCIT**	
Temps	**JE, J'**	**TU**	**NOUS**	**ON**	**VOUS**	**GN sing. IL, ELLE, ON, ÇA**	**GN pluriel ILS, ELLES**
présent	sais	sais	savons	sait	savez	sait	savent
passé composé	ai su	as su	avons su	a su	avez su	a su	ont su
imparfait	savais	savais	savions	savait	saviez	savait	savaient
passé simple	sus	sus	sûmes	sut	sûtes	sut	surent
passé antérieur	eus su	eus su	eûmes su	eut su	eûtes su	eut su	eurent su
plus-que-parfait	avais su	avais su	avions su	avait su	aviez su	avait su	avaient su
passé surcomposé	ai eu su	as eu su	avons eu su	a eu su	avez eu su	a eu su	ont eu su
futur simple	saurai	sauras	saurons	saura	saurez	saura	sauront
futur avec aller	vais savoir	vas savoir	allons savoir	va savoir	allez savoir	va savoir	vont savoir
futur antérieur	aurai su	auras su	aurons su	aura su	aurez su	aura su	auront su

Je découvre.

1 **Quel est l'auxiliaire utilisé aux temps composés ?**

2 **Combien de RE sont utilisés à l'indicatif ? Lesquels ?**

3 **Quels sont les RE des deux formes nominales et des deux formes adjectives de ce verbe ?**

Tu peux maintenant répondre à la question du titre de la leçon.

Les écrits de documentation scientifique

J'observe puis je lis.

Document 4

VOULOIR

Ce verbe appartient à la 4e classe de verbes, ceux qui ont cinq radicaux écrits (RE).

Les cinq radicaux écrits de ce verbe sont :

- les formes en *veu-* ;
- les formes en *veul-* ;
- les formes en *veuill-* ;
- les formes en *voul-* ;
- les formes en *voud-*.

Forme nominale du verbe		Forme adjective du verbe	
infinitif présent : *vouloir*	infinitif passé : *avoir voulu*	participe présent : *voulant*	participe passé : *voulu*

INDICATIF						
FORMES DU DIALOGUE					**FORMES DU RÉCIT**	
Temps	**JE, J'**	**TU**	**NOUS**	**ON**	**VOUS**	**GN sing. IL, ELLE, ON, ÇA**	**GN pluriel ILS, ELLES**
présent	veux	veux	voulons	veut	voulez	veut	veulent
passé composé	ai voulu	as voulu	avons voulu	a voulu	avez voulu	a voulu	ont voulu
imparfait	voulais	voulais	voulions	voulait	vouliez	voulait	voulaient
passé simple	voulus	voulus	voulûmes	voulut	voulûtes	voulut	voulurent
passé antérieur	eus voulu	eus voulu	eûmes voulu	eut voulu	eûtes voulu	eut voulu	eurent voulu
plus-que-parfait	avais voulu	avais voulu	avions voulu	avait voulu	aviez voulu	avait voulu	avaient voulu
passé surcomposé	ai eu voulu	as eu voulu	avons eu voulu	a eu voulu	avez eu voulu	a eu voulu	ont eu voulu
futur simple	voudrai	voudras	voudrons	voudra	voudrez	voudra	voudront
futur avec aller	vais vouloir	vas vouloir	allons vouloir	va vouloir	allez vouloir	va vouloir	vont vouloir
futur antérieur	aurai voulu	auras voulu	aurons voulu	aura voulu	aurez voulu	aura voulu	auront voulu

Je découvre.

1 Quel est l'auxiliaire utilisé aux temps composés ?

2 Combien de RE sont utilisés à l'indicatif ? Lesquels ?

3 Quels sont les RE des deux formes nominales et des deux formes adjectives de ce verbe ?

Tu peux maintenant répondre à la question du titre de la leçon.

Les écrits de documentation scientifique **165**

Je vérifie ce que j'ai appris en orthographe.

1 Voici un texte, extrait d'un article de la revue *Ici et Là*, et parlant de Marcel Pagnol. On va te dicter ce texte, et tu devras écrire ce qui manque dans les carrés.

→ Tu écris le mot comme tu penses qu'il doit être écrit.
  Tu dois être capable de justifier tes choix.

Marcel PAGNOL, l'immortel

Auteur dramatique, cinéaste, écrivain, Marcel Pagnol laisse une œuvre abondante, à la ☐ diverse par les modes d'expression abordés et ramass☐ dans le regard, plein de tendresse et de truculence, posé sur les hommes et la terre de Provence. Une œuvre universel☐, en ce qu'elle parle joliment à chacun.

Professeur d'anglais dans divers lycées, ☐ Pamiers, Aix en Provence, au lycée Mignet, et Paris au lycée Condorcet, Marcel Pagnol ☐ déjà publi☐ des poèmes, cré☐ à Marseille la revue littéraire *Fortunio*, dont naîtr☐ plus tard les « Cahiers du Sud » et écr☐ des pièces de théâtre, quand, avec *Topaze* il rencontre le succès et se consacre pour de bon à sa carrière d'auteur dramatique. Suivr☐ trois chefs-d'œuvre, composant l'inoubliable trilogie : *Marius* (1929), *Fanny* (1931) et *César* (1946).

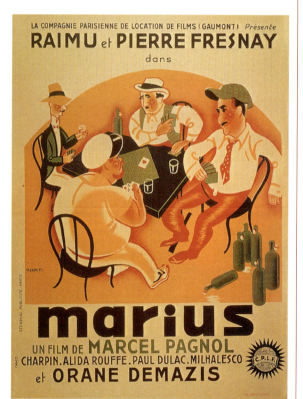

Outre l'adaptation cinématographique de sa trilogie théâtral☐, il va entreprendre l'adaptation de plusieurs œuvr☐ de Jean Giono. Entre 1931 et 1954, il signer☐ 21 films.

Auteur comblé, cinéaste à succès, académicien, depuis 1946, Pagnol enchant☐ à nouveau son public avec la rédaction de ☐ souvenirs d'enfance. Une série de récits, drôl☐ et émouvant☐, entamée avec *La gloire de mon père* (1957), poursuiv☐ avec *Le château de ma mère* (1958) et *Le temps des secrets* (1960) se terminer☐ avec la publication posthume du *Temps des amours* (1977) Marcel Pagnol, qui ét☐ n☐ en 1895 à Aubagne, ☐ éteint à Paris en 1974.

Il av☐ 79 ans.

166 Les écrits de documentation scientifique

Je sais lire et produire des écrits de documentation scientifique.

1 **Lis les documents ci-dessous et réponds aux questions suivantes.**

- Qu'apprend-on dans cet ensemble de documents ?
- Quels sont les moyens utilisés pour aider à comprendre ce qui est à apprendre ?
- Qu'est-ce qui, dans cet écrit, peut permettre de comprendre le mot « subalpin » ?
- Quels sont les mots de la famille de « soleil » que tu as trouvés dans ce document ?

LES ÉTAGES DE VÉGÉTATION

Dans les Alpes, on distingue 5 étages de végétation différents.

- **L'étage collinéen :** les conditions de vie y sont faciles ; la température moyenne est de + 15°C. L'ensoleillement permet les cultures. C'est l'étage des champs et des feuillus, comme le chêne et le châtaignier.

- **L'étage montagnard :** les conditions de vie y sont… C'est l'étage…

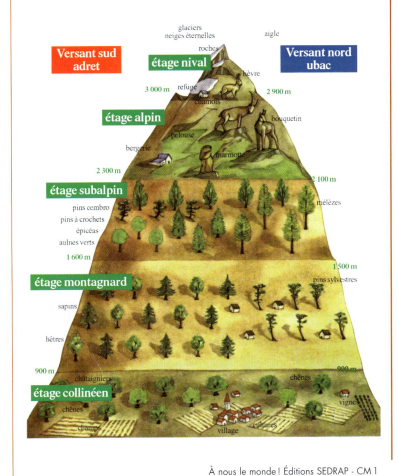

À nous le monde ! Éditions SEDRAP - CM 1

Flore et faune des parcs nationaux de la Vanoise et des Ecrins

Alors que les autres conifères gardent leurs **aiguilles**, le mélèze est le seul conifère à perdre ses aiguilles en automne. Ses aiguilles sont douces et vertes au printemps et en été puis, deviennent d'une couleur or en automne, avant de tomber. En hiver, on dirait un arbre mort. C'est un arbre très résistant au froid. On le trouve à l'étage **subalpin**. Le climat sec, froid et ensoleillé lui convient parfaitement.
Ses cônes libèrent des graines qui, en se dispersant grâce au vent, donneront de nouveaux mélèzes.

Chamois

Sabot de Vénus

Marmotte

Lièvre variable

Lagopède

2 **a)** Écris un texte dans lequel tu emploieras le mot « aiguille » dans un contexte et avec un sens différent de celui qu'il a dans ce document.

b) Écris la suite du texte *L'étage montagnard*, en t'aidant des informations données dans ces documents.

Des propositions de réponses aux questions posées dans chaque séquence…

…à comparer avec tes découvertes que tu pourras ainsi compléter.

Qu'est-ce qui permet de reconnaître un écrit à consignes ? `Page 7`

Un écrit à consignes est un écrit qui aide à agir : *recettes de cuisine, fiches de fabrication, règles de jeu ou de vie, consignes de travail en classe…*
On le reconnaît aux titres, et à la **mise en page** qui présente souvent des **blocs**, des **sous-titres**, parfois des **illustrations**, des **dessins** ou des **photos**.

On trouve des verbes décrivant des actions, et des numéros indiquant la succession des opérations à effectuer.

Comment trouver, dans un écrit à consignes, ce qu'il faut faire ? `Page 10`

Comprendre un écrit à consignes, c'est trouver en lisant ce qu'il y a à faire.
Pour cela, il faut repérer :
- **la mise en page :** blocs de texte, mots en caractères gras, numéros, puces…,
- **des mots qui décrivent des actions à effectuer**, ou des questions auxquelles il faut chercher des réponses ;
- **certains mots qui donnent des informations** sur l'ordre dans lequel les actions doivent être menées : *d'abord, ensuite…*

Quelles sont les différentes manières de donner une consigne écrite ? `Page 12`

La manière de donner une consigne dépend surtout de la personne à qui l'on s'adresse.

- **Si c'est une personne que l'on peut tutoyer**, on peut utiliser : soit l'indicatif et dire avec le présent « *tu observes* », avec le futur « *tu observeras* » ; soit l'impératif « *observe* ».
- **Si c'est une personne que l'on doit vouvoyer**, on dira plutôt : « *observez* », « *vous observerez* » ou « *vous observez* »,et la phrase reste au singulier.
- **Si l'on s'adresse à plusieurs personnes**, on dira aussi « *observez* », mais la phrase sera au pluriel.

Dans les écrits sociaux qui s'adressent à de nombreux lecteurs, on trouve aussi l'infinitif : *observer, mettre…*

Comment choisir la manière de formuler une consigne ? `Page 14`

Quand on demande quelque chose à quelqu'un, il est d'usage de rendre la demande plus agréable à entendre en y ajoutant des formules qu'on appelle « formules de politesse ».
- Lorsque la demande est à l'impératif, il est préférable d'ajouter, en complément de phrase, une proposition commençant par « *si* », comme « *s'il vous plaît* ».
- On peut aussi enchâsser la demande dans une phrase contenant des verbes à l'impératif ou au conditionnel, comme « *J'aimerais que* »… ou « *Veuillez avoir l'obligeance de… * ».
- Les consignes d'activités scolaires n'ont jamais de formule de politesse.

Comment comprendre l'énoncé d'un problème de mathématiques ?

Page 16

Pour comprendre un énoncé de mathématiques, il faut chercher où se trouvent les consignes, les questions et les informations qui permettent d'y répondre (dans les illustrations et dans le texte). Il faut se méfier des mots bien connus car ils ont souvent, en mathématiques, un sens très différent de celui qu'on utilise habituellement.
Pour les mots uniquement mathématiques, c'est le contexte qui peut aider à les comprendre.

Quels mots choisir dans un écrit à consignes ?

Page 18

Dans une consigne, on choisit les mots pour que celui qui va la lire puisse réaliser ce qu'on lui propose.
Pour donner la même consigne, ce ne sont donc pas toujours les mêmes mots qu'il faut utiliser : tout dépend des destinataires.
De plus, tous les mots ne vont pas dans n'importe quel type de phrase.
Et, souvent, quand on choisit un mot, il faut penser à la phrase ou à la présentation qui va avec.

Comment reconnaître le nom et le verbe ?

Page 20

Les mots peuvent jouer le rôle de nom ou celui de verbe sans changer parfois de forme.

Pour savoir si un mot joue le rôle de nom ou de verbe dans une phrase, on peut :
- dessiner l'arbre de la phrase et voir sous quel nœud le mot se trouve placé :
  • s'il se trouve sous le nœud GN, il joue le rôle de nom,
  • s'il se trouve sous le nœud GV, il joue le rôle de verbe ;
- observer les marques qu'il prend lorsque la phrase passe au pluriel :
  • s'il s'agit des lettres « –nt », son rôle est celui de verbe,
    Le jardinier plante (V) un arbre. ⇨ *Les jardiniers plantent (V) un arbre.*
  • s'il s'agit de la lettre « –s », son rôle est celui de nom.
    La plante (N) perd ses feuilles. ⇨ *Les plantes (N) perdent leurs feuilles.*
- observer ce qui se passe quand on commence la phrase par un adverbe, comme *« hier »* :
  • si le mot change de terminaison, c'est qu'il joue le rôle de verbe,
    Le jardinier plante (V) un arbre. ⇨ *Hier, le jardinier plantait (V) un arbre.*
  • s'il ne change pas, c'est qu'il joue le rôle de nom.
    La plante (N) perd ses feuilles. ⇨ *Hier, la plante (N) perdait ses feuilles.*

À l'écrit, quels sont les moyens de traduire la négation ?

Page 22

Il existe en français deux moyens de traduire la négation :
- **utiliser une phrase à la forme négative**, c'est-à-dire une phrase qui contient l'adverbe « ne », parfois seul, parfois accompagné d'autres mots, comme *plus, pas, personne*...
- **utiliser une phrase à la forme affirmative**, mais contenant un verbe signifiant la négation, comme « interdire », « défendre », ou une expression comme « il est imprudent de », « il faut éviter »...

Les écrits à consignes

169

À quoi voit-on qu'un GN est au singulier ou au pluriel ?

Page 24

Pour savoir si un GN est au singulier ou au pluriel, il faut regarder à la fois le déterminant qui est au début du groupe « le, des, un, la, mon, mes... » et les marques des qualifiants qui l'accompagnent.

- **Si le déterminant appartient à l'ensemble :** *« les, des, ces, nos, vos... »* et si les mots qui suivent se terminent par un *« –s- »* ou un *« –x- »*, on peut dire que le GN est au **pluriel** : *les chiens, nos chevaux...*
- **Si le déterminant appartient à l'ensemble** *« le, la, un, une, ma, mon, notre, votre, son, sa... »*, le GN est au **singulier**, même si le mot qui suit se termine par un *« -s- »* : *la souris, une vis.*
- **Lorsque le déterminant est absent** ou lorsque ses marques sont les mêmes au singulier et au pluriel, c'est le qualifiant qui peut aider à trouver le nombre du GN : *de fausses lunettes, souris mâles.*
- **Enfin lorsque le GN est sujet du verbe**, ce sont les marques du verbe qui peuvent confirmer si le GN est bien singulier ou pluriel : lorsque le verbe présente les marques *« –nt »*, c'est que le GN sujet est au pluriel : *mes amis viennent.*

Plusieurs choses ou personnes peuvent être traduites par un mot au singulier : *le petit matériel, la foule.*
Une seule chose peut être traduite par un mot au pluriel : *les tenailles, les ciseaux.*

Comment reconnaître le GN sujet du verbe ?

Page 26

Pour reconnaître le GN sujet du verbe de la phrase, on peut utiliser plusieurs moyens.
- **Voir si on peut remplacer le GN par « il » ou « ils »** : ces pronoms sont toujours sujets du verbe. *Le soleil (il) va chauffer l'eau.*
  Mais ce n'est pas vrai pour *« elle »* ou *« elles »* qui peuvent jouer un autre rôle dans la phrase : *Des bulles se forment sur elle.* C'est pourquoi, il faut toujours utiliser au moins un autre moyen.

- **Voir si on peut utiliser la formule « c'est... qui »** :
  La balle passe rapidement. ⇨ *C'est la balle qui passe rapidement.*
  Le GN qui se trouve après *« c'est »* et avant *« qui »* est le sujet du verbe qui suit.
  Si le GN est encadré par les mots *« c'est... que... »*, le GN a une autre fonction.

Comment reconnaître un GN complément de phrase et un GN complément de verbe ?

Page 28

Un GN est complément du verbe s'il fait partie du GV, c'est-à-dire s'il ne peut être déplacé à l'intérieur de la phrase.
Le soleil va chauffer l'eau. Le GN *« l'eau »* ne peut occuper une autre place dans la phrase ; il est complément du verbe *« va chauffer »*.

Un GN est complément de phrase s'il peut-être déplacé à l'intérieur de la phrase, cela veut dire qu'il est indépendant des autres groupes et donc qu'il est relié à l'ensemble de la phrase.
Les joueurs forment un cercle loin de leur camp. ⇨ *Loin de leur camp, les joueurs forment un cercle.*
Le GN *« loin de leur camp »* peut occuper une autre place dans la phrase ; il est complément de cette phrase.

170   Les écrits à consignes

Qu'est-ce qu'une famille de mots ?

Page 30

Une famille de mots, c'est l'ensemble des mots obtenus en ajoutant un élément au début (un préfixe) ou à la fin d'un mot (un suffixe), pour fabriquer un mot nouveau et changer le sens du premier.

La partie du mot ancien est appelée **le radical du mot.**

Cette transformation s'appelle **la dérivation**. *Exemples : laver, relaver, lavage, laveur...*

Mais une famille de mots n'est pas toujours une famille pour le sens.

Les mots en français ont un sens qui évolue de manière indépendante si bien que le sens d'un mot dérivé est parfois très éloigné de celui de son radical : le mot « *fleuret* » qui désigne une épée pour l'escrime, appartient à la famille du mot « *fleur* », à cause de la mouche qui se trouve à son extrémité et qui fait penser à une fleur, mais cette origine est bien oubliée.

Il faut aussi se méfier des faux-amis : le verbe « *défendre* » n'appartient pas à la famille de « *fendre* », et « *délivrer* » n'est pas un dérivé de « *livrer* ».

Il faut donc toujours utiliser le contexte pour comprendre les mots que l'on ne connaît pas bien, et se servir du dictionnaire pour vérifier.

Comment chercher les mots dans le dictionnaire d'orthographe ?

Page 32

Pour trouver un mot dans un dictionnaire, il faut :
– formuler toutes les hypothèses d'orthographe de la première syllabe du mot ;
– les classer par ordre alphabétique ;
– chercher le mot dans le dictionnaire à partir de chaque hypothèse.

Mais, pour ne pas perdre de temps, il faut penser à ajouter le son qui suit la première syllabe.

Il faut aussi savoir repérer, dans le dictionnaire, les deux mots qui prouvent qu'on ne cherche pas au bon endroit, parce que le mot qu'on cherche serait entre ces deux-là.

Comment distinguer les deux genres littéraires, le conte et la nouvelle ?

Page 39

Parmi les écrits littéraires, à côté des romans qui occupent des livres entiers, il existe des récits plus courts : les contes et les nouvelles.
Un livre en contient toujours plusieurs : c'est un recueil de contes ou un recueil de nouvelles.

- **Le conte** met en scène des personnages merveilleux : *des princes, des rois...* ; certains ont des pouvoirs magiques : *les fées, les sorcières...*
  Ils ont des problèmes à résoudre et souvent, le conte se termine par un mariage.
  Dans le texte, on reconnaît des formules traditionnelles, au début : *Il était une fois, En ce temps-là...;* et à la fin : *Ils se marièrent et vécurent très heureux...*

- **La nouvelle** met en scène des personnages de tous les jours, qui, même quand ils font des rencontres étonnantes (*un extraterrestre*) cela ressemble à la vie quotidienne : le petit garçon de la nouvelle *« Rencontre »* va à l'école.
  Dans une nouvelle, c'est surtout la manière de raconter qui est intéressante.

Comment, dans un récit littéraire, ne pas confondre l'histoire racontée avec le texte qui la raconte ?

Page 42

Un récit est un texte qui raconte une histoire toujours constituée de cinq étapes :
- **la situation initiale** : pour dire qui sont les personnages, ce qu'ils font, où et quand les évènements se déroulent ;
- **le déclenchement** : une action qui change la situation de départ et qui pose un problème;
- **une suite d'actions** : pour résoudre le problème, avec des aides et des obstacles ;
- **le dénouement** : une action qui apporte la solution ;
- **la situation finale** : une fois que les problèmes ont été résolus.
À la fin de l'histoire, la situation du personnage a toujours changé.

Mais le récit qui raconte ne suit pas forcément l'ordre de l'histoire : il peut commencer par n'importe quelle étape.

Dans un récit, comment repérer le narrateur, celui qui raconte l'histoire dans le texte ?

Page 44

Quand il écrit le récit d'une histoire, l'auteur peut choisir de raconter lui-même l'histoire.
Il présente alors les personnages par leur nom ou par un GN : *un jeune loup, une petite fille habillée de rouge.*
On appelle cette forme de récit, **un récit en « il ».**

Mais il peut aussi choisir de faire raconter l'histoire par un des personnages :
Hier, j'ai rencontré une petite fille... (c'est le loup qui raconte) ;
Hier, j'ai rencontré un loup... (c'est la petite fille qui raconte).
Comme le narrateur raconte en disant **« je »**, on appelle ce type de récit : **un récit en « je ».**
Les récits de ce type sont plus difficiles à lire, car on a souvent du mal à comprendre qui est celui qui dit **« je »**. Il faut chercher dans tout le texte, des indices qui permettent de le comprendre.

Comment savoir
quel est le personnage qui dit « je » dans un récit ?

Page 46

Pour savoir quel est le personnage qui dit « je » dans un récit, il faut chercher, au début de texte, dans le titre, ou dans les premières phrases, qui est en train de raconter :
Hi Han ; Je ne suis qu'un pauvre <u>âne</u>.
<u>Je</u> suis la <u>mer</u>.

Mais c'est souvent dans la suite du texte que des détails permettent de comprendre, des mots qui apportent des informations.
Je ne voudrais pas arriver en retard à <u>l'école</u> (« l'école » : on comprend que c'est un enfant).

Les marques d'orthographe des adjectifs permettent aussi de savoir s'il s'agit d'un garçon ou d'une fille.
Ce qui m'a étonné… (« étonné » est au masculin : donc il s'agit d'un petit garçon).

Comment annoncer les paroles des personnages dans un récit ?

Page 48

Quand on veut faire parler des personnages dans un récit, il faut utiliser un verbe signifiant « dire » pour annoncer les paroles.

Il existe trois sortes de verbes signifiant « dire » :
- des verbes qui sont de vrais synonymes de « dire » comme « déclarer » ou « affirmer » ;
- des verbes qui précisent comment on intervient dans le dialogue, comme « demander », ou « interrompre » ;
- des verbes qui décrivent la manière de parler ou le ton employé, comme « se plaindre », « crier » ou encore « gémir ».

Quels sont les temps de l'indicatif
que l'on rencontre dans les récits littéraires ?

Page 50

Dans les écrits littéraires (conte ou nouvelle), on trouve en général deux sortes de temps :
- **l'indicatif imparfait** : *Un escargot partait en vacances.*
  C'est un temps qu'on trouve aussi dans les autres écrits, ceux du dialogue par exemple ;

- **l'indicatif passé simple** : *Soudain, il partit en courant.*
  C'est un temps que l'on ne trouve que dans les écrits littéraires.

On peut trouver aussi le **présent**, le **passé composé** ou le **futur**.

Mais on ne trouve jamais le passé simple avec le passé composé.
Quand j'écris un conte ou un récit, je dois choisir :
• soit d'utiliser le couple **imparfait/passé simple** ;
• soit d'utiliser le couple **imparfait/passé composé**.

Les écrits littéraires

Comment peut-on présenter les paroles des personnages dans un récit ?

Page 52

Pour présenter les paroles des personnages dans un récit, on peut :

- les présenter telles qu'elles ont été prononcées ; c'est le **discours direct**.
  Les paroles sont annoncées par un verbe signifiant *« dire »*, et par une mise en page particulière : des tirets au début des lignes, pour chaque personnage qui prend la parole ; ou des guillemets, s'il n'y a qu'une seule prise de parole.
  Il lui demanda :
  – Pie, où as-tu pris ces diamants ?
  – Dans la grotte, répondit-elle.

- les transformer en une **proposition subordonnée**, qui devient un GN complément d'un verbe signifiant « dire ». C'est le **discours indirect**.
  Il lui demanda où elle les avait pris.

À quoi servent les signes de ponctuation ?

Page 54

Les signes de ponctuation sont des aides pour comprendre ce qui est écrit.
Ce sont eux, ainsi que la mise en page, qu'il faut regarder en premier quand on lit.

- **Les guillemets («...»)** ont deux significations possibles :
  • tantôt, ils indiquent qu'un personnage dit quelque chose,
  • tantôt, ils sont chargés d'attirer l'attention du lecteur sur un mot ou un groupe de mots qui a une importance particulière.

- **Les tirets placés en début de ligne (–)** indiquent un dialogue entre plusieurs personnages.

- **Les points** marquent la fin des phrases. Il en existe 4 sortes.
  Les trois premiers qui correspondent à trois des types de phrases :
  • **le point (.)** termine une phrase déclarative,
  • **le point d'interrogation (?)** termine une phrase interrogative,
  • **le point d'exclamation (!)** termine une phrase exclamative,
  le quatrième, **les points de suspension (...)** indiquent que la phrase n'est pas vraiment terminée et invitent à réfléchir sur cette phrase.

- **Le point-virgule (;)** termine une partie de la phrase, ou sépare des groupes de mots.
  Il n'est jamais suivi d'une majuscule.

- **Les deux points (:)** indiquent une explication ou annoncent, après un verbe signifiant *« dire »*, une prise de parole.

Comment transformer les paroles en propositions subordonnées ?

Page 56

Dans un récit, si l'auteur ne veut pas citer les paroles des personnages telles qu'elles ont été prononcées, il utilise le discours indirect.

Les paroles prononcées deviennent alors une proposition subordonnée, dont la fonction est d'être un GN complément d'un verbe signifiant « dire ».
Cette transformation entraîne des modifications dans le texte des paroles.

- **Les embrayeurs de conjugaison**, comme « je » ou « tu » sont remplacés par le pronom « il » ou « elle », tandis que « nous » et « vous » sont remplacés par « ils » et « elles ».
  Tu parles trop vite, dit Pierre. ⇨ *Pierre lui dit qu'il parle trop vite.*

- **Si les phrases du discours direct sont à l'impératif**, le discours indirect rajoute un verbe comme « il faut » ou « il doit » pour traduire l'impératif qui ne peut pas se trouver dans une proposition subordonnée.
  Écoute-moi, dit l'animal. ⇨ *L'animal dit qu'il faut l'écouter.*

- **Si le récit est au passé**, les verbes du discours direct changent de temps et parfois de mode au discours indirect.
  Je verrai, répondit l'animal. ⇨ *L'animal répondit qu'il verrait.*

Comment fonctionnent les mots qui remplacent un GN ?

Page 58

Pour parler des mêmes choses, ou des mêmes personnes dans un récit sans répéter les mêmes mots, on peut remplacer les GN par :
- **des pronoms** comme *il, elle, ou le, la, les* ou encore *y...* qui les remplacent, sans rien ajouter ;

- **des groupes de mots** qui apportent des informations nouvelles :
  - soit sur ce que signifie le GN (personnage ou objet),
    Tiercelin = un nom propre qui donne son nom
    le rusé compère ou l'oiseau sans jugeote = un jugement sur le personnage
    la délicieuse nourriture = le fromage
  - soit sur la place, dans le texte, du GN remplacé.
    Ce dernier = le GN précédent le plus proche = Renart

On appelle ces mots et groupes de mots, des substituts.

Souvent, il arrive que ce soit le même substitut qui remplace des GN différents.
...(fit) l'autre = le renard
(Et) l'autre, (auquel)... = le corbeau

Quand je lis un récit, je mets en relation les GN et les substituts qui les désignent dans le texte et je pense à me servir du contexte pour y parvenir.
Quand j'écris un récit, je pense à utiliser les substituts qui correspondent bien au GN que je veux remplacer, et à les mettre à la bonne place dans le texte, pour éviter les confusions.

Les écrits littéraires

175

Comment le GN sujet du verbe est-il relié au GV ?

Page 60

L'orthographe du GN Sujet du verbe est en relation étroite avec celle du verbe.

Le verbe porte les marques de nombre (singulier/pluriel) et de personne du GN sujet, mais jamais les marques de genre.
Le merle chantait. La pie chantait.
Le merle chantait. Les merles chantaient.

Seule, la forme adjective du verbe, **le participe passé, prend parfois des marques de genre** du GN sujet, à certaines conditions.
L'Africain est revenu. L'Africaine est revenue.

Le GN Sujet du verbe est souvent placé à gauche du verbe, mais il arrive qu'il soit placé à droite du verbe, par exemple lorsque la phrase commence par un complément de phrase.
Au Kenya, vit un drôle d'Africain.

Comment les mots sont-ils choisis dans un texte littéraire ?

Page 62

Dans les écrits littéraires, on trouve tout au long des textes, des mots ou expressions qui ont des éléments communs de sens et qui produisent des effets particuliers :
amusants, émouvants, étonnants,...

On peut regrouper ces mots par familles appelées **champs lexicaux**.
Porte, fenêtre, cuisine, salle de bains, escalier, construire... font partie du champ lexical de *maison*.

Dans les poèmes, l'auteur peut choisir d'opposer des champs lexicaux qui ne se rencontrent pas dans les écrits habituels.

Comment les formes des verbes sont-elles composées ?

Page 64

Les formes des verbes sont composées de deux parties :
- la première qui permet de reconnaître le verbe, qu'on appelle **le radical**,
- la seconde qui permet de repérer le temps, le mode et la personne, c'est **la désinence**.
  Je chante ➪ radical : chant ; désinence -e.

La plupart des verbes français ont un radical qui varie selon les temps, les modes, ou les personnes : *je dis ➪ nous disons ; retenir ➪ retiens.*

Parfois, les radicaux sont si différents qu'on ne pourrait pas savoir qu'ils appartiennent à un même verbe : *aller ➪ j'irai ➪ je vais...*

C'est pourquoi, on parle de « radical écrit » (R.E.), qui ont parfois une orthographe différente alors qu'ils se prononcent de la même manière :
nous faisons ➪ nous ferons.

176 Les écrits littéraires

Qu'est-ce qui permet de reconnaître un écrit de dialogue ?

Page 71

Un écrit de dialogue peut avoir diverses formes :
- **une pièce de théâtre** où l'on ne trouve que les paroles des personnages, avec leur nom et quelques informations supplémentaires ;
- **une BD** où les paroles sont placées dans des bulles ;
- **un récit**, où les paroles sont insérées dans le texte.

Dans **une bande dessinée**, des bulles permettent de savoir qui parle, grâce à une partie pointue de la bulle qui est orientée vers la bouche de celui qui parle.

Dans **une pièce de théâtre**, le nom de celui qui parle est en capitales d'imprimerie, inscrit à gauche des paroles qu'il prononce. On trouve parfois de informations écrites en italique, entre parenthèses : ce sont **les didascalies.**

Les dialogues ne sont difficiles à repérer que dans les récits, où on les reconnaît par :
- **la présence de deux points**, après un verbe qui signifie *« dire » : annonça : ..., cria : ...*
- **des guillemets** qui encadrent les paroles : *« Je suis un lion, je suis un lion. »*
- **des tirets** au début de la ligne : *– Dis-toi sans arrêt...*
On change de ligne pour chaque personnage qui parle ou qui répond.

Dans une pièce de théâtre, où se trouvent les informations ?

Page 74

Dans une pièce de théâtre, on trouve quatre sortes d'informations, que l'on peut repérer aux différences d'écriture, et à la mise en page :
- **les personnages** : leur nom est inscrit en capitales au début de chaque prise de parole.
- **les paroles** qu'ils prononcent (on les appelle **des répliques**), écrites en caractères standard, à la suite du nom de chaque personnage.
- **les lieux, les costumes, et le décor** ; ces informations sont données au début des scènes, en italique.
- **les actions et les sentiments** des personnages, indiqués entre parenthèses et aussi en italique.

Toutes les informations qui ne sont pas dans les répliques, sont appelées **des didascalies.**

Dans un dialogue, comment comprendre ce qui n'est pas dit ?

Page 76

Pour bien comprendre ce qui se passe dans les dialogues de récits, il faut savoir ce que représentent les mots comme *« je, tu, vous, ici, ça, maintenant, demain... »* parce que leur sens dépend des autres mots. On les appelle des **embrayeurs.**

Il faut donc chercher dans tout le texte les mots et groupes de mots qui disent :
- **celui qui parle** *« je »* ;
- **à qui il parle** *« tu »* ou *« vous »* ;
- **de quoi il parle** *« ça »* ;
- **où il est** *« ici »*, *« là-bas »* ;
- **quand l'histoire et les évènements racontés se passent** *« aujourd'hui, hier, demain... ».*

Les écrits de dialogue

177

Comment transformer une question en proposition subordonnée ? | Page 78

Quand on veut présenter les paroles des personnages au discours indirect, les questions deviennent des propositions subordonnées compléments d'un verbe signifiant « demander ».

- **Si le verbe « *demander* » est au présent de l'indicatif :**
  - le verbe et son sujet prennent une forme de récit (on dit aussi qu'ils passent à la 3ᵉ pers.) et ils retrouvent l'ordre de la phrase déclarative : GN sujet + GV ;
    – *Où vas-tu ? demande le loup au chien.* ⇨ *Le loup demande au chien où il va.*

  - l'adverbe interrogatif, quand il est indispensable, comme « *pourquoi* » ou « *qui* », ou « *comment* », garde la même forme ;
    Comment sont faits ces gâteaux ? demande la petite fille. ⇨ *La petite fille demande comment sont faits ces gâteaux.*

  - l'adverbe interrogatif non indispensable, comme « *est-ce que* » est remplacé par l'adverbe « *si* » ;
    – *Marie, est-ce que tu viendras ? demande Paul.* ⇨ *Paul demande à Marie si elle viendra.*

- **Si le verbe « *demander* » est au passé**, on observe les mêmes changements, mais, on voit que, en plus, le verbe de la question change de temps.

Comment choisir les mots pour faire connaître un personnage ? | Page 80

Quand on écrit une histoire et qu'on veut faire parler les personnages, il faut que les mots qu'on leur prête soient bien accordés avec leur caractère, leur éducation, et les conditions de la situation de communication.

Dans une pièce de théâtre, comme les paroles sont les seuls moyens de connaître les personnages de la pièce, il faut que les mots et les tournures de phrases soient bien adaptés aux caractères des personnages que l'on a imaginés.

Comment remplacer un GN complément du verbe par un pronom ? | Page 82

Si l'on veut remplacer un GN complément du verbe par un pronom, pour éviter une répétition, le choix du pronom dépend aussi du déterminant de ce GN.

- **Si le déterminant appartient à la famille « *le ce, mon,...* »**, le pronom a la forme « *le, la les* » et prend les marques de genre et de nombre du GN pronominalisé.
  Tu veux goûter les fruits. ⇨ *Tu veux les goûter.*

- **Si le déterminant appartient à la famille « *un, quelques, certains,...* »**, le pronom est « *en* » ; il ne prend pas les marques de genre et de nombre du GN et il est suivi parfois de la forme pronominalisée du déterminant.
  Si tu manges un de ces fruits... ⇨ *Si tu en manges un...*

Lorsque le GN est précédé de la préposition « *à* », le pronom est :
- « *lui* » si le GN est singulier : *Elles ouvrent la porte au loup.* ⇨ *Elles lui ouvrent la porte* ;
- « *leur* » si le GN est au pluriel : *Elle donne ses instructions à ses filles.* ⇨ *Elle leur donne...*

Comment fonctionnent les mots-crochets des subordonnées de phrases déclaratives et interrogatives ? Page 84

Quand on passe du discours direct au discours indirect, on transforme des paroles (phrases déclaratives ou interrogatives) en proposition subordonnée, c'est-à-dire en un GN complément d'un verbe signifiant « *dire* » ou « *demander* ».

Le mot qui permet d'accrocher la phrase au verbe n'est pas toujours le même.
- **S'il s'agit d'une phrase déclarative**, qui devient le complément d'un verbe signifiant « *dire* », le mot-crochet est la conjonction de subordination « *que* » ou « *qu'* ».
  J'ai mal à la gorge, dit le loup. ⇨ *Le loup dit qu'il a mal à la gorge.*

- **S'il s'agit d'une phrase interrogative** (une question), qui devient le complément d'un verbe signifiant « *demander* », le mot-crochet est l'adverbe « *si* », seulement lorsque l'interrogation est totale (avec ou sans adverbe interrogatif).
  Tu veux manger ? demande les filles. ⇨ *Les filles demandent si leur grand-mère veut manger.*

- **Si l'interrogation est partielle**, le mot-crochet est l'adverbe de l'interrogation directe, sauf pour « *qu'est-ce que* » qui devient « *ce que* » :
  Quand reviendras-tu ? demandent les filles. ⇨ *Les filles demandent quand leur grand-mère reviendra.*
  Qu'est-ce qui se passe ? demande le loup. ⇨ *Le loup demande ce qui se passe.*

Comment transformer une phrase en un qualifiant dans un GN ? Page 86

On peut transformer une phrase pour en faire le qualifiant d'un GN d'une autre phrase.
C'est possible seulement si les deux phrases contiennent le même GN.
Pour cela, on remplace un GN d'une des deux phrases par un pronom relatif.
- **Si le GN remplacé est sujet du verbe** de sa phrase, le pronom relatif est « *qui* » ;
  Laissez entrer mes sœurs. Mes sœurs sont fatiguées. ⇨ *Laissez entrer mes sœurs qui sont fatiguées.*

- **Si le GN remplacé est complément du verbe** de sa phrase, le pronom relatif est « *que* ».
  Vous préparerez vos tartines. Vous mangerez vos tartines. ⇨ *Vous préparerez vos tartines que vous mangerez.*

La phrase transformée devient alors une proposition subordonnée relative, qui joue le même rôle, dans le GN, qu'un autre qualifiant, adjectif ou GN avec préposition.

Comment fonctionnent les pronoms relatifs ? Page 88

Les pronoms relatifs sont des mots-crochets qui ont un double rôle : ils servent de crochets pour rattacher une phrase transformée en qualifiant, au GN qu'elle va qualifier ; mais en même temps, c'est un pronom qui, dans la phrase enchâssée, remplace le GN commun aux deux phrases.
Attention, un mot-crochet peut jouer tantôt le rôle de pronom relatif, tantôt celui de conjonction de subordination, c'est le mot « *que* ».
Quand le mot « *que* » est une conjonction de subordination, il ne remplace aucun mot et c'est à cela qu'on le reconnaît.

Les écrits de dialogue **179**

Quand une phrase est transformée en subordonnée, que deviennent les temps de ses verbes ?

Page 90

Au discours indirect, lorsque les paroles sont transformées en proposition subordonnée rattachée à un verbe signifiant « dire » ou « demander » au passé, les verbes des paroles changent de temps et quelquefois de mode.

- Les verbes qui étaient au **présent** dans le discours direct passent à **l'imparfait**.
  « *Je mange, disait le loup.* » ⇨ *Le loup disait qu'il mangeait.*

- Les verbes qui étaient au **passé composé** passent au **plus-que-parfait**.
  « *J'ai fini, disait le loup.* » ⇨ *Le loup disait qu'il avait fini.*

- Les verbes qui étaient au **futur** passent au **conditionnel présent**.
  « *Elle viendra, disait le loup.* » ⇨ *Le loup disait qu'elle viendrait.*

Comment fonctionnent les déterminants possessifs dans les dialogues ?

Page 92

Les déterminants possessifs font partie des déterminants qui peuvent être pronominalisés : *mon amie, c'est la mienne.* **Ils fournissent deux sortes d'informations :**
- comme les autres déterminants, ils donnent des informations sur le genre et le nombre du nom qu'ils déterminant : *ma petite fille ; mon ami Bouc, mes histoires ;*
- mais ils donnent aussi des informations sur le narrateur ou les personnages de l'histoire qui sont en relation avec le GN : *vos histoires, ses histoires, leurs conseils.*

Comment trouver le sens d'un mot ?

Page 94

Un même mot peut avoir plusieurs sens.
- **S'il s'agit d'un verbe**, il faut noter les petits mots qui sont à sa droite comme « *à* » ou « *de* », ou à sa gauche comme « *se* », les GN compléments qu'il peut avoir, et les prépositions qui précèdent ces GN.
  Il faut ensuite faire des hypothèses, par exemple en le remplaçant par un mot ou une expression voulant dire à peu près la même chose **(synonyme)**.
- **S'il s'agit d'un nom ou d'un adjectif**, il faut chercher les synonymes ou les contraires, ce qui permet de définir des familles de sens.

Il ne faut pas oublier d'aller vérifier ces hypothèses dans un dictionnaire, en cherchant les exemples où le mot a le même contexte.

Est-ce qu'on peut remplacer n'importe quel mot par un synonyme ?

Page 96

Il est très rare qu'un synonyme puisse remplacer un mot dans un texte. En effet :
- les synonymes ont très souvent un sens un peu différent et remplacer l'un par l'autre peut modifier le message : *un bon gâteau, un gâteau délicieux ;*
- même si le sens est vraiment le même, il peut se faire que les usages courants de la langue rendent impossible ou trop bizarre le remplacement d'un mot par son synonyme.
  On dit une côte de porc et non une côte de cochon.
  On a eu, à l'école, une bonne note mais pas une note délicieuse.

Comment se présentent les écrits dans un journal ?

Page 103

Dans un journal, les écrits se présentent sous la forme d'articles, présentés en colonnes. Ces articles sont parfois séparés par des traits verticaux ou horizontaux.

Ils sont souvent regroupés sur des pages qui ont un rôle précis, accompagnés de **photos**, de **dessins humoristiques**, de **cartes** et de **schémas**…

Une page importante est la première du journal, appelée la **« Une »**, dont la fonction est de donner le titre du journal, la date, les caractéristiques de sa parution, ainsi que d'annoncer les articles les plus importants.
Mais la plupart des articles ne sont pas annoncés sur la « Une ».

Les articles sont précédés de titres présentés avec des polices de caractères plus ou moins épaisses, selon l'importance de l'évènement.

Qu'est-ce qu'un article de journal ?

Page 106

Un article est un texte, présenté en colonnes, et complété parfois par des illustrations.
Il annonce un évènement, apporte des informations sur lui, en fournissant les réponses aux questions concernant les lieux, les dates, la nature de l'évènement, et les personnes concernées par lui.

Pour comprendre un article, il faut :
- **chercher les réponses** à ces questions (elles peuvent être dans le titre, le texte, ou dans les deux) ;
- **savoir mettre en relation** les illustrations, les titres, et les phrases du texte.

Souvent la date de l'évènement est donnée rapport à la date de parution du journal.
Cet évènement s'est passé lundi ; cela veut dire le lundi qui précède la date de parution du journal.

À quoi servent les titres des articles de journaux ?

Page 108

Dans un journal les articles sont toujours annoncés par un titre.
Le titre doit être assez court, mais surtout il a deux fonctions essentielles :
- d'une part, il doit permettre au lecteur de savoir tout de suite de quoi il s'agit ;
- d'autre part, il doit accrocher l'attention du lecteur et lui donner envie de lire le contenu de l'article.

C'est pourquoi, le titre est souvent amusant, ou étonnant, avec des jeux de mots ou d'orthographe : *Hamburger = cerveau ramollo ? Mots tus… Maux dits.*

Les écrits de presse

181

Comment sont faits les titres des articles de journaux ?

Page 110

Comme il faut que le titre d'un article soit court, les journalistes utilisent deux procédés :
- ou bien, ils mettent en titre **une phrase** (courte) qui est ensuite reprise dans l'article :
  Une tour ancienne risque de s'écrouler ;
- ou bien, ils utilisent **une transformation** appelée « *transformation nominale du verbe* »,
  qui consiste à transformer le verbe de la phrase en un nom, et le GN sujet devient
  un qualifiant (complément du GN) : *Un ourson est né.* ⇨ *Naissance d'un ourson.*

Comment sont organisées les informations dans un article de presse ?

Page 112

Dans un journal de presse, les informations se présentent en colonnes, dans les articles.

Elles sont parfois divisées en **paragraphes** portant des **sous-titres**.
Elles sont annoncées d'abord par un **titre**, destiné à accrocher l'attention du lecteur
et lui donner envie de lire.
Elles sont souvent illustrées de **photos**, **schémas**, **cartes**, ou **dessins humoristiques**,
qui éclairent, expliquent ou amusent.
Elles sont souvent complétées par des **encadrés**, qui apportent des précisions.

**Pour bien comprendre un article de presse, il faut savoir mettre en relation toutes
les données de chaque document.**

À quoi servent les temps composés du passé ?

Page 114

**Les deux temps composés du passé, en français, les plus utilisés, sont le passé composé
et le plus-que-parfait.**

Tous les deux ont pour rôle de traduire qu'un évènement s'est passé avant un autre.
- **Le passé composé** traduit un évènement qui s'est passé avant un évènement exprimé
  au présent : *Hier, on a retrouvé un dauphin échoué sur la plage.* (Cela s'est passé avant l'écriture
  de l'article, aujourd'hui.)
- **Le plus-que-parfait**, traduit un évènement qui s'est déroulé avant un autre évènement passé :
  On avait déjà trouvé ce dauphin blessé il y a sept mois.

Rappel : Il ne faut pas oublier (voir « Les écrits littéraires ») que le passé composé a aussi
un autre rôle qui est de pouvoir raconter les évènements du passé dans les dialogues,
ou dans les récits en « je ».

Une phrase à la forme passive, qu'est-ce que ça veut dire ?

Page 116

La forme passive est la transformation d'une phrase composée des groupes suivants.

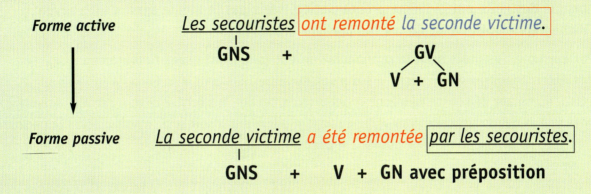

Cette transformation s'effectue avec l'auxiliaire **« être »**.
Le GN sujet de la phrase active devient alors un GN complément, relié au verbe à l'aide de la préposition **« par »**.
Si le sujet de la phrase active est *« on »*, il disparaît dans la transformation passive.
On a remonté la victime. ⇨ *La victime a été remontée.*

Pour que cette transformation soit possible, il faut que le GV contienne un GN complément de verbe sans préposition (on dit aussi : *complément direct du verbe*).
On observe alors une transformation de l'orthographe du participe passé du verbe transformé, qui prend les marques de genre et de nombre du GN sujet.

Attention ! Toutes les formes verbales ayant l'auxiliaire « être » ne sont pas forcément passives : beaucoup de verbes actifs fonctionnent avec cet auxiliaire aux temps composés.
Les fillettes sont tombées ; les pompiers sont arrivés.

Comment fonctionnent les phrases qui contiennent une proposition subordonnée commençant par « si » ?

Page 118

Dans les écrits, on peut trouver deux sortes de propositions commençant par *« si »* :
- celles qui sont la transformation d'une question en GN complément d'un verbe signifiant *« demander »*.
  Est-ce qu'on a fait son lit ? demande le loup. ⇨ *Le loup demande si on a fait son lit.*
- celles qui sont la transformation d'une condition en un GN complément de phrase, où le verbe est au conditionnel :
  Notre environnement serait mieux protégé à une condition : que les déchets ménagers soient triés.
  ⇨ *Si les déchets ménagers étaient triés, notre environnement serait mieux protégé.*

Les phrases qui contiennent une condition, sont au conditionnel, et la proposition commençant par *« si »* est toujours suivie d'un verbe à l'imparfait de l'indicatif.
Si tu étais arrivée plus tôt, tu aurais vu le départ de la course.

Les écrits de presse — 183

Comment savoir écrire les mots qui ont la même prononciation mais pas le même sens ?

Page 120

Lorsque des mots ont la même prononciation, mais pas le même sens, c'est souvent l'orthographe qui permet de les comprendre.

Par exemple, les mots dont la prononciation est [se], sont assez nombreux :
- le déterminant possessif s'écrit **« ses »** (au singulier, il s'écrit *« son »* ou *« sa »*) ;
- le déterminant démonstratif s'écrit **« ces »** (au singulier, il s'écrit *« ce »*, *« cet »* ou *« cette »*) ;
- les formes qui appartiennent au verbe « savoir », s'écrivent **« sait »** ou **« sais »** selon la personne.
- en tête de phrase, on trouve souvent **« c'est »**, qui sert de présentatif : *C'est un pêcheur de carpes...*
- suivi d'un verbe au participe passé, on trouve la forme **« s'est »** : *Le reptile s'est échappé.*

Lorsque je lis, je dois bien regarder les lettres qui composent le mot : ce sont elles qui m'aident à le reconnaître.

Lorsque j'écris, je réfléchis au sens du mot, en m'aidant du contexte, et je vérifie l'orthographe dans le dictionnaire, en cherchant des exemples pour être sûr(e) que je ne me trompe pas de sens du mot.

Comment un adjectif peut-il être relié au nom qu'il qualifie ?

Page 122

Il y a deux façons pour un adjectif d'être relié au nom qu'il qualifie : c'est ce qu'on appelle la fonction de l'adjectif.

Pour connaître la fonction d'un adjectif par rapport au nom qu'il qualifie, on peut remplacer le chef du groupe du GN par un pronom.
- **Si l'adjectif disparaît en même temps que le nom**, on dit que sa fonction est **épithète du nom** : *J'ai lu ce gros livre.* ⇨ *Oui, je l'ai lu.*
- **Si l'adjectif reste quand le nom est remplacé par un pronom**, on dit que sa fonction est **attribut du GN** : *Ce livre est magnifique.* ⇨ *Oui, il est magnifique.*

Comment trouver le sens d'un mot ?

Page 124

Quand on rencontre en lecture un mot qu'on ne comprend pas, il faut regarder tout ce qui est autour du mot (le contexte) pour formuler une hypothèse sur le sens de ce mot.

On peut aussi formuler des hypothèses à partir de la composition du mot et notamment de :
- **son radical**, si on le reconnaît, mais cela ne fonctionne pas toujours : *« défendre »*, n'a pas comme radical le verbe *« fendre »* !
- **son préfixe** ou **son suffixe** : dans *« prévention »*, le préfixe *« pré- »* fait supposer qu'il s'agit d'action *« avant »*, comme dans le verbe *« prévenir »*.

Mais il est toujours prudent de chercher dans le dictionnaire pour vérifier tout ce qu'on a trouvé.

Comment s'écrivent les participes passés des verbes employés avec les auxiliaires « avoir » et « être » ?

Page 126

Quand ils sont à un temps composé, les verbes n'apparaissent que sous la forme du participe passé : c'est l'auxiliaire qui se conjugue et change de forme selon les temps et les personnes.

Les marques du participe passé varient selon l'auxiliaire.
- **Quand l'auxiliaire est le verbe *« avoir »*,** le participe passé garde les marques de masculin singulier, quel que soit le GN sujet :
  Deux séismes ont eu lieu... ; Ils ont vu...

Mais, si le GN complément du verbe apparaît sous la forme d'un pronom, alors, il prend les marques de genre et de nombre de ce GN complément de verbe :
Ils ont vu des fleurs, ils les ont achetées.

- **Quand l'auxiliaire est le verbe *« être »*,** le participe passé prend les marques de genre et de nombre du GN sujet :
  La conductrice est restée coincée dans la voiture.

Comment s'écrivent les formes des verbes dans les phrases passives ?

Page 128

Seuls les verbes qui admettent un complément de verbe sans préposition (les verbes transitifs directs), peuvent avoir un fonctionnement passif.

Mais, tous, quel que soit le nombre de leurs radicaux écrits, prennent la forme de leur participe passé ; **c'est l'auxiliaire être** qui varie selon les personnes, les modes et les temps.
Le dauphin est relâché.
Le dauphin a été relâché.
Le dauphin sera relâché.
Le dauphin avait été relâché.

Pour connaître les formes passives d'un verbe, il suffit de rechercher dans le tableau approprié, la forme du participe passé de ce verbe et ensuite de se reporter au tableau du verbe « être », à tous les temps et modes et à toutes les personnes.

Les écrits de presse

185

Qu'est-ce qui permet de reconnaître un écrit de documentation scientifique ou technique ?

Page 135

On reconnaît un écrit de documentation scientifique d'abord par sa mise en page et les types de caractères utilisés.

- Le texte est chapeauté d'un ou plusieurs **titres**, repérables par la grosseur et l'épaisseur des caractères. Ces titres permettent de savoir rapidement de quoi il s'agit.
- Le texte est organisé en **paragraphes** avec des **sous-titres**, des **tableaux**, des **diagrammes**.
- On trouve des **photographies**, des **schémas**, accompagnés de **légendes**.
- On trouve aussi des informations sur les sources des documents et des textes : noms d'auteurs, titres d'ouvrages…

Dans un écrit scientifique, comment les informations sont-elles organisées ?

Page 138

Un écrit de documentation scientifique, dont le rôle est d'apporter des réponses à des questions que l'on se pose, doit être facile à comprendre. C'est pourquoi, les informations sont précédées de titres et de sous-titres, et organisées en paragraphes.

Ces paragraphes peuvent correspondre :
- **à l'ordre des évènements** s'il s'agit d'informations pour lesquelles le déroulement dans le temps est important. On trouve alors des indicateurs de temps ou d'ordre chronologique ;
- **à un ordre logique**, s'il s'agit d'une information par thèmes différents.

Lorsque je lis, je dois trouver l'information commune aux phrases du paragraphe (de quoi il est question ? et à quelle question répond-il ?).
Lorsque je veux produire ce type d'écrit, je pense à rassembler mes phrases en paragraphes annoncés par des sous-titres et des indicateurs de temps ou de thème.

Quel est le rôle des illustrations dans un écrit scientifique ?

Page 140

Un écrit de documentation scientifique présente presque toujours, à côté des blocs de textes qui expliquent, diverses formes d'illustrations, qui permettent de voir ce qui est expliqué.

Il peut s'agir de **photos**, de **schémas**, de **dessins** souvent accompagnés d'une légende, qui aide à savoir avec quelle information l'illustration est reliée.
On trouve aussi des **diagrammes**, et des **tableaux**, qui classent les informations selon des critères qui sont indiqués en haut et parfois aussi sur le côté du tableau.

Pour bien comprendre un écrit scientifique, il faut penser à mettre en relation toutes ces sources d'information, celles que donnent les blocs de textes, et celles que donnent les illustrations.

Quels mots faut-il choisir quand on produit un écrit scientifique ? **Page 142**

Un écrit de documentation scientifique contient des termes scientifiques ou techniques.

Pour comprendre ces termes, il faut se servir du **contexte**, des **explications** ou du **lexique** qui accompagne souvent ce type d'écrits.

On peut, par précaution, vérifier dans le dictionnaire, en n'oubliant jamais que si c'est un mot utilisé dans la vie de tous les jours, il a sûrement un autre sens dans un texte scientifique.

Quand on produit un écrit scientifique, il faut penser à utiliser ces mots précis ; mais comme souvent, ils ne sont pas très connus, il faut penser aussi à les expliquer dans une note, ou entre parenthèses, ou encore à ajouter un lexique explicatif de ces mots.

Quelles sont les formes habituelles des verbes dans un écrit scientifique ? **Page 144**

Un écrit de documentation scientifique contient des verbes généralement au présent de l'indicatif. Le présent est un temps qui permet de traduire ce qui est toujours vrai aujourd'hui, mais déjà dans le passé ou dans le futur, c'est ce qu'on appelle, **des vérités générales**.

On peut trouver aussi des temps composés du passé, comme **le passé composé** ou **le plus-que-parfait**, pour traduire des évènements ou des phénomènes qui se sont passés avant celui qui est exprimé au présent.

On peut aussi trouver **le futur** pour traduire les évènements ou les phénomènes qui seront les suites ou les conséquences de ce qui est expliqué.

On ne trouvera jamais le passé simple dans un écrit scientifique : ce temps est réservé aux écrits littéraires.

De quoi dépend le choix des mots, des phrases, et des illustrations dans un écrit de documentation scientifique ? **Page 146**

Le choix des mots, dans un écrit de documentation scientifique, comme pour tous les autres types d'écrits, dépend du lecteur à qui l'on s'adresse, et de ce qu'on veut qu'il comprenne.

- **S'il s'agit d'un tout petit enfant**, on peut utiliser des mots amusants avec des *« je »* et des *« tu »*.
- **S'il s'agit d'un adulte** ou même un enfant d'école primaire, par exemple, il faut donner des informations rigoureuses et précises, des termes scientifiques, et, au besoin, bien les expliquer, pour rendre le texte plus facile à comprendre.

Les écrits de documentation scientifique **187**

Décrire pour expliquer et décrire pour raconter, est-ce la même chose ?

Page 148

Quand on veut décrire quelque chose, *« un paysage »* par exemple, les détails à donner ne dépendent pas seulement de ce qui est dans *« le paysage »*, mais aussi du type d'écrit dans lequel se trouvera la description.

Dans un roman ou une nouvelle, les détails sont choisis en fonction de l'histoire, des évènements qui vont se produire, et des caractéristiques de la nouvelle : triste, émouvante, drôle...

Pour un écrit scientifique au contraire, les détails sont choisis pour que le lecteur comprenne et apprenne ce qu'il y a à savoir sur ce paysage.

Qu'est-ce qu'une phrase à la forme impersonnelle ?

Page 150

**Les phrases peuvent être soit à la forme personnelle, soit à la forme impersonnelle.
À la forme impersonnelle, le verbe a pour GN sujet, un « il » qui ne remplace rien.**

- Dans certains cas, il s'agit d'un verbe qui est toujours impersonnel, comme *« il faut »*.
- Dans d'autres cas, il s'agit de phrases transformées, dans lesquelles on a mis le verbe en tête de phrase.

  Il est demandé au capitaine de redoubler de vigilance. Cette phrase est la transformation impersonnelle de *Redoubler de vigilance est demandé au capitaine ;* ou de *On demande au capitaine de redoubler de vigilance.*

Comment ne pas se tromper sur le sens des mots ?

Page 152

Un même mot peut avoir plusieurs sens selon qu'il est employé en mathématiques, en sciences, en géographie...

Quand on rencontre, dans un écrit scientifique un mot habituellement utilisé dans la vie de tous les jours, il faut se méfier, car le sens est sûrement différent.

C'est le contexte qui peut me permettre de trouver ce sens précis.

Pour plus de sûreté, on vérifie ensuite dans le dictionnaire.

Un déterminant défini ou indéfini, qu'est-ce que ça veut dire et comment ça fonctionne ?

Page 154

La famille des déterminants se divise en deux sous-familles :
- celle des **déterminants définis**, comme *le, ce, son*...
- celle des **déterminants indéfinis**, comme *un, des, certains, plusieurs*.

Lorsqu'on veut **pronominaliser un GN** qui contient **un déterminant défini**, la pronominalisation se fait à l'aide des pronoms *« le, la, les »* et le pronom prend les marques de genre et de nombre du GN pronominalisé.

Il faut installer les filtres. ➩ *Il faut les installer.*

Mais si le GN a **un déterminant indéfini**, c'est le pronom *« en »* qui est utilisé, et l'on constate que ce pronom ne prend pas les marques de genre et de nombre du GN.

Il faut installer des filtres. ➩ *Il faut en installer.*

Une autre caractéristique du déterminant indéfini pluriel *« des »*, c'est qu'à la forme négative, il prend la forme *« de »* : *Il faut installer des filtres* ➩ *Il ne faut pas installer de filtres.*

188   Les écrits de documentation scientifique

Avec quels types de mots peut-on accrocher les groupes de mots les uns aux autres ?

Page 156

Pour accrocher les GN les uns aux autres, il existe deux sortes de mots-crochets :
- **ceux qui accrochent les GN, en les laissant sur le même plan : *« et, ou, ni... »* ;**
  On dit que ces mots-crochets coordonnent les deux GN : ce sont des **conjonctions de coordination**. *Le martinet et l'engoulevent ont des becs similaires.*
  Les GN reliés par *« et »* ont la même fonction d'être des GN sujet du verbe *« ont »*.
- **ceux qui accrochent un GN complément à un autre GN : *« à, par, de... »*.**
  On dit que le « mot-crochet » subordonne le deuxième GN au premier : ce sont des **prépositions**. *Cette famille de rapaces.* Le GN *« rapaces »* est un complément du GN *« famille »* auquel il est relié par la préposition « de ».

On peut essayer d'intervertir les deux GN :
- si le sens ne change pas, c'est qu'ils sont coordonnés par **une conjonction de coordination** ;
- si le sens change ou si c'est impossible de les intervertir, c'est que l'un est complément de l'autre et que le crochet est **une préposition**.

Est-ce que tous les verbes peuvent avoir un complément ?

Page 158

Dans les phrases qui constituent les textes des écrits, on peut trouver trois sortes de GV.
- **Des GV qui ne contiennent que le verbe.**
  On dit que ces verbes, qui n'ont pas de complément, sont des **verbes intransitifs** ; *Le chat dort.*

- **Des GV qui contiennent un verbe et un GN, complément de ce verbe.**
  Les verbes de cette sorte sont appelés **verbes transitifs directs**. *Le chat sort ses griffes.*
  Le complément n'a pas de préposition ; il est rattaché directement au verbe.

- **Pour certains le complément est précédé d'une préposition** : on les appelle **verbes transitifs indirects** ou **prépositionnels**. *Le lièvre appartient à la famille de...*

Comment les marques de genre et de nombre s'organisent-elles tout au long d'un texte ?

Page 160

Dans les écrits, le thème (ce dont on parle) est très souvent GN sujet des verbes (GNS). On retrouve en général ce GN sujet dans tout le texte, parfois sous la forme d'un pronom.

Mais, dans presque tous les cas, il conserve, tout au long du texte, **ses marques de genre et de nombre**, comme les autres mots de son groupe (les qualifiants), ou ceux qui sont rattachés à lui dans la phrase (les verbes).

Lorsque je lis, je dois bien regarder les marques orthographiques des mots dans tout le texte : pour savoirs quels sont les mots qui font partie d'un même groupe.
Lorsque j'écris, je pense aux marques d'orthographe qui permettront au lecteur de reconnaître les mots qui appartiennent au même groupe.

Les écrits de documentation scientifique **189**

Le système de la combinatoire française

Des phonèmes vers les graphèmes

Si je reconnais à l'écoute le phonème-voyelle	... je peux voir en français les lettres ou groupes suivants.
[a]	–a– (une ba**na**ne) ; –e– (une fe**mm**e) ; –i (la lo**i**) ; ha– (des **ha**bits) ; –ah– (un da**h**lia) ; hâ– (la **hâ**te)
[ə]	–e– (p**e**tit) ; –ai– (nous fa**i**sons) ; –on– (m**on**sieur)
[i]	–i (am**i**) ; –y– (le pa**y**s) ; hi– (**hi**ver) ; –ee– (sw**ee**t) ; hy– (un **hy**permarché)
[o]	–o– (ph**o**to) ; au– (**au**to) ; –eau (b**eau**) ; ho– (**ho**rizon) ; hô– (un **hô**tel) ; hau– (**hau**t) ; heau– (**heau**me)
[ɔ]	–o– suivie de consonne prononcée (syllabe fermée) ou consonne double : (p**o**rt, **o**s, b**o**nne) ho– dans les mêmes conditions : **ho**rs, **ho**chet, **ho**mme
[ø]	–eu (le f**eu**) ; œu– (des **œu**fs) ; –eû– (j**eû**ner) ; heu– (**heu**reux)
[u]	–ou (un cl**ou**) ; –oo– (le f**oo**t) ; –ow– (un cl**ow**n) ; hou– (une **hou**sse)
[œ]	–eu (fl**eu**r) ; œu– (un **œu**f) ; –u– (du bl**u**ff) ; heu– (une **heu**re)
[e]	–é– (une **é**pée) ; –e– (un pi**e**d) ; –ai– (la m**ai**son) ; hai– (une **hai**e) he– (un **he**ctolitre) ; hé– (**hé**ler)
[ɛ]	–ê– (il m**ê**le) ; –ê– (la f**ê**te) ; –a– (la p**a**ye) –ai (la m**ai**son) ; –aî– (le f**aî**te) ; he– (l'**he**rbe) ; hai– (la **hai**e) ; hè– (il **hè**le un taxi) ; hê– (un **hê**tre)
[y]	–u– (la l**u**ne) ; –û– (une b**û**che) ; eu (j'ai **eu**) ; hu– (un être **hu**main)
[ã]	–an (mam**an**) ; en– (un **en**fant) ; –am– (les ch**am**ps) ; –em– (le t**em**ps) ; –aen (la ville de C**aen**) ; –aon (le p**aon**) ; –ean (J**ean**) ; han– (un **han**gar) ; ham– (une **ham**pe)
[œ̃]	(dans la plus grande partie de la France ; à l'Ouest et en région parisienne on prononce [ɛ̃]) –un– (l**un**di) ; –eun (il est à j**eun**) ; hum– (il est **hum**ble) ; hun– (les **Hun**s)
[ɛ̃]	–in (le mat**in** ; co**in**) ; –en (vendé**en**) ; –im– (s**im**ple) ; –ain (le p**ain**) ; –ein (pl**ein**) ; hein (**hein** !) ; –aim (la f**aim**) ; –ym (le th**ym**)
[ɔ̃]	–on– (un b**on**b**on**) ; –om– (t**om**ber) ; hon– (**hon**teux)

Le système de la combinatoire française

Si je reconnais à l'écoute le phonème-consonne	... je peux voir en français les lettres ou groupes suivants.
[b]	–b– (la ro**b**e) ; –bb– (un a**bb**é)
[ʃ]	–ch– (la ru**ch**e) ; sch– (un **sch**éma) ; sh– (un **sh**ampoing)
[d]	–d– (ru**d**e) ; –dd– (une a**dd**ition)
[f]	–f (un che**f**) ; –ff– (un e**ff**ort) ; –ph– (un élé**ph**ant)
[g]	g– (la **g**are) ; –gu– (une fi**gu**e) ; gh– (un **gh**etto) ; –x– (un e**x**amen)
[k]	c– (un **c**oq) ; –q (un co**q**) ; –k– (un ca**k**e) ; qu– (la **qu**estion) ; –cqu– (la be**cqu**ée) ; ch– (la **ch**orale)
[l]	–l (le cie**l**) ; –ll– (e**ll**e)
[m]	m– (la **m**ère) ; –mm– (la fe**mm**e)
[n]	n– (les **n**uages) ; –nn– (une a**nn**ée) ; –mn– (l'auto**mn**e)
[p]	–p– (il grim**p**e) ; –pp– (une gra**pp**e) ; –b– (o**b**tenir)
[ʀ]	r– (la **r**ue) ; –rr– (il a**rr**ive) ; rh– (un **rh**ume)
[s]	s– (ma **s**œur) ; –c– (**c**eci) ; –ss– (la ta**ss**e) ; sc– (la **sc**ience) ; –x– (soi**x**ante) ; –t– (la démocra**t**ie)
[t]	–t– (la rou**t**e) ; –tt– (une na**tt**e) ; –th– (le **th**éâtre)
[v]	–v– (une chè**v**re) ; w– (un **w**agon) ; –f (neu**f** heures)
[z]	z– (un **z**oo) ; –s– (une ro**s**e) ; –x– (di**x**ième ; e**x**amen)
[ʒ]	j– (je **j**oue) ; g– (une **g**irafe) ; –ge– (une ga**ge**ure)
[ɲ]	–gn– (il ga**gn**e) ; –ign– (un o**ign**on)
[w]	w– (un **w**estern) ; wh– (du **wh**isky) ; ou– (de la **ou**ate) ; –o– (le r**o**i) ; –u– (une éq**u**ation)
[ɥ]	–u– (la n**u**it) ; hu– (de l'**hu**ile)
[j]	–i– (b**i**en) ; –il (sole**il**) ; –ill– (la pa**ill**e) ; –ll– (une fi**ll**e) ; –ï– (un pa**ï**en) ; –y– (une fra**y**eur)

CRÉDITS ICONOGRAPHIQUES

CRÉDITS PHOTOGRAPHIQUES

Page 7 : © D. Cordier - AGENCE COLIBRI.
Page 8 : © A . Labat - AGENCE COLIBRI
Page 106 : © MAGNUM Photo
Page 107 : © MAGNUM Photo
Page 111 : © MAGNUM Photo
Page 113 : © A.-M. Loubsens - Images du Sud/AGENCE COLIBRI
Page 114 : ©P. Cea - AGENCE COLIBRI
Page 132 : © Photo Ouest-France
Page 135 : © AGENCE COLIBRI
Page 136 : © AGENCE COLIBRI
Page 137 : © G. Zappa - AGENCE COLIBRI
Page 145 : © SUNSET (photos 1 et 2)
Page 146 : © AGENCE COLIBRI
Page 150 : © AGENCE COLIBRI
Page 158 : © L. Chaix
Page 167 : © L. Chaix

ILLUSTRATIONS

Pascale Boutry
sauf :

- Page 40, Alain Compans
- Page 46, Pierre-Yves Fourrier
- Page 51, Daniel Hénon
- Page 54, Alain Compans
- Page 55, Pierre-Yves Fourrier

- Page 69, Véronique Chéneau
- Page 71, Daniel Hénon
- Pages 73-74, SEDRAP (coll. Animalire)
- Page 148, Pierre Rouanne
- Page 166, Editions Ici et Là « n°4 » Affiche Marius

TEXTES

- Page 62 : Plan de travail - Christan Poslianec - DR
- Page 63 : Constat - Yves Heurté - DR
- Page 97 : Espèces d'espace - Georges Perec - DR
- Page 101 : Quartier libre - Jacques Prévert - DR

MISE EN PAGE, INFOGRAPHIE

Myriam Dutheil, Jean-Marc Granier.

ISBN 2-84117-443-3
© Éditions SEDRAP 2003
9, rue des Frères-Boudé
BP 1365 - 31106 TOULOUSE Cedex

Droits de traduction et de reproduction réservés pour tous pays. Toute reproduction même partielle,
de cet ouvrage par quelque procédé que ce soit, photographie, microfilm, disque ou autres constitue
une contrefaçon passible des peines prévues par la loi du 11 mars 1957 sur la protection des droits
d'auteurs et par la loi 49.956 du 16.07.1949.